황제
유방

劉邦
by 李傲

copyright ⓒ 2007 by 中國華僑出版社
All rights reserved.

Korean Translation Copyright ⓒ 2013 by SANSUYA

Korean edition is published by arrangement
with 中國華僑出版社
through EntersKorea Co., Ltd, Seoul.

이 책의 한국어판 저작권은 (주)엔터스코리아를 통한 中國華僑出版社와의 계약으로 도서출판 산수야가 소유합니다.
신 저작권법에 의하여 한국 내에서 보호를 받는 저작물이므로 무단전재와 무단복제, 전자출판 등을 금합니다.

황제 유방

리아오 지음 | 홍순도 옮김

산수야

황제 유방

초판 인쇄   2013년 11월 1일
초판 발행   2013년 11월 5일

지은이   리아오
옮긴이   홍순도
발행인   권윤삼
발행처   도서출판 산수야

등록번호   제1-1515호
주소   서울시 마포구 망원동 472-19호
전화   02-332-9655
팩스   02-335-0674

ISBN 978-89-8097-277-7   03320

값은 뒤표지에 있습니다. 잘못된 책은 바꾸어 드립니다.

이 책의 모든 법적 권리는 도서출판 산수야에 있습니다.
저작권법에 의해 보호받는 저작물이므로
본사의 허락 없이 무단 전재와 무단 복제, 전자출판 등을 금합니다.

이 도서의 국립중앙도서관 출판시도서목록(CIP)은
서지정보유통지원시스템 홈페이지(http://seoji.nl.go.kr)와
국가자료공동목록시스템(http://www.nl.go.kr/kolisnet)에서 이용하실 수 있습니다.
(CIP제어번호: CIP2013020403)

서문

비천함과 고귀함은 종이 한 장 차이

수천 년 동안에 걸친 중국의 고대 사회에서는 무수한 제왕들이 등장했다. 이 중에서도 한(漢)나라를 개창한 고조 유방(劉邦)은 단연 걸출한 인물이 아닌가 싶다. 사실 이렇게 얘기할 수밖에 없다. 출신 성분이 거의 천민에 가까웠는데도 황제가 되는 획기적인 선례를 남겼으니까. 심지어 그는 숙명의 라이벌이었던 귀족 출신인 항우(項羽)와도 비교하기 어려웠다. 한마디로 그는 완전히 자수성가한 개천에서 나온 용이었다.

사서 등을 살펴보면 진짜 그는 날건달이라고 해도 과언이 아니었다. 본업이 농사인데도 뼈 빠지게 일을 하기는커녕 매일 술로 나날을 보내는 게 일상일 정도였다. 걸핏하면 욕을 하고 허풍을 치는 것도 좋아했다. 성실한 사람의 눈으로 볼 때는 그야말로 애당초 싹수가 노랬다.

그러나 이런 그에게도 장점은 있었다. 무엇보다 가진 것이 쥐뿔도 없었으나 성격이 호방했다. 행동에도 거침이 없었다. 웅대한 포부와 배짱은 더 말할 것이 없었다. 주변에 자신과 비슷한 신분을 가진 인재들을 꼬이게 하는 재주를 보였던 것은 다름 아닌 이런 성격 탓이었다. 실제로 그는 자신의 능력보다는 주변의 뛰어난 인재들의 도움으로 웅대한 포부를 현실로 실현시킬 수 있었다. 장량(張良), 한신(韓信), 소하(蕭何), 진평(陳平) 등이 하나같이 그와 비슷한 처지의 이런 인재들이었다.

게다가 그는 요즘 말로 하면 특출난 개인기가 별로 없었다. 재주가 없었다는 말이 되겠다. 이건 성공으로 가는 길목에서는 치명적인 약점이 될 수 있다. 하지만 지도자나 제왕이 되기에는 역설적으로 안성맞춤이라고 해도 과언이 아니었다. 이는 "백지에다 가장 아름다운 그림을 그릴 수 있다."라는 유명한 말로 설명을 대신해도 될 것 같다.

이뿐만이 아니었다. 그는 남자가 가장 쉽게 저지를 실수의 조건을 갖추지 않은 채 태어나기도 했다. 우선 그는 권력자들이 흔히 빠지기 쉬운 아부에 강했다. 하기야 비천한 신분에다 거병을 하기 전까지는 주변으로부터 칭찬이라는 것을 들어본 적이 없으니 아부에 습관이 됐다면 그게 이상할 일이었다. 자신이 칭찬받을 만한 사람이 아니라는 사실을 진즉에 알았다는 얘기도 될 수 있다. 어떻게 보면 "너 자신을 알라!"는 소크라테스의 가르침을 솔선수범한, 중국에서는 몇 안 되는 황제였다고 해도 과언이 아닐 듯하다. 그는 또 출신 성분 탓에 많은 돈을 가지고 있어본 적이 없었다. 당연히 많은 돈과 재물이 얼마나 좋은지를 경험해보지 못했다. 이런 사람들은 나중에 엄청나게 성공을 하게 되면 흔히 두 부류로 나뉜다. 완전히 재물에 눈이 확 뒤집히거나 여전히 관심을 보이지 않거나. 유방은 다행히도 후자 쪽이었다. 그래서 돈 때문에 치사해진 적이 없었다. 자연스레 수하들로부터 인심을 얻을 수 있었다. 여색에 대해서도 크게 다르지 않았다. 총각 때에는 A급 신랑 후보가 아니었기에 시정(市井)의 여색을 밝히기는 했으나 분수를 알았다. 그 때문에 무수한 여성을 주위에 두기는 했음에도 특정인에게 완전히 푹 빠져 헤어나지 못하지는 않았다. 동서고금을 막론하고 이성으로 인해 패가망신한 사례가 그야말로 바닷가의 모래알처럼 많았다는 사실로 미뤄볼 때 황제에게 이보다 더 훌륭한 덕목이 과연 있을까?

유방은 귀도 얇았다. 어떻게 보면 팔랑 귀였다. 성격이 더러운 것과는 완전히 다르게 남의 말을 잘 듣기도 한 것이다. 주위에 그에게 훈수를 들어주는 스승이 많았던 것 역시 이런 그의 성향과 깊은 관계가 있었다. 그의 첫 번째 스승은 역이기(酈食其)였다. 지식인을 멸시하는 그의 오만한 태도를 고쳐주는 데 일조를 했다. 더불어 그에게 진류(陳留)를 기습, 대량의 군량미를 빼앗으라는 계책을 건의해 세력을 확충할 수 있도록 도왔다. 두 번째 스승은 동공(董公)이라는 사람이었다. 그에게 "명분이 정당하지 않으면 말도 이치에 맞지 않는다."라면서 항우를 타도하는 절호의 명분은 의제(義帝, 초楚나라의 마지막 왕인 회왕懷王을 일컬음)의 복수를 한다는 기치를 내거는 데에서 찾을 수 있다는 아이디어를 줬다. 이렇게 해서 유방은 천하 사람들의 지지를 얻는 데 성공했다. 여론에서 항우에게 이기고 들어간 것이다. 유방의 세 번째 스승은 번쾌(樊噲)였다. 유방이 진(秦)나라 왕궁의 휘황찬란한 궁전을 점령한 다음 금은보화와 미녀들에 취해 정신을 차리지 못할 때 "왕께서는 그저 부자가 되고 싶은 겁니까, 아니면 천하를 얻고 싶은 겁니까?"라고 충고하면서 꿈에서 깨어나게 하였다. 이후 그는 이른바 '약법삼장(約法三章)'을 선포할 수 있었다. 네 번째 스승으로는 한신을 꼽아야 하겠다. 유방과 항우의 장단점을 전체적으로 분석, 승산이 유방에 있다는 진언을 올리는 결정적인 역할을 했다. 유방의 다섯 번째 스승은 유경(劉敬)이었다. 수도를 낙양(洛陽)으로 확정하려던 그를 설득, 천혜의 요새인 관중(關中, 진나라의 기반이었던 지금의 산시陝西성 일대를 일컬음)의 장안(長安)을 낙점하게 했다. 유경에 이은 여섯 번째 스승으로는 숙손통(叔孫通)을 꼽을 수 있다. 유방의 황제로서의 권위와 유교에 입각한 한나라 조정의 시스템을 바로 세우는 데 결정적 공헌을 했다. 장량은 일곱 번째 스승이라고 할 수 있다. 유방은 천하를 얻은 다음 휘하의 부하들에 대한 분봉(分封) 등의 논공행상을 하지 않으면 안 되었다. 그러나 논공행상이 공평하게 이뤄지지 못할 가능성이 높았다. 게다가 부하들은 논공행상이 공평하지 않을 경우 모반에 나설 조짐까지 보이고 있었다. 이때 장량은 유방에게 "가장 싫어하는 부하에게 먼저 포상을 하라."는 충고를 했다. 나머지 부하들은 이에 마음을 놓게 되었다. 서생 유가(劉賈)는 여덟 번째 스승이었다. 유방에게 무력으로 천하를 얻을 수는 있으나 천하를 지키기는 어렵다면서 문치(文治)에 나서라는 충고를 적극적으로 했다. 또 창업만큼이나 수성(守成)도 중요하다는 인식하에 이에 노력하도록 유방을 이끌었다. 이에 따라 한나라는 창업과 동시에 생산을 회복시키고 발전시키는 일련의 정책을 실시, 사회 경제적으로 안정을 유지할 수 있었다.

호사가들은 유방이 집단주의자라는 주장을 한다. 그렇다면 항우는 개인 영웅주의자라고 할 수 있다. 아마 이 때문에 항우는 영웅으로 추앙받지 않았나 생각된다. 이에 반해 유방은 스포트라이트를 받지 못했다. 항우에게 이겨 천하의 패권을 차지한 것이 이상하게까지 느껴질 정도

다. 그러나 두 사람을 자세히 분석해 보면 반드시 그렇지도 않다. 우선 영웅이라고 불린 항우를 보자. 해하(垓下)의 마지막 전투에서 패한 다음 고향인 강동(江東)으로 돌아갈 용기조차 내지 못했다. 더 나아가 무책임하게 자살로 인생의 막을 내렸다. 이 점에서는 동네 불량배들의 가랑이 밑을 기어 지나가는 치욕도 견딘 한신과도 비교하기가 어렵다. 어떻게 유방과 감히 비교할 수 있는가? 꽃은 아름답다. 그러나 그 모든 화려함은 고작 한순간이면 없어진다. 반면 풀은 소박하나 굳은 용기와 의지로 엄동의 시련을 이겨낸다. 항우와 유방이 걸은 길과 자세는 바로 이처럼 차이가 난다. 이 책에서는 바로 이 점을 중심으로 유방의 파란만장한 삶을 조명하려고 한다.

옛날부터 수많은 사람들은 편견을 가지고 있었다. 건달이나 가난뱅이 출신들은 모두 비천하고 지존의 자리에 오른 제왕들은 원래 고귀하게 태어난 사람들이라는 편견을 말이다. 당연히 이런 편견은 2천년 전에는 더 심했다. 그러나 진승(陳勝)이 주장한 대로 왕후장상의 씨가 어찌 따로 있겠는가? 그 때문에 비천함과 고귀함 사이에는 어떻게 보면 일종의 필연적인 관계도 있지 않나 싶다. 시정의 잡배 출신인 유방과 한 고조 유방이 같은 사람인 것은 무엇보다 이런 사실을 그대로 반영하는 것 같기도 하다. 하기야 오죽했으면 어느 위대한 철학자가 "비천한 자가 가장 고귀하다."라는 말을 남겼을까.

인생을 앞이 보이지 않는 어둠 속의 길쭉한 상자라고 한다면 안에 담기는 것은 기나긴 세월이라고 할 수 있다. 만약 한쪽에 소망과 동경을 주입시키면 반대쪽에서는 무언가의 결과가 나타나기 마련이다. 2천여 년 전에 평민으로 태어난 유방은 확실히 그렇게 했다. 상자의 한쪽에 소망과 노력을 주입시켜 다른 쪽에서 성공과 기적을 수확했다. 이런 성공과 기적은 오늘날에도 당연히 유효하다. 독자 여러분 역시 이 책을 통해 유방과 같은 성공과 기적을 일궈내기를 기대해 본다.

리아오
샤오탕산(小湯山)에서

차례

서문 _ 005

제1장 _ 배짱과 지략을 소유한 반골 리더 _ 013
강인한 용기와 배짱과 식견으로 장애물을 물리치라 | 큰일을 이루는 사람은 사소한 일에 얽매이지 않고 소신대로 한다 | 필부의 용맹과 여인의 하찮은 어진 마음으로는 큰일을 이루지 못한다 | 의리를 중요하게 생각하다 | 성격을 드러내는 것도 정치적인 수단이다 | 지나친 총애가 위험을 부른다

제2장 _ 매력적인 보스 _ 039
유씨만 왕이 될 수 있다 | 현명한 군주에게는 죽음을 무릅쓰고 간언하는 충성스러운 신하가 있다 | 뛰어난 인재는 많으면 많을수록 좋다 | 자신의 분수와 진퇴를 아는 사람은 하늘도 돕는다 | 장량, 유방에게 날개를 달아주다 | 소하, 주군을 제대로 찍다 | 진정한 제왕은 휘하에 목숨을 아끼지 않는 부하들이 반드시 있다

제3장 _ 심사숙고 스타일의 전략가 _ 067
크게 얻으려면 작은 것을 등한시 말고 치욕을 참아야 한다 | 까칠함 속에서도 비범한 능력을 갖춰라 | 실수를 바로 인정하는 식견과 혜안을 갖춰라 | 버릴 것은 과감하게 버려라 | 미관말직의 간언도 수용하는 소통을 발휘하라 | 용맹은 지혜를 이길 수 없다

제4장 _ 이해력 뛰어난 학생 _ 091

무위치국의 군주는 유능함으로 두드러져 보이지 않는다 | 최고 통치자의 피땀 어린 노력이 왕조를 전승시킨다 | 부하의 자존심을 지켜주라 | 왕조의 백년대계를 위해 피도 눈물도 흘리지 않는다 | 도덕적 기치를 내걸어 인심을 얻어라 | 군자는 인내할 줄 알아야 한다

제5장 _ 약체에서 최강으로 _ 119

왕권강화를 위해 제후들의 권력을 약화시켜라 | 백성과 천하를 위무하라 | 세금과 요역 개혁을 통해 농업을 장려하다 | 적의 내부 모순을 이용하다 | 사사로운 감정을 버리고 큰 판을 보다 | 덕으로 굴복시키다

제6장 _ 애정 없이 서로 이용만 하는 부부 _ 147

유방, 태자 폐위의 유혹을 떨치지 못하다 | 냉혹한 승부사 여치 | 여씨 그룹에 대권 찬탈을 경고한 유방의 선견지명 | 옛정을 전혀 염두에 두지 않는 야박한 권력자 | 권력자의 최고 덕목 결단력

제7장 _ 시세에 따라 변해가는 카멜레온 _ 171

융통성 있는 용병으로 기적을 만들다 | 형세를 꿰뚫는 통찰력 | 전쟁에서는 속임수를 꺼려서는 안 된다 | 적의 이성을 잃게 하는 격장법의 달인 | 막무가내의 적을 화친(和親)으로 감화시키다 | 마오쩌둥도 감탄한 절묘한 인사

제8장 _ 천명을 받은 천자 _ 199

진평과의 의기투합은 하늘의 뜻 | 도살자 항우와 대비되는 너그러운 장자(長者) | 충의만이 하늘을 감동시킨다 | 진정한 왕자(王者)는 버티기와 양동 작전에 능하다 | 말 위에서는 천하를 다스리지 못한다

제9장 _ 남과 자신을 분명히 아는 군주 _ 223

너그러운 아량으로 천하를 품다 | 토사구팽은 어쩔 수 없는 선택이다 | 인재의 장점을 개발하다 | 지식인을 존중하고 등용한 무뢰한 | 후세에 유전된 청렴 | 문화 경쟁력을 위해 교육을 국책으로 삼은 군주

제10장 _ 유연한 대장부 _ 247

실패는 성공의 어머니 | 후흑(厚黑)으로 일궈낸 대업 | 대업을 위한 무가무불가의 자세 | 존엄도 잃게 하는 지나친 허영심 | 자기 최면은 성공의 원동력

유방의 주요 연표 _ 273

제1장
배짱과 지략을 소유한 반골 리더

유방은 시원시원하고 큰 뜻을 품은 평민 출신이었다. 그러나 어수선한 세상은 그에게 천재일우의 기가 막힌 기회를 제공했다. 또 그는 그것을 꽉 잡고 놓치지 않았다. 결국에는 거사를 도모해 평범한 일개 서민에서 제왕이 되는 성공 신화를 창조했다. 그의 배짱과 식견은 주위 사람들을 탄복하게 하였다. 그의 거침없는 이런 성격은 훗날의 환경과 지위의 변화에도 불구하고 전혀 변하지 않았다. 그는 대범한 평민 출신 지도자였다. 모든 희로애락이 내심에서 우러나온 진정한 호걸이었다.

강인한 용기와 배짱과 식견으로
장애물을 물리치라

역사를 보면 성공을 쟁취한 위대한 인물들은 한두 명이 아니었다. 그들이 이처럼 성공에 이른 이유는 얼핏 보면 크게 대단한 것은 아니다. 어려움을 극복하고 위험을 이겨냈기 때문이라고 할 수 있다. 그들은 강인한 용기와 배짱과 식견으로 자신들이 나아가는 길에 나타나는 모든 장애물을 물리쳤다. 한창 세력이 막강할 때 유럽까지 정복한 칭기즈칸은 "하늘을 꿰뚫는 용기를 가지는 자는 하늘로 치솟는 배짱과 식견을 가질 수 있다. 이런 사람은 과감하게 행동한다. 과감하게 책임도 진다. 강적을 공격하고 위험에 도전한다."라고 했다. 그렇다. 자신의 삶 앞에 놓인 어려움을 극복하고 위험에 도전하는 것은 진짜 대단한 배짱과 식견, 용기 등이 필요하다. 유방 같은 영웅이 바로 대표적인 인물이 아닐까? 그는 무수한 어려움과 가난 및 구

사일생의 위기에서 단련을 받고 마지막까지 살아남은 영웅이었다.

• • •

　유방은 기원전 256년에 태어났다. 삶을 마감한 것은 기원전 195년이었다. 그는 역사적으로는 한(漢) 고조(高祖)라고 불린다. 진시황이 세운 진(秦)나라에 뒤이어 서한(西漢) 왕조를 세운 인물이었다. 재위는 기원전 202년에서 기원전 195년까지 달랑 8년이었다. 자는 계(季)로 패(沛)현 출신이었다. 거병을 하기 전에는 완전히 미관말직인 사수(泗水)의 정장(亭長)을 맡은 적도 있었다. 그러나 그의 인생은 진시황의 아들 진 이세(二世) 원년인 기원전 209년 진승이 농민들을 규합해 거사를 일으키면서 일대 변화를 맞게 된다. 그 역시 패현에서 거병해 스스로 패공(沛公)으로 부르게 되는 것이다. 처음에 그는 항우의 삼촌인 항량(項梁)의 수하로 있었다. 하지만 곧 항우와 어깨를 나란히 하게 되었다. 급기야는 기원전 206년 5월에 대군을 이끌고 진나라의 도성인 함양(咸陽)에 입성, 진나라를 멸망시키는 전공을 세웠다. 이때 그는 진나라의 가혹한 형벌과 법을 폐지하고 백성들을 괴롭히지 않겠다는 세 가지의 약속을 했다. 이것이 바로 역사적으로 유명한 약법삼장이었다. 진나라 백성들은 그를 따를 수밖에 없었다. 이해에 항우는 함곡관(函谷關) 관내로 들어가 스스로 서초패왕(西楚霸王)으로 자칭했다. 또 라이벌 유방을 한왕(漢王)으로 봉하는 논공행상을 행했다. 이렇게 해서 유방은 파촉(巴蜀)과 한중(漢中)을 차지한 다음 항우와 5년여에 걸친 소위 초한(楚漢) 전쟁을 벌이는 기반을 다지게 되었다. 결과는 주지하다시피 유방의 승리였다. 기원전 202년 항우가 해하에서 패전, 자결함으로써 수세에 몰리기만 하던 그가 천하를 통일한 것이다. 유방은 이후 정도(定陶)의 사수(泗水) 남쪽에서 제위에 올라 서한 정권을 수립했다.

유방은 결과적으로 최후의 승리를 거머쥐긴 했으나 처음의 출발은 정말 미미했다. 여리박빙(如履薄氷)이라는 말처럼 정권 자체가 위태위태하기도 했다. 그럼에도 이런 약점을 빠르게 극복하고 성공의 길로 나아갈 수 있었던 데에는 몇 가지 요인이 있었다. 이 중에서 가장 결정적인 것은 역시 소하를 중용했다는 사실이다. 소하는 유방의 여러 뛰어난 부하들 중의 한 명에 지나지 않았다. 그러나 그들과는 본질적으로 달랐다. 특히 다른 장군들이나 모사들이 함양을 접수한 다음에 금은보화에만 눈독을 들일 때 다른 것들에 눈을 돌렸다. 진나라 중앙 정부 각 기관의 기록, 문서, 서적 등을 접수하고 법률을 점검한 것이다. 요즘 말로 하면 금은보화 등의 하드웨어와는 그 가치가 비교도 안 되는 콘텐츠와 소프트웨어에 눈을 돌렸다고 할 수 있었다. 그의 이런 발군의 행보는 결과적으로 전국의 지리와 지방 정부 기관, 호적 등의 사회 상황에 대한 전반적인 파악을 할 수 있게 했다. 더구나 그는 인재를 아주 잘 식별하는 능력이 있었다. 천하의 맹장인 한신을 대장군으로 적극 추천한 것도 그였다. 그는 이외에 한중에 남아 있는 동안에도 유방의 후방을 공고하게 만들었다. 또 병력과 군량미를 끊임없이 모집해 제공했다. 유방이 항우와의 전쟁에서 최종적으로 승리하게 된 것은 바로 이 때문이었다고 해도 좋았다. 전쟁이 끝난 후에 유방이 그를 최고 공신으로 평가한 것은 다 이유가 있었던 것이다.

진나라의 중앙집권제도를 그대로 물려받은 것 역시 유방이 성공에 이르게 된 요인이라고 해도 좋다. 이를 통해 그는 한신을 비롯하여 팽월

(彭越), 경포(鯨布) 등의 위험 세력을 가볍게 제거할 수 있었다. 이를테면 처음부터 염두에 두고 있던 토사구팽에 성공한 것이다. 이뿐만이 아니었다. 그는 중앙집권제도의 실시를 명분으로 구 귀족들과 지방 호족들을 관중으로 이주시켜 철저하게 견제하기도 했다. 진나라의 법에 근거해 한률(漢律)을 제정한 것 역시 그의 업적으로 부족함이 없다.

절대로 간과해서는 안 될 요인도 있다. 그게 바로 장안을 수도로 정했다는 사실이 아닐까 싶다. 장안은 진나라 시대에 두(杜)현의 장안향(長安鄕)이었다. 진시황이 동생에게 봉지로 내린 땅이었다. 지금의 시안(西安)시 서북쪽에 자리 잡고 있다. 그는 장안에 자리를 잡는 즉시 진나라 때의 궁전인 흥락궁(興樂宮)을 살짝 개축해 장락궁(長樂宮)으로 개명했다. 웅대한 궁궐을 짓기 전까지 임시로 정무를 돌보는 장소로 정한 것이다. 그는 이후 소하에게 전반적인 법률, 한신에게 군법, 장창(張蒼)에게 역법과 도량형, 숙손통에게 예절과 의례를 제정하라는 명령을 내렸다. 봉건 통치의 질서는 이로써 점진적으로 정상 궤도에 들어서게 되었다.

기원전 195년 유방은 장락궁에서 병으로 세상을 떠났다. 영면에 들어간 곳은 장릉(長陵)이었다. 장릉은 지금의 셴양(咸陽)시 친두(秦都)구 야오뎬(窯店)향 싼이(三義)촌에 자리 잡고 있다. 능 근처에서 오래전부터 잇달아 '장릉동당(長陵東當)', '장릉서당(長陵西當)', '장릉서신(長陵西神)' 등의 문서들이 출토됨에 따라 그가 잠들어 있는 곳으로 거의 확실시되고 있다.

유방은 완전히 자수성가한 입지전적인 인물이다. 아무런 책임 없는 미관말직의 신분에서 원대한 식견을 보유한 제왕으로 빠르게 변신하는 모습을 보여 줬다. 불가사의하다는 말 말고는 달리 설명할 길이 없다. 그러나 이는 그의 성격적 특징 등으로 미뤄 볼 때 하늘이 미리 확정해 놓은 결과라고 해도 좋을 듯하다. 그는 항상 편협한 생각들을 버리고 자신을 천하와 연관시켰다. 이것이 바로 일반 사람과 지도자가 되는 영웅의 차이가 아닌가 생각되는데 간단하게 말해 승자와 패자의 차이라고 해도 괜찮을 것 같다. 많은 사람들은 일을 처리할 때 보통 문제의 핵심을 잘 잡지 못한다. 별로 중요하지 않은 사소한 일에만 신경 쓰는 경우도 많다. 당연히 어디에서부터 착수해야 할지 모르게 된다. 그러나 이러면 안 된다. 일을 처리할 때는 늘 가장 중요한 것에서부터 착수해야 한다. 그렇지를 못하고 사소한 것으로 인해 큰일을 그르치면 정말 곤란하다. 이 세상에 완벽한 사람은 없다. 하지만 완벽에 가까워질 수는 있다. 이런 점에서 유방은 상당히 많은 점수를 받아도 괜찮을 듯하다. 지엽적인 것에 눈을 돌리지 않고 전체를 보는 눈, 사람의 과오보다는 재주를 중요하게 여기는 대범한 성격이 유방이라는 인물을 탄생시킨 결정적인 요인이라는 얘기가 아닐까 싶다.

큰일을 이루는 사람은 사소한 일에
얽매이지 않고 소신대로 한다

사람의 성공은 그의 포부와 밀접한 관계가 있다. 유방은 원대한 뜻을 품고 작은 일에 얽매이지 않는 사람이었다. 큰 뜻을 품었으므로 천재일우의 기회를 만났을 때 즉시 두각을 나타낼 수 있었다. 사소한 일에 얽매이지 않았기 때문에 소시민적인 생활방식에 아무 관심도 없었다. 사람의 큰 포부는 미처 이뤄지지 못할 때 종종 다른 사람들의 눈에는 허풍으로 비춰진다. 헛소리로 비춰지기도 한다. 작은 일에 신경 쓰지 않는 사람은 종종 사람들 눈에는 쓸모없는 사람으로 투영된다. 이런 시각에서 볼 때 유방이 젊은 시절 주위 사람들로부터 멸시를 받은 것은 너무나 당연한 일이었다.

• • •

주지하다시피 유방은 젊었을 때 공부를 하기 싫어했다. 일하는 것 역시 좋아하지 않았다. 그러나 성격은 호방했다. 사람을 아주 잘 포용했다. 그러나 그는 아버지한테조차도 홀대를 당했다. 심지어 건달이라는 욕까지 먹곤 했다. 형처럼 열심히 일을 하지 않은 탓이었다. 그럼에도 유방은 남의 말에 별로 신경을 쓰지 않았다. 자신이 옳다고 생각하는 대로 행동했다. 그러나 그는 천신만고 끝에 사수의 정장이 된 다음부터는 적지 않은 현의 관리들과 사이좋게 지내면서 약간의 명성을 얻을 수 있었다.

유방은 이처럼 젊었을 때부터 배포가 컸다. 한번은 그가 노역에 종사할 인력을 함양으로 인솔한 적이 있었다. 이때 그는 진시황이 순유에 나서는 웅장한 장면을 목도하게 되었다. 당시 진시황은 정교하게 장식된 수레에 앉아 위풍당당하게 지나가고 있었다. 그는 그 모습을 보고 감개무량한 목소리로 "사나이로 태어났다면 저 정도는 돼야지!"라고 중얼거렸다. 현실은 별 볼 일 없었으나 꿈은 컸던 것이다.

그의 부인은 흔히 여공(呂公)으로 불리는 여문(呂文)의 딸 여씨(呂氏)였다. 그의 장인은 원래 패현의 원주민이 아니었다. 고향의 누군가와 원수가 됐기 때문에 어쩔 수 없이 가족들과 함께 이사를 온 것이다. 여공은 그러나 출신 성분이 나중에 사위가 되는 유방 같은 사람은 아닌 모양이었다. 현령과 친한 친구라는 사실이 무엇보다 그 사실을 증명했다. 아마도 이랬기 때문에 적지 않은 사람들이 그와 연줄을 맺고 싶어 수시로 그의 집을 방문하지 않았나 싶다. 어느 날 유방 역시 여공 집으로 한번 가봐야겠다는 생각을 했다. 당시 여공의 집에서 손님을 관리하던 사람은 패현에서 주부(主簿)라는 관직에 있던 소하였다. 소하는 이때 손님을 맞이하는 규정을 하나 두고 있었다. 그건 "여공을 보기 위해 오는 사람들 중에 1,000전이 없는 사람은 집 마당 아래에 앉아야 한다."라는 규정이었다. 유방은 당시 땡전 한 푼 가져가지 않았다. 그럼에도 그는 소하에게 "내가 사례금으로 1만 전을 드리겠소!"라는 말을 천연덕스럽게 내뱉었다. 여공은 이 말을 듣고 바로 밖으로 뛰어나왔다.

"공(公)은 돈을 낼 필요도 없소. 어서 안으로 드시지요."

유방은 돈 한 푼 내지 않고 접대를 잘 받았다. 주연이 끝난 후에 여공이 그에게 말했다.

"공은 나를 잠깐 더 보고 가지 않겠소? 내 긴히 중요한 얘기를 할 게 있소."

별 할 일도 없는 유방이 여공의 제의를 마다할 까닭이 없었다.

"바쁘기는 하오만 원하신다면 그렇게 하죠. 도대체 무슨 일입니까? 저는 고작 정장의 신분에 지나지 않는데요."

유방이 좌정하자 여공이 다짜고짜 말을 꺼냈다.

"공에게 내 딸을 시집보내고 싶소. 공의 생각은 어떻소? 나는 내 딸이 어디에 내놓아도 빠지지 않는다고 생각하고 있소."

유방은 뜻밖의 제안에 흐뭇했다. 아니 뛸 듯이 기뻤다. 그는 여공의 집에서 나오자마자 총알처럼 집으로 달려갔다. 부모의 승낙을 받은 것은 물론이었다. 이렇게 해서 그는 저 유명한 여후(呂后)와 결혼을 하게 되었다. 그녀는 나중 유방과의 사이에 혜제(惠帝)와 노원(魯元) 공주를 낳았다. 이 일화로 볼 때 여공은 아마도 관상을 잘 봤을 것 같다. 유방의 관상과 관련해서는 다른 일화도 전해진다.

어느 날 여씨와 그녀의 딸이 밭에서 김을 매고 있었다. 이때 어느 노인이 그녀들에게 다가와 말했다.

"목이 마르니 물을 조금 주실 수 있겠습니까?"

노인은 물을 마신 다음 다시 입을 열었다.

"두 분의 관상을 보니 예사롭지가 않네요. 귀하게 될 상입니다. 앞으로 몸을 잘 보전하십시오."

노인은 말을 마치자마자 표표히 사라졌다. 여씨는 남편이 돌아오자마자 밖에서 있었던 얘기를 꺼냈다. 그는 부리나케 노인을 뒤쫓아 갔다. 한참 후 노인을 발견한 그가 말했다.

"노인장! 제 관상도 한번 봐 주시지요."

노인은 기다렸다는 듯 대답했다.

"공이 달려올 줄 알았습니다. 부인과 딸이 귀인의 상을 가진 것은 모두 공 때문이라고 해야 합니다. 공은 지극히 귀한 상을 가지고 있습니다."

얼마 후 유방은 죄수들을 인솔해 여산(驪山)으로 노역을 떠났다. 당연히 도중에 많은 죄수들이 달아났다. 그래도 별로 신경을 쓰지 않았다. 심지어 대택(大澤)에 도착했을 때에는 술기운을 빌어 호탕하게 말했다.

"너희들은 모두 도망가도록 해라. 이제부터는 자유롭게 살아라."

죄수들은 이게 웬 떡이냐는 식으로 모두들 달아났다. 하지만 십여 명에 이르는 죄수들은 유방 혼자만 놔두고 가는 것이 양심에 찔렸는지 하나같이 그를 따르겠다고 했다. 이에 유방은 이 무리를 거느리기로 결심했다. 자신도 도망자의 처지가 되는 길을 선택한 것이다. 얼마 후 척후병으로 길을 살피러 갔던 죄수가 돌아와 보고를 했다.

"앞에 엄청나게 큰 백사가 있는데요. 아무래도 통과하기가 어렵겠어요. 돌아가는 것이 좋겠습니다."

유방은 이때까지 술이 채 깨지 않았다. 호기가 오를 대로 올라 있었다. 그는 바로 일어서면서 소리쳤다.

"장사들이 가는 길에 두려울 게 뭐 있는가? 나를 따르라."

유방이 앞장을 서서 나아갔다. 과연 어둠 속에 큰 백사 한 마리가 길을 가로막고 있는 모습이 보였다. 그는 바로 칼을 빼들고 백사를 두 동강 내버렸다. 그는 술김에 계속 앞으로 나아갔다. 그러나 술기운도 한계가 있었다. 그는 곧 길가에 철퍼덕 주저앉지 않으면 안 되었다. 바로 이때 뒤의 죄수 한 명이 누렇게 뜬 얼굴을 한 채 유방에게 달려와 말했다.

"제가 오다가 길가에서 구슬프게 울고 있는 노파를 만났습니다. 그래서 제가 무슨 영문인지 묻자 노파가 자신의 아들이 누구한테 살해당했다는 겁니다. 왜 살해당했느냐고 묻자 자신의 아들은 백제(白帝)의 아들인데 조금 전에 백사의 모양으로 변해 길에 있다 적제(赤帝)의 아들에게 죽었다는 겁니다. 그런데 그 말을 마치자 바로 모습을 감춰버렸습니다. 정말 이상한 일입니다."

유방은 죄수의 말에 가슴이 설레는 것을 느꼈다. 이후 그는 이 일화를 도처에 의도적으로 퍼뜨렸다. 그럼에도 그가 처한 상황은 나아지지 않았다. 오히려 자신을 따르는 수하들을 데리고 이리저리 도망하는 삶을 계속 살아야 했다. 그런데 놀랍게 그의 부인인 여씨는 그가 가는 곳을 잘도 찾아냈다. 바로 찾아내는 경우 역시 수도 없이 많았다. 유방은 그게 못내 신기했다. 어느 날 그는 자신의 의문을 부인에게 솔직하게 고백했다.

"아니 당신은 어째서 나를 그렇게 잘 찾아내는 거요?"

여씨는 주저하지 않고 대답했다.

"공께서 숨어 지내는 곳은 항상 꽃구름이 피어 있더이다. 그것만 쫓아가면 되더라고요. 찾기가 얼마나 쉬운데요."

이 말은 아마도 여씨가 별 볼 일 없이 이리저리 도망 다니는 남편을 격려하기 위해 한 말일 수도 있다. 그도 아니면 두 사람이 조작해 낸 말이거나 훗날 사가들이 만든 신화일 가능성 역시 있다. 그러나 어쨌든 유방은 나중에 이 얘기도 의도적으로 퍼뜨렸다. 의외로 많은 사람들은 이 소문을 믿고 그를 따랐다. 그가 프로파간다에도 히틀러 못지않은 능력을 가진 영웅이라는 사실을 말해 주는 증거가 아닌가 싶다.

필부의 용맹과 여인의 하찮은 어진 마음으로는 큰일을 이루지 못한다

사람과 사람의 차이는 과연 얼마나 클 수 있을까? 천하를 놓고 물러서서는 안 되는 결전을 벌인 유방과 항우를 보면 그다지 어렵지 않게 알 수 있다. 한 명은 그야말로 별 볼 일 없는 정장에 불과했다. 반면 다른 한 명은 비록 퇴락하기는 했을 망정 그래도 초나라 귀족의 후손이었다. 전자는 완전히 허풍선이라는 말이 무색할 정도로 거짓말을 하고 돌아다녔다. 또 사람만 만났다 하면 술친구를 맺는 것으로 유명했다. 이에 반해 후자는 빼어난 무예로 천하에 그 이름을 알렸다. 겉으로만 보면 후자 스타일의 인생이 더 잘 풀릴 것이라고 예측하기 쉬울 것 같다. 두 사람의 잠재력은 수년 후에 완전히 현실로 나타났다. 한 명은 일정한 실력을 갖춘 한왕이 되었다. 다른 한 명은 천하에 군림하는 패왕이 되었다. 두 사람 모두 기회를 잡고 공훈도 세웠다. 하지만 몇 년이 더 지난 후의 결과는 정반대였다. 유방은 천하를 얻었다. 반대로 항우는 자결해 죽고 말았다.

・・・

여기까지 읽었다면 많은 사람들은 왜 그렇게 됐을까 하고 물을지도 모른다. 답을 찾기 위해 한신을 화제로 올려볼 필요가 있을 듯하다. 그는 처음에 항우의 휘하에 있었다. 그러나 제대로 대접을 받지 못했다. 그래서 미련 없이 유방에게 몸을 의탁했다. 유방은 항우와는 달랐다. 한신과 오랫동안의 대화를 나누면서 상대의 역량을 평가하려는 적극적인 자세를 보였다. 먼저 유방이 물었다.

"소하 승상께서 나에게 장군을 거듭 추천했소. 장군께서는 나에게 무슨 가르침을 줄 수 있는 것이오?"

한신은 유방의 질문에 즉답을 피했다. 대신에 평소 생각했던 바를 물었다.

"지금 대왕과 천하를 다투는 사람은 초패왕밖에는 없죠?"

"그렇소."

"대왕께서는 자신의 용맹과 병력이 항우와 비교가 가능하다고 생각하십니까?"

"나는 항우와 비교가 안 되오. 한참 처진다고 봐야 하오."

유방이 한참 침묵에 빠진 다음 대답을 하자 한신은 바로 몸을 일으켜 절을 했다. 그의 입에서는 동시에 "맞는 말입니다."라는 말이 터져 나왔다.

두 사람의 대화에서 보듯 유방은 외견적으로 볼 때 성공할 만한 기반이 많이 결여되어 있었다. 그러나 그는 발전 공간이 넓었다. 보이지 않는 실력과 잠재력이 있었던 것이다. 사실 전쟁의 승부는 궁극적으로 전략과 전술에서 난다. 전쟁을 이끄는 사령관의 힘이나 체구의 크고 작음은 별로 관계가 없다. 그랬다면 아마 나폴레옹은 군대에서도 평생을 졸병으로 살았을지도 모른다. 또 항우 역시 뛰어난 신체조건과 용맹함 등을 무기로 천하를 얻었을 가능성이 높았다. 하지만 항우는 궁극적으로 허명은 얻었으나 다 잡았던 천하는 잃어버렸다. 반면 유방은 초창기의 열세를 극복하고 극적으로 승리를 쟁취했다. 항우처럼 호기를 부리지 않고 천하의 인재를 이용하는 전술, 전략에 집중한 결과 관상처럼 천하를 얻었다. 항우와 달리 진정한 명성도 길이 후세에 남겼다.

유방은 통 역시 컸다. 온 천하를 마치 생일 축하 케이크를 건네듯 부하들이나 창업 일등공신들에게 나눠줬다. 물론 항우 역시 천하를 수하들에게 나눠줬다. 하지만 기준에서는 유방과는 사뭇 달랐다. 유방이 훗날의 통일을 위해 나눠준 것에 비해 그는 자신의 허영심을 채우기 위해 분봉에 나섰다고 할 수 있기 때문이었다. 이는 그가 함양을 점령한 후의 행적을 보면 잘 알 수 있다. 이미 손에 다 넣은 황제 자리에 오르지 않고 모든 것이 다 갖춰져 있는 황도에도 들어가 살지 않은 것이다. 대신 태울 것은 깡그리 태워 버리고 죽일 사람은 다 죽여 버린 다음 마음껏 약탈을 일삼았다. 나중에는 금은보석과 천하의 미인들을 수레에 가득 싣고 다시 팽성(彭城)으로 돌아갔다. 새로운 비상을 꿈꾸지 않고 그저 서초패왕으로 만족한 것이다. 당시 그의 수하들 중 일부는 지세 험하고 땅도 비옥한 관중에 도성을 세울 것을 강력하게 권고했다. 패업을 이루자는 얘기였다. 하지만 항우는 부귀영화를 얻은 다음 고향으로 돌아가지 않으면 안 된다는 생각을 했다. 그건 화려한 옷을 입고 밤에 다니는 것과 다를 바 없다는 반박도 했다. 정말 한심한 생각이 아닐 수 없었다. 이 점에서 보면 항우는 확실히 천하를 경략할 인물은 아니었다. 그저 포악하고 천하장사의 힘을 가진 필부에 지나지 않았을 뿐이다. 『사기』의 저자 사마천(司馬遷)이 "혼자 힘으로 싸우고 폭력으로 남을 정복하려고만 했다."라고 그를 공연히 비판한 게 아니었다. 정말 핵심을 찌른 말이 아닐까 싶다.

　필부의 용맹은 솔직히 높이 평가하기 어렵다. 그래서 아마도 고대의 중국 사람들은 이를 여자의 하찮은 인자함과 비교하지 않았나 싶다. 솔직히 이 말은 너무 모순된다고도 할 수 있다. 그러나 항우 본인이 원래 모순덩어리라는 사실을 알면 충분히 고개가 끄덕여질 것 같다. 무엇보다 그는 용감했으나 나약한 일면도 없지 않았다. 잔인한 측면도 있었으나 나름 온유한 성격적인 특징도 가지고 있었다. 그는 실제 사람을 죽일 때도 눈 하나 까딱하지 않았다. 예를 들어보자. 그는 회계(會稽)군의 군수(郡守) 은통(殷通)과는 아무 원한이 없었다. 심지어 은통은 그와 함께 진나라 대군을 공격하려는 생각까지 하고 있었다. 그러나 그는 아무 생각 없이 은통을 죽여 버렸다.

그러나 유방을 불러 베푼 이른바 홍문연(鴻門宴)에서는 손을 까딱하지도 않았다. 이때 유방을 죽였다면 아마도 천하는 그의 것이 됐을 터였다. 더불어 역사는 다시 기술돼야 했을 것이다. 그가 사마천에게 욕을 먹지 않아도 됐을지도 모를 일이었다. 그러나 그는 결단을 내리지 못했다. 유방과 아무 원한이 없었기 때문에 그랬을까? 은통 역시 그와는 아무 원한이 없었다. 그렇다면 유방에게 하해와 같은 은혜를 베풀기 위해 그랬을까? 그럴 이유가 없었다. 그는 유방이 자신보다 먼저 함양을 함락시켰을 때 완전히 바득바득 이를 갈았다. 무엇이 더 이익이 되는지의 이해관계를 몰랐던 탓에 그랬을까? 아니었다. 그의 모사인 범증(范增)은 이미 유방에 대해 잘 알고 있었다. 유방이 포부가 클 뿐 아니라 천자의 풍모가 있기 때문에 반드시 제거해야 할 대상이라고 분명하게 그에게 언질을 수없이 줬다. 능력이 없기 때문에 그랬던 것은 아니었을까? 그렇지 않았다. 당시 항우의 무예를 당할 사람은 전 중국에 거의 없다고 해도 과언이 아니었다. 손가락만 까딱 해도 유방을 죽일 수 있었다. 더구나 유방은 그의 손님으로 초대됐지만 실제로는 감금된 죄인과 같은 처지에 지나지 않았다. 또 연회가 열린 장소의 주변에 있던 사람들은 모두 항우의 수하였다. 이 사실은 유방의 일급 참모인 번쾌(樊噲)의 말에서도 어느 정도 느낄 수 있다. "항우는 부엌칼과 도마를 준비한 입장, 우리는 닭이나 오리 내지는 생선, 돼지나 다를 바 없다."라는 요지의 말을 한 것이다. 언제든지 제거하는 것이 가능했다. 그렇다면 기회가 없었기 때문에 그랬을까? 기회 역시 얼마든지 있었다. 적어도 번쾌가 상황이 여의치 않다고 생각하고 엄호를 하러 들어오기 전까지는 진짜 그랬다.

그러나 범증이 아무리 눈짓과 암시를 줬어도 항우는 유방의 목을 베라는 명령을 내리지 않았다. 입 앞에까지 가져다준 음식을 스스로 먹지 않았다고 해도 좋았다. 이미 그 유명한 베이징 오리가 될 수밖에 없을 정도의 무장해제를 당하고 있던 유방이 자신의 진영으로 훨훨 날아가도록 방치한 것이다. 하기야 오죽했으면 범증이 화가 머리끝까지 치밀어 "이런 어린 자식하고는 일을 도모할 수가 없다."라고 항우에게 욕을 했겠는가.

물론 범증도 일찍이 "군주는 측은한 마음이 있어야 한다."라고 한 바 있었다. 이른바 측은한 마음은 여자들의 하찮은 인자함이라고 할 수 있다. 그러나 항우는 분명히 대단히 잔인했다. 그런데 이 측은한 마음은 도대체 어디에서 나온 것일까?

한마디로 말할 수 있다. 항우는 타고난 영웅이었다. 자신의 명성이 훼손되는 것을 가장 두려워했다. 도마 위에 목을 내민 채 "나를 잡아 잡수시오."라고 하는 유방을 죽이는 것이 영웅이 해야 할 행동이 절대로 아니라고 본 것이다. 이에 반해 유방은 타고난 제왕이었다. 천하를 잃을 것을 가장 두려워했다. 이게 바로 유방과 항우의 차이였다. 한 사람은 황제, 한 사람은 자결로 막을 내리는 비운의 주인공이 될 수밖에 없었던 차이 말이다.

의리를 중요하게 생각하다

친구는 신의(信義)로 사귀어야 한다. 친구에게는 약속을 지켜야 할뿐 아니라 신

용 역시 저버려서는 안 된다. 그래야만 어려운 가운데에도 우정의 힘과 가치는 분명히 드러나게 된다. 그 때문에 옛사람들은 "진정한 우정은 마치 황금과 같다. 수없이 시련을 당해도 색깔이 변하지 않는다."라고 말하지 않았나 싶다. 그러나 아쉽게도 현대인의 우정은 완전히 변질되고 말았다. 아침에는 마치 7, 8월의 홍수처럼 물이 넘칠 정도로 꽉 차지만 저녁이 되면 마르게 된다. 당연히 이래서는 안 된다. 특히 최소한의 도덕이라도 있는 사람은 친구를 사귈 때 한결같아야 한다. 시장에서 장사하는 것처럼 냉랭한 시정잡배들의 우정이 돼서는 안 된다. 유방은 이런 사람을 제일 경멸했다.

・・・

사마천의 『사기』에 열전의 인물로도 소개되는 난포(欒布)는 원래 양(梁)나라 사람이었다. 어려서부터 유방의 수하인 팽월과 교유하고 지낸 인물이었다. 그러나 어찌하다 그만 연(燕)나라에 노예로 팔려가는 수모를 당했다. 다행히 유방이 연나라를 공격할 때 양왕(梁王) 팽월에 의해 구조되는 행운을 잡았다. 이어 친구에 의해 또 대부(大夫)로도 봉해졌다. 하지만 그의 행운은 불행히도 오래가지 않았다. 유방이 고조로 즉위하자마자 팽월에게 반역죄를 뒤집어씌워 그의 삼족까지 죽인 다음 그의 머리를 낙양의 성 위에 걸어 놓은 것이다. 이때 유방은 누구라도 이 시체를 거두게 되면 즉각 체포한다는 엄명을 내렸다. 그럼에도 난포는 아무 거리낌 없이 혼자 팽월의 수급 밑에서 울면서 친구를 위한 제사를 올렸다. 이에 병사들이 그를 체포해 바로 유방에게 보고했다. 유방은 격노하지 않을 수 없었다. 즉각 입에서 예의 욕이 튀어나왔다.

"너도 팽월처럼 모반을 하려고 그러느냐? 나는 그 어떤 놈들도 팽월의 시신을 거두지 못하도록 엄명을 내렸다. 그런데도 너는 그놈에게 제사를 올리고 울고 있어. 그놈처럼 반란을 일으키려고 하는 게 분명해. 여봐라, 이놈을 삶아 죽이도록 해라!"

유방의 명령은 추상같았다. 즉각 펄펄 끓는 물을 담은 대형 솥이 당도했다. 유방 주위의 병사들이 그를 번쩍 들어 솥에 집어넣으려는 찰나였다. 그가 무슨 생각을 했는지 뒤를 돌아보면서 입을 열었다.

"저는 끓는 물에 푹 삶겨 죽어도 좋습니다. 그러나 몇 마디 말을 하고 죽도록 해 주십시오."

"무슨 말을 하고자 하는 거냐?"

"폐하께서는 일찍이 팽성에서 곤란한 지경에 처한 적이 있습니다. 또 형양(滎陽)과 성고(成皐)의 전투에서는 항우의 부대에 참패했습니다. 그때 항우가 폐하의 근거지인 장안 쪽으로 서진하지 못한 것은 팽월이 양나라 땅에 웅거한 채 폐하의 군사들과 연합해 대항했기 때문이라고 해야 합니다. 만약 당시 팽월이 항우의 초나라로 고개를 돌렸다면 폐하의 한나라는 완전히 박살이 났을 겁니다. 물론 팽월은 폐하의 한나라를 도와 항우를 물리쳤습니다. 해하의 전투도 한번 살펴봅시다. 만약 팽월이 없었다면 항우는 패하지 않았을 겁니다. 폐하가 항우를 물리친 이후 천하는 완전히 안정됐습니다. 이로 인해 팽월은 폐하로부터 왕으로 봉함을 받았습니다. 아마도 자자손손 자신의 봉작이 전해졌으면 하고 생각했을 겁니다. 그런데 폐하는 반란을 평정하는 데 필요한 병사를 양나라에 보내라는 지시를 내렸습니다. 안타깝게도 팽월은 병이 나서 오지 못했습니다. 폐하께서는 이에 의심을 품었습니다. 그가 모반을 할 것이라고 생각을 한 것이죠. 그러나 반역의 징후는 별로 없었습니다. 그럼에도 폐하는 꼬투리를 잡아 그의 가족까지 모조리 주살하고 말았습니다. 저는 이 처사를 보고 공신들이 모두 자신들의 목숨이 위험하다고 생각하리라 판단합니다. 지금 팽월은 이미 죽었습니다. 저 역시 살아봐야 죽는 것보다 더 나을 것도 없을 것 같습니다. 원하시는 대로 저를 삶아 죽이십시오."

난포의 말은 확실히 이치에 맞았다. 아니 유방을 감동시켰다. 유방은 바로 그의 죄를 용서하고 도위(都尉)의 직위를 내렸다. 항우였다면 불가능했을 용서를 유방은 자존심을 죽이고 한 것이다.

친구 사이에는 두터운 신의가 있어야 한다. 역사를 보면 이를 위해 죽는 사람도 적지 않았다. 난포가 바로 그랬다. 신의를 위해서라면 죽어도 좋다는 입장을 가지고 있었다. 그래서 펄펄 끓는 물이 보이는 앞에서도 할 말을 다했다. 급기야는 유방을 감동시켰다. 물론 그가 감동을 했더라도 자존심을 죽이지 않을 수는 있었다. 그러나 그는 이때 이미 황제가 돼 있었다. 게다가 난포는 자신의 자리에 크게 위협이 되는 존재가 아니었다. 유씨 왕조에 위협을 주지 않는다는 사실을 더 말할 것이 없었다. 더욱 중요한 사실은 그가 비록 황제가 된 이후에 일등공신들을 모조리 잡아 죽이면서 손에 피를 묻히기는 했으나 의리를 중시하는 사람이라는 사실이었다. 이는 그의 본성에 원래 상당히 다정한 일면이 있었다는 사실을 말해 주기도 한다. 그가 성공할 수밖에 없었던 조건은 이처럼 도처에서 발견된다고 해도 좋을 듯하다.

성격을 드러내는 것도 정치적인 수단이다

유방의 성격에는 정말 시원시원한 일면이 있었다. 유방이 상당히 많은 상황에서 자신의 진심을 드러내는 게 가능했던 것도 바로 이런 성격과 관계가 있다. 하지만 진심을 드러냈다가 자신의 이미지가 파괴되는 것을 목도했을 경우는 바로 얼굴을 바꾸기도 했다. 언제 그랬냐는 듯 천연덕스러운 표정으로 정치적인 수단을 보여 줬다. 물론 그는 대부분의 경우 항상 시원시원하고 다정한 일면을 보여 줬다.

• • •

유방의 집안은 시쳇말로 뭐 하나 내세울 게 쥐뿔도 없는 집안이었다. 돈도 권력도 학문도 그 어느 것 하나 제대로 없었다. 조금 심하게 말하면 뭐 하나 있는 게 없다는 사실만 있을 뿐이었다. 그래도 유방은 닷새에 한 번씩 아버지에게 문안 인사를 드리는 예의는 지켰다. 아마 그게 그나마 볼만한 집안의 가풍인 모양이었다. 놀랍게도 그는 이 가풍을 황제가 된 다음에도 제대로 지켰다. 그러자 유방의 아버지를 담당하던 시위(侍衛)가 어느 날 그에게 말했다.

"하늘에는 두 개의 태양이 없습니다. 한 나라에도 두 명의 주군은 없습니다. 황제께서는 태상황의 아들이기는 하지만 천하의 주인이기도 합니다. 태상황 역시 황제의 신하라는 말입니다. 그런데 주인이 신하에게 절을 해서야 되겠습니까? 이렇게 하면 황제로서의 위엄이 훼손됩니다."

유방의 아버지는 자신을 책임지는 시위의 말이 틀리지 않다고 생각했다. 며칠 후 유방이 다시 문안을 드리러 온다는 연락이 왔다. 유방의 아버지는 빗자루를 들고 직접 문 앞까지 나가 아들을 맞이했다. 이어 깜짝 놀라 짐짓 뒤로 물러나는 척했다. 유방은 이 모습을 보고 크게 놀랐다. 재빨리 마차에서 내려 아버지를 부축했다. 유방의 아버지는 기회를 놓치지 않고 바로 그동안 생각해온 말을 꺼냈다.

"황제는 천하의 주인입니다. 어째서 이 애비 때문에 천하의 법도를 어지럽힐 수가 있겠습니까?"

유방은 아버지의 말에 마음이 흐뭇해지는 기분을 느꼈다. 얼마 후 그는 자신의 아버지가 왜 그런 행동을 취했는지를 알게 되었다. 그는 바로 통 크게 아버지를 담당하는 시위에게 황금 500근을 하사했다. 자신의 마음을 너무나도 잘 안다고 생각했던 것이다.

비슷한 사례는 또 있다. 이 사례는 그가 괄괄하고 천방지축인 성격과는 달리 효자였다는 사실과도 관계가 있었다. 유방의 아버지는 장안으로 거처를 옮긴 다음 한동안은 계속 신 나는 달밤을 보냈다. 하기야 거의 매일 산해진미를 먹으면서 미녀들에 둘러싸여 있는 상황에서 그렇지 않다면 오히려 그게 이상할 일이었다. 그러나 물 좋고 정자 좋은 곳도 하루 이틀인 법이다. 원래 태생이 자유분방한 서민이었던 그는 점차 주지육림에 싫증을 느끼기 시작했다. 나중에는 깊숙한 궁전에서 지내는 것이 쓸쓸하고 심심해 죽을 지경까지 이르게 되었다. 가끔가다가는 그 맛있는 산해진미와 미녀들을 마다하고 침울한 표정을 짓기도 했다. 이를테면 우울증에 걸렸다고 할 수 있었다. 유방이 하루는 아버지의 시위에게 도대체 무슨 일이 있는 것인지 물었다.

"도대체 태상황께서 왜 그러시는가? 뭐가 부족한 게 있다고 하루 종일 침울한 표정을 짓고 계시느냐? 내가 뭘 잘 못한 게 있느냐?"

시위가 지체 없이 대답했다.

"태상황께서는 지금 옛날을 그리워하고 계십니다."

유방은 시위의 말에 가만히 고개를 끄덕였다. 뇌리 속에서는 어느새 평생 동안 장사꾼이나 도살업자들과 왕래하면서 구속받지 않고 살아온 아버지의 일생이 파노라마처럼 떠오르고 있었다. 그는 곧 아버지를 위한 공사에 들어갔다. 궁궐 내에 고향을 똑같이 카피한 짝퉁 마을을 만들기 시작한 것이다. 그는 마을이 완공되자마자 우선 아버지의 옛 친구들을 이주시키는 작업에 나섰다. 이어 고향의 남녀노소를 몽땅 궁전 안의 마을로 이주시켰다. 당시 마을은 너무나도 똑같이 지어졌다고 한다. 그래서 마을 사람들이 자신들의 집을 찾아가는 데 아무런 불편함이 없었다. 심지어 치매 걸린 노인이나 갓 젖을 뗀 강아지들까지도 밖에 나갔다가는 자신들의 집을 잘도 찾아왔다고 한다. 유방의 고향 사람들은 너 나 할 것 없이 궁궐 속에 지어진 완전히 똑같은 마을에 찬탄을 금치 못했다. 유방 역시 마음이 흐뭇했다. 마을을 설계하고 건축을 총감독한 기술자인 호관(胡寬)에게 한 달 남짓한 기간에 황금 100근을 하사한 것은 다 이 때문이었다. 유방의 시원스러운 성격을 잘 보여 주는 일화가 아닐 수 없다.

유방의 시원스러운 성격은 자신이 총애해 마지않았던 척 부인과의 관계에서도 상당 부분 드러난다. 미색을 좋아하기는 했어도 특정한 여자에게 몰방을 하지는 않았으나 이 여자 앞에서는 자신의 희로애락을 시원스럽게 드러내고는 했던 것이다. 이를테면 척 부인이 악기인 슬(瑟)과 축(筑)을 연주할 때면 황제라는 사실도 잊고 과거처럼 높은 소리로 노래하기를 즐겨 했다. 심지어 곡이 끝난 후에는 감동을 못 이겨 눈물을 흘리기도 했다. 이때의 유방은 완전히 센티멘털한 황제 그 자체라고 해도 과언이 아니었다. 현대에 태어났다면 아마 희대의 카사노바 내지는 뛰어난 예술가가 되지 않았을까 싶다. 그만큼 그는 자유분방하면서도 자신의 감정을 숨기지 않는 시원스러운 성격의 소유자였다.

지나친 총애가 위험을 부른다

유방은 요즘 말로 하면 플레이보이였다. 세계적인 명성을 떨친 서양의 돈 후안이나 카사노바보다 더 대단하다고 단언해도 틀리지 않는다. 실제로 사서들을 들춰 봐도 그가 무지막지하게 많은 여자들과 관계를 가졌다는 사실은 분명하게 증명된다. 심지어 남색(男色)을 밝혔다는 설도 있다. 호모였다는 얘기가 될 수 있다. 그러나 그런 그에게도 중요한 여자들은 있었다. 조강지처인 여후와 척희(戚姬), 즉 척 부인이 주인공들이었다. 그는 이 중 여후는 존중해 마지않았다. 바가지를 긁어도 묵묵하게 인내로 견뎠다. 본처의 대우를 확실하게 해 준 것이다. 반면 척희에게는 특정 여자에게 몰방하지 않는 평소의 그가 아니라는 생각이 들 만큼 상당한 애정을 쏟았다. 또 자유분방한 생활을 하도록 상당 수준의 특권도 부여했다. 불행히도 이게 훗날 그녀가 겪을 비극의 씨앗이 되기는 했지만.

• • •

유방이 황제 자리에 오른 해의 어느 날이었다. 어사대부 주창(周昌)은 중요한 보고를 하기 위해 유방이 머무르고 있던 대전(大殿)으로 향했다.

대낮인데도 유방은 대전에 없었다. 주창은 바로 내궁(內宮)으로 들어갔다. 아니나 다를까, 유방은 침대에 누워 척희와 운우지정이나 다름없는 진한 스킨십을 나누고 있었다. 주창은 민망한 마음에 즉시 소매로 얼굴을 가린 채 밖으로 나가려고 했다. 그러나 유방은 바로 인기척을 느꼈는지 소리를 내질렀다.

"밖에 누구냐?"

주창은 할 수 없이 걸으면서 대답했다.

"주창이 중요한 일을…… 폐하에게 보고하러……."

주창에게는 묘한 버릇이 있었다. 급박한 상황이 되면 말을 더듬는 버릇이었다. 이날 역시 그랬다. 전혀 예상 못한 상황에 당황해 말을 더듬거렸다.

"거기 서지 못할까?"

유방은 그러나 주창의 사정은 전혀 고려하지 않았다. 밀회를 들켰다는 사실에 기분이 나빴는지 목소리에 노기가 잔뜩 묻어 있었다. 주창은 어쩔 도리가 없었다. 유방의 말이 떨어지기 무섭게 바로 몸을 돌이켰다. 이어 무릎을 꿇고 더듬거리면서 말했다.

"소신은…… 중요한…… 일을……."

유방의 행동은 주창의 더듬거리는 말보다 훨씬 빨랐다. 주창의 말이 채 끝나기도 전에 다리를 쭉 뻗어 그의 등을 타고 앉은 것이다.

"네놈은 사전에 통보도 없이 후궁으로 불쑥 쳐들어왔어. 이게 무슨 죄에 해당되는지 알기나 해?"

"아……압니다. 그러나 폐하……께서 대전에…… 안…… 계시고 후, 후궁에 계셔서……."

"그러면 어째서 왔다가 그냥 가는 거야?"

"저……저는 폐하의…… 그런 모……습을 보고……싶지…… 않아서……."

"너는 짐을 도대체 어떤 사람으로 보는 거냐?"

주창이 얼굴을 위로 향했다. 유방의 질문이 민망했는지 얼굴이 빨개지고 있었다. 그는 그러나 입술을 한참이나 움직이다 비로소 전혀 더듬지도 않은 채 할 말을 토해냈다.

"폐하께서는 걸주(桀紂, 중국 고대 시대의 대표적인 폭군인 걸왕과 주왕)와 별로 다를 바 없는 것 같습니다!"

유방은 주창의 솔직한 말을 듣고서는 그 자리에서 큰 소리로 웃었다. 기분이 많이 풀어진 모양이었다. 그는 바로 주창을 일으켜 세웠다. 주창은 길게 몇 차례 숨을 쉬더니 궁전을 떠났다.

이 일화에서 우리는 유방의 평소 성격인 대범함과 시원스러운 성격을 읽을 수 있다. 그러나 더욱 중요한 것은 이를 통해 그가 척희를 상당히 총애했다는 사실을 알 수 있다는 점이다. 문제는 이로 인해 그가 하마터면 나라를 건국하자마자 바로 들어먹을 가능성이 있었다는 사실이 아닐까 싶다. 실제로 그는 척희를 너무 사랑한 나머지 상당 기간 동안 국정을 게을리했다. 흉노의 침입과 전국 곳곳에서 크고 작은 반란이 일어난 것도 바로 이 시기였다. 나라가 삐끗하는 위기를 겪은 것이다. 이뿐만이 아니었다. 유방은 여후의 소생인 태자 유영(劉盈, 나중의 혜제)을 폐하고 척희의 아들인 조왕(趙王) 여의(如意)를 세우려고도 했다. 이로 인해 여후의 강력한 반발이 초래됐을 뿐 아니라 신하 간의 내분 역시 일어났다. 완전히 엎친 데 덮친 격이었다. 다행히도 내분은 얼마 안 있어 바로 수

습되었다. 그러나 일어나지 않아도 될 내분이 발생했다는 점에서 보면 그가 이에 대한 막중한 책임이 있었다는 사실은 부인하기 어렵다.

유방은 확실히 항우보다는 수가 여러모로 위였다. 그러나 즉위한 이후부터는 실수가 적지 않았다. 특히 척희를 지나치게 총애하고 태자를 폐하려 했다는 사실은 돌이키기 어려울 뻔한 결정적인 패착이었다고 할 수 있다. 물론 그는 이로 인해 후세에 적지 않은 교훈을 남겼다. 아무리 현명한 군주라도 미색에 빠지면 나라를 망칠 수 있다는 교훈을.

제2장
매력적인 보스

유방의 그룹에는 인재들이 그야말로 들판의 이름 없는 야생화처럼 많았다. 우선 한신 같은 군사 전략의 천재가 있었다. 뛰어난 식견과 출중한 지혜를 가진 장량 역시 빼놓을 수 없다. 번쾌 역시 그랬다. 솔직하고 충성스러운 데다 혈기방장하기까지 했다. 집사로는 지금까지 그 이름이 빛나는 소하가 있었다. 이외에 역이기, 육가(陸賈), 숙손통 같은 이는 이론가로 이름이 높았다. 팽월, 경포는 더 말할 것이 없다. 보스로서 이런 그룹을 이끌려면 무엇보다 이들의 능력을 발휘시키도록 해야 했다. 더불어 서로간의 관계 역시 조절해야 했다. 말이 쉬워 그렇지 이건 여간 어려운 일이 아니다. 그러나 유방은 아주 능수능란하게 이들을 다뤘다. 타고난 보스였다고 해도 좋을 성 싶다.

유씨만 왕이 될 수 있다

권력을 둘러싼 각축전은 변화막측하다. 이 싸움에 뛰어들려면 눈도 귀도 다 밝아야 된다. 그렇지 않으면 비명횡사하지는 않더라도 평생 주변부만 맴돌다 인생이 종을 치게 된다. 그래서 권력을 잡을 수 있는 뛰어난 능력을 가진 사람은 눈앞에 보이는 것만 보지 않는다. 미래의 상황까지 꿰뚫어 본다. 유방은 진짜 그랬다. 사람을 볼 줄 알았고 쓸 줄 알았다. 또 잘 다룰 줄도 알았다. 완전히 삼박자를 다 갖췄다고 해도 좋았다. 이뿐만이 아니었다. 그는 권력의 속성을 누구보다 잘 꿰뚫어 봤다. 역사 발전의 추세 역시 정확하게 파악했다. 세세한 실수를 하지 않은 것은 아니었으나 환난을 미연에 방지하고 자신이 죽은 이후의 상황도 미리 그릴 줄 알았다.

외견적으로만 보면 유방이 세상을 떠난 후에 여후가 권력을 독점했다. 황족인 유씨들은 그야말로 아침 이슬처럼 그녀의 매서운 손에 하나같이 나가떨어졌다. 세상이 유씨 천하에서 여씨 천하로 바뀌는 것은 시간문제일 듯했다. 그러나 당시의 상황을 지세히 살펴보면 유방은 자신이 죽은 후에 일어날 상황을 정확하게 예측하고 이에 대한 대비도 했다는 사실을 알 수 있다.

유방은 자신의 생전에 공신들과 외척을 가장 부담스러워 했다. 결국 그는 고민 끝에 공신들의 대부분을 온갖 명목을 다 가져다 붙여 숙청했다. 죽이지 않으면 최소한 힘을 쓰지 못하게 했다. 그러나 외척은 함부로 손대기가 좀 그랬다. 처가가 아니었던가. 더구나 이때 여후는 눈 멀쩡히 뜨고 살아 있었다. 그는 그러다 어느 날 절묘한 계책을 생각해냈다. 길일을 택해 왕릉(王陵), 진평(陳平), 주발(周勃) 등의 문무 대신들과 여후를 태묘(太廟)에 불러 유씨의 조상에게 제사를 드리는 의식을 거행하도록 한 것이다. 이 자리에서 그는 백마를 잡아 의식에 참석한 전원에게 맹세를 의미하는 혈주(血酒)를 나눠줬다. 그러면서 다음과 같이 선포했다.

"지금부터 유씨 종친이 아닌 사람은 왕에 봉할 수 없다. 전공을 세우지 않은 사람도 후(侯)에 봉할 수 없다. 이 맹약을 어기는 자는 지위나 권력이 아무리 높고 막강해도 온 천하로부터 공격을 받아야 한다!"

유방은 비장한 어조의 말이 끝나기 무섭게 혈주를 마셨다. 남편의 뜻을 간파한 여후 역시 내키지는 않았으나 어쩔 수 없이 혈주를 입에 털어 넣었다. 문무 대신들도 일제히 술잔을 들고 외쳤다.

"폐하의 명령을 죽음으로 지키겠습니다!"

이후의 사태는 과연 유방의 예측대로 진행되었다. 유방과 여후의 아들인 혜제가 7년 동안 재위에 있는 기간만큼은 여후가 공공연하게 자신의 친정 식구들을 함부로 왕에 봉하지 못한 것이다. 그러나 그녀는 혜제가 일찍 세상을 떠나자 야심을 드러내기 시작했다. 그러자 즉각 우승상(右丞相) 왕릉이 백마의 맹약을 내세워 단호하게 반대했다. 여후는 기다렸다는 듯 왕릉을 아무 발언권이 없는 자리로 좌천시켜 버렸다. 그녀는 다시 진평과 주발에게 자신의 입장을 밝혔다. 두 사람은 왕릉이 당한 횡액을 목도한 터라 마치 약속이나 한 듯 대답했다.

"고조께서 천하를 평정할 때 유씨들을 왕으로 봉했습니다. 그런데 지금은 태후께서 천하를 장악하고 있습니다. 마땅히 여씨들을 왕으로 봉해야 합니다."

여후는 흐뭇했다. 곧 자신의 친정 식구들을 왕으로 봉하는 작업에 착수한 것은 물론이었다. 이 소식은 바로 퍼졌다. 얼마 후에는 왕릉의 귀에까지 전해졌다. 그는 즉각 진평과 주발을 찾아가 원색적인 비난을 퍼부었다. 그러나 진평과 주발은 웃으면서 다 이유가 있다는 입장을 피력했다.

"우리가 태후에게 간언을 하거나 직접적으로 반대를 하면 이길 수가 없소. 어쨌든 지금은 태후가 이 나라의 군주요. 그러나 현 상태를 계속 유지시키면서 유씨의 실력을 키우면 나중에 반드시 상황이 달라질 것이오."

진평과 주발의 은인자중은 무려 8년 후에 효과가 나타났다. 여후가 8년 동안 마음대로 권력을 휘두른 다음 세상을 떠나자 여씨들이 전부 죽임을 당한 것이다. 이를테면 멸문지화를 당했다고 할 수 있었다. 이때 이 살육을 총 지휘한 사람이 바로 진평과 주발이었다. 유방이 생전에 고육책으로 실시한 백마의 맹세는 어쨌거나 지켜진 셈이었다.

　자신의 사후를 대비한 유방의 선견지명은 유씨들에 대한 대대적인 분봉에서도 잘 엿보인다. 그는 정권 수립 초기에는 어쩔 수 없이 유씨 이외의 공신들을 논공행상 차원에서 대거 각지의 왕으로 봉해야 했다. 이로 인해 유씨 이외의 왕은 무려 전국의 반 이상을 넘었다. 그럼에도 그는 자신의 가까운 가족들은 어떻게 해서든 왕으로 봉했다. 또 유씨 이외의 왕들은 하나씩 제거해 나갔다. 이렇게 해서 나중에는 중요한 나라의 왕들은 모두 자신의 가까운 가족이 차지할 수 있게 되었다. 이 전략은 적중했다. 무엇보다 완전히 공신들을 제거하는 데에 큰 도움을 줬다. 또 그의 사후 여후가 정권을 잡기는 했으나 외척이 마구 날뛰지 못하게 하는 데에도 결정적인 역할을 했다. 실제로 여후는 정권 장악 초창기에 자신이 완전히 황권까지 찬탈하고자 했으나 각 지역의 유씨 성을 가진 시댁의 왕들 때문에 계획을 포기해야 했다.

　유방은 백마의 맹세와 유씨들에 대한 대대적인 분봉으로 자신의 사후와 황권에 대한 안전판을 마련할 수 있었다. 물론 이렇게 되기까지는 오랜 시간이 걸렸다. 그가 모든 문제, 이를테면 공신과 외척 문제를 한꺼번에 해결하지 못한 탓이었다. 그러나 그로서도 이건 어쩔 수 없었다. 너무 빨리 서두르기보다는 쉬운 것부터 차례대로 하나씩 해결하는 것이 당시로서는 가장 빠른 길이었던 것이다. 만약 그가 이렇게 하지 않았다면 공신과 외척의 동시다발적인 반항으로 오히려 왕조는 더 위태로웠을지도 모를 일이었다. 이 점에서 보면 그는 나름 상당한 선견지명이 있었다고 해야 한다. 나중 중국 역사에서도 명 군주로 불린 무제(武帝)는 때문에 자신의 증조할아버지에게 한껏 고마움을 표해야 하지 않았을까 싶다.

현명한 군주에게는 죽음을 무릅쓰고 간언하는 충성스러운 신하가 있다

중국의 봉건 사회에서는 신하가 단도직입적으로 간언을 하는 경우가 종종 있었다. 당연히 이런 행위는 충신의 행위로 간주되었다. 무엇보다 황제들의 잘못된 행위나 결정을 말릴 수가 있었다. 고치는 것 역시 가능했다. 황제들에게 경종을 울리는 역할을 한 것은 더 말할 것이 없었다. 역사적으로 죽음을 무릅쓰고 황제에게 진언한 기록은 많다. 일반적으로 품행이 올바른 군주들은 종종 이런 충신들에 둘러싸여 있었다. 늘 유방 옆에 있던 번쾌 역시 이 중의 한 사람이었다.

・・・

『사기』 등의 사서를 보면 번쾌는 정말 솔직한 사람이었던 것이 분명했다. 성질이 괴팍한 유방 앞에서 직접 단점을 지적하는 몇 안 되는 수하 중 한 명이었다. 사례를 들면 보다 명확해진다. 유방이 함양을 함락시켰을 때였다. 그는 진시황의 궁전으로 들어가자마자 바로 입이 딱 벌어지고 말았다. 웅장한 궁전에다 진귀한 장식은 그렇다 치더라도 평생 단 한 번도 보지 못했던 일단의 미녀들은 정말이지 그의 잠재되어 있던 욕망을 격발시키기에 충분했다. 그는 그대로 분위기에 취해 버렸다. 밤

낮 구별 없이 거의 며칠 동안을 완전히 육욕에 빠져 밖으로 나올 생각을 하지 않은 것은 그래서 그다지 이상할 것이 없었다. 바로 이때 번쾌가 갑자기 그가 머물고 있던 궁전으로 쳐들어왔다. 당연히 번쾌의 입에서는 천하를 얻기 위해서는 자중을 해야 한다는 말이 터져 나왔다. 그러나 유방은 번쾌의 말을 귀담아듣지 않았다. 마치 진이라도 빼겠다는 듯 더욱 끈질긴 엽색 행각을 벌였다. 번쾌는 다시 경고를 할 수밖에 없었다.

"아니 진나라 궁전에 들어오시자마자 유혹에 빠지면 어떻게 합니까? 이런 사치가 진나라를 멸망으로 내몬 원인이라는 사실을 모른다는 겁니까? 왕께서는 빨리 이 궁전을 떠나 군영으로 돌아가야 합니다."

유방은 상황이 자신에게 불리하게 돌아간다고 생각했는지 갑자기 애원 조로 나왔다.

"나 정말 너무 피곤하다고. 여기가 너무 좋아. 나 딱 하룻밤만 여기에서 더 자게 해 주게."

번쾌는 상황이 심각해지고 있다는 사실을 간파했다. 즉시 장량을 진나라 궁전으로 불러들인 것은 바로 이 때문이었다. 장량은 얼마 안 돼 부리나케 달려왔다. 그 역시 눈앞에 벌어진 광경이 기가 막힐 수밖에 없었다. 그가 드디어 입을 열었다.

"시황제를 비롯한 진나라의 군주들은 모두 황음(荒淫)하고 방탕 무도했습니다. 그랬기 때문에 왕께서 오늘 여기에 앉아 있을 수 있는 겁니다. 그러나 왕께서는 이렇게 하고 있을 시간이 없습니다. 즉각 진나라의 폐정(弊政)을 쓸어 버리고 새로운 정책을 만들어야 합니다. 그럼에도 왕께서는 함양에 들어오자마자 궁전에서 향락만 누리고 있습니다. 이러면 진나라가 멸망했듯 왕께서도 곧 망하지 말라는 법이 없습니다. 어째서 일시적인 쾌락을 위해 조금만 참으면 얻을 수 있는 성공을 손에서 놓쳐 버릴 수가 있습니까? 옛 선현들은 '좋은 약은 입에 쓰지만 병에 좋고, 충성스러운 말은 귀에 거슬리나 행동에 유리하다.' 라고 했습니다. 제발 우리의 말을 들으십시오!"

유방으로서도 번쾌와 장량이 계속 밀어붙이는 상황에서는 별다른 방법이 없었다. 그는 궁전을 떠나기가 무척이나 아쉽다는 표정을 한 채 둘에 이끌려 백성들이 대기하고 있던 밖으로 나갔다. 저 유명한 약법삼장이 탄생하는 순간이었다.

번쾌가 두 번째로 유방의 잘못을 직접 지적한 것은 유방이 황제 자리에 오른 이후였다. 당시 유방 휘하의 맹장 경포는 회남(淮南)에서 거병하는 모험을 강행했다. 회남이 위급하다는 상주서는 마치 눈송이처럼 유방에게로 날아갔다. 그러나 유방은 궁전 깊숙한 곳에 몸을 숨긴 채 나와 볼 생각조차 하지 않고 있었다. 태자를 폐하는 문제로 여후, 큰아들 유영과 갈등이 불거져 화가 나 있었기 때문이었다. 그는 얼마나 화가 났던지 시위들에게 아무도 자신의 거처에 들어오지 못하도록 명령을 단단히 내렸다. 신하들은 초조하기 이를 데 없었다. 그렇다고 황제의 명령을 어길 수도 없는 일이었다. 모두가 발을 동동 구르고 있을 때였다. 번쾌가 안 되겠다는 생각을 한 듯 소매를 말아 올렸다. 이어 앞에서 가로막는 시위들을 밀어제치고 직접 유방의 내궁으로 들어갔다. 안으로 들어간 번쾌는 자신의 눈을 의심하지 않을 수 없었다. 유방이 어린 환관 한 명을 베개 삼아 눈을 감은 채 용상에 비스듬히 누운 채 졸고 있는 것이 아닌가! 호모라는 소문은 거짓이 아니었던 것이다. 번쾌는 기가 막혀 눈물을 흘리면서 말했다.

"폐하께서 당초 우리를 거느리고 패현에서 거사를 일으킬 때를 생각해 보십시오. 여기저기를 떠돌아다니면서 싸우지 않았습니까? 그러다 천하를 얻게 됐습니다. 폐하께서는 그때 얼마나 위풍당당했습니까! 그러나 지금 폐하께서는 전혀 다른 모습으로 변했습니다. 맥이 빠져 있습니다. 참으로 한심한 모습이 아닐 수 없습니다. 설마 폐하께서는 패망한 진나라가 남긴 교훈을 잊지는 않으셨겠지요? 만약 잊으셨다면 그건 너무 빠른 겁니다. 다시 한 번 생각을 하십시오."

번쾌의 권유는 피눈물을 쥐어짜는 듯했다. 말 마디마디에는 유방을 안쓰럽게 생각하는 애정이 그득했다. 유방은 번쾌가 눈물까지 흘리며 권유하자 더 이상 나약한 모습을 보일 수 없었다. 즉각 침대에서 벌떡 일어나 밖으로 나가 대신들과 경포를 토벌하는 전략을 수립하기 시작했다.

번쾌와 유방 간의 두 가지 일화를 보면 우리는 한 가지 사실을 분명하게 알 수 있다. 번쾌가 죽음을 무릅쓰고 굳이 간언하는 용기를 냈다는 것을. 그것도 너무나도 결정적인 순간에 말이다. 만약 번쾌 같은 충성스러운 신하가 없었다면 유방은 어떻게 됐을까? 설사 황제의 자리에 오르는 성공을 거뒀다 하더라도 쉽사리 수성(守成)에까지 이르지는 못했을 것으로 보인다. 유방은 마지막 순간에 수하들에게 무척이나 잔인했음에도 신하 복은 많았던 사람이 확실한 것 같다.

뛰어난 인재는 많으면 많을수록 좋다

성공을 목표로 하는 사람은 남을 관대하게 대하는 품격을 갖춰야 한다. 이 말은 어떤 일을 하든지 간에 너무 까다롭지 말아야 함을 의미한다. 너무 까다로울 경우 상대방이 무척 부담스럽게 된다. 이렇게 되면 어떻게 남의 도움과 진심을 얻을 수 있겠는가? 그러므로 너그러운 마음으로 사람을 대해 주고 남의 의견을 잘 받아들여야 주변 인재들의 도움을 받을 수 있다. 나아가 사업도 성공에 이르게 되는 법이다.

• • •

유방은 농촌 출신이었으나 야심가였다. 그러나 단순한 야심가가 아니었다. 자신의 목적을 실현시키려면 주변에 많은 인재들이 있어야 한다는 사실을 분명하게 깨달은 사람이었다. 이는 그가 적극적으로 교유한 인물들을 보면 어렵지 않게 알게 된다. 우선 유방과는 비교도 안 되는 높은 학식을 가진 소하를 들 수 있다. 동향이라는 관계를 이용하여 적극적으로 접근해 가르침을 받았다. 나중에는 소하의 천거로 사수 정장까지 되었다.

유방의 전용 마차를 몰았던 하후영(夏侯嬰) 역시 거론하지 않으면 곤란하다. 소하와 마찬가지로 유방과 같은 고향 사람이었다. 유방이 황제가 된 다음 태복(太僕)이라는 자리에 올랐으나 끝까지 친구를 위해 마차를 몰았다. 유방이 위기에 빠질 때마다 몇 번이나 구해 줘 목숨을 건지게도 했다.

일반인은 잘 모르는 임오(任敖)라는 인물 역시 거론해야 할 듯하다. 패현 감옥에서 일하던 미관말직의 관료로 유방과는 어릴 때부터 면식이 있었다. 한번은 유방이 범법 행위를 저지른 다음 어디론가 잠적했다. 패현 정부에서는 꿩 대신 닭이라고 부인인 여씨를 잡아 감옥에 집어넣었다. 임오는 이 사실을 알게 되자 여씨를 잡아들인 자를 찾아가 죽지 않을 만큼 두들겨 팼다. 신분은 보잘것없었으나 의리 하나는 확실했던 것이다.

유방은 또 조참(曹參)과도 친교를 맺었다. 그 역시 옥리였으나 임오보다는 신분이 높았다. 요즘으로 치면 지방의 교도소장 정도는 됐다고 할 수 있었다.

유방의 교우 관계를 얼핏 보면 잡다하게 판을 벌인 것이 아닌가 하는 생각을 할 수 있다. 그러나 자세히 보면 그렇지도 않았다. 다 나름의 쓸모가 있다고 생각하고 의도적으로 접근했다는 느낌을 주기에는 부족함이 없었다. 실제로 그가 초창기에 맺은 인맥 네트워크는 그에게 큰 도움을 줬다. 무엇보다 소하는 현령의 비서 격에 해당하는 관직에 있었기 때문에 그를 여러모로 돌봐주는 게 가능했다. 하후영 역시 직책에 비해서는 하는 일이 상당히 중요했다. 그가 모는 마차에 타는 사람은 최소한 패현 정부의 최고위직 아니면 상위 정부의 고관들이었다. 자연스럽게 당시의 정치적 상황이나 정보를 알아내는 게 가능했다.

유방에게는 옥리에 지나지 않는 임오의 역할 역시 중요했다. 당시 진나라의 법률은 가혹하기 이를 데 없었다. 게다가 연좌제까지 있었다. 자신이 법을 어기지 않아도 주위의 다른 누군가의 범죄로 인해 옥살이를 하는 경우는 그래서 수없이 많았다. 유방이 임오와 가까워진 것은 바로 이런 현실과 관계가 있었다. 만약 자신이 무심코 범법 행위를 하면 직접적으로 임오의 도움을 받을 수 있었다. 또 자신의 친척이나 친구 중에 누가 법을 어길 때에도 도움을 받는 것이 가능했다. 더구나 유방은 임오를 통해 감옥살이를 하던 수많은 강호의 호걸들과도 교유를 할 수 있었다. 임오의 역할은 이처럼 신분에 비해서는 엄청나게 중요했다. 임오보다는 한참 계급이 위였던 조참의 역할은 더 말할 것이 없었다. 감옥의 비밀까지 잘 알고 있다는 사실에서 유방에게는 임오보다 중요했으면 했지 덜하지 않은 인물이었다.

이외에 유방은 주발과 나중에 동서가 되는 백정 출신의 번쾌, 아버지 친구의 아들인 노관(盧綰), 같은 읍(邑)의 친구인 옹치(雍齒), 왕릉 등과도 의식적으로 어울렸다. 훗날 자신에게 큰 도움이 될 만한 인재들이라는 사실을 일찍이 간파한 것이다. 이 중 왕릉과는 재미있는 일화도 남긴 바 있다. 원래 왕릉은 유방과는 비교도 안 되는 부유한 집안의 아들이었다. 한마디로 출신 성분, 즉 클래스가 달랐다. 유방으로서는 왕릉의 재력을 이용해 콩고물이라도 주워 먹고 싶은 생각이 있었다는 얘기가 되겠다. 실제로 유방은 완전히 처지가 바뀌기 전까지는 왕릉을 형처럼 대했다. 그 때문에 왕릉은 유방이 거병할 때 그를 따르지 않았다. 그를 따른 것은 처지가 완전히 역전된 다음부터였다. 즉 유방이 항우에 의해 한왕으로 봉해진 이후에야 도저히 안 되겠다는 생각에 두 손을 든 것이다. 한마디로 가방을 들게 하는 입장에서 가방을 드는 처지로 신분이 바뀌었다고 할 수 있었다.

이처럼 유방은 자신의 야심 실현을 위해 도움이 될 만한 인재들과 수단과 방법을 가리지 않고 교유하는 것을 마다하지 않았다. 그러나 그렇다고 그가 무차별적으로 인재들과 교유한 것은 아니었다. 자신 나름대로 기준이 있었다. 한번 살펴보는 것도 도움이 될 듯하다.

우선 그는 친소(親疎)를 구별했다. 이를테면 자신과 약간의 트러블이 있었던 조참과 왕릉은 결정적인 순간에 등용을 하지 않은 반면 소하는 끝까지 옆에 둔 사실이 대표적으로 꼽힐 것 같다.

그는 인재들의 개성도 중시했다. 옥리에서부터 백정, 마부까지 다 망라해 사귀었다는 사실은 무엇보다 이런 기준을 잘 말해 줄 것 같다. 이를 통해 그는 모든 방면에서 빈틈없는 시스템을 구축할 수 있었다. 나중에는 한나라의 기틀까지 확실하게 다지게 되었다.

문무를 구별한 것 역시 그가 인재들과의 교유에 기준을 뒀다는 사실을 웅변한다. 이 기준에 부합하는 대표적인 인물이 바로 번쾌와 소하였다. 둘은 극단적인 케이스에 해당했으나 오히려 이로 인해 서로 보완하는 관계가 될 수 있었다. 유방 그룹의 인재들이 전체적으로 서로 보완하는 절묘한 포진을 했다는 단정은 이로 볼 때 크게 틀리지는 않다고 해도 좋다.

유방은 평균적으로 말하면 항우에 비해 실력이 떨어졌다. 그러나 인재를 규합하는 측면에서는 훨씬 앞섰다. 인재는 많으면 많을수록 좋다는 사실을 일찍이 깨달은 것이다. 게다가 야심을 실현시킬 시기까지는 남을 대할 때 까다롭게 대하지도 않아 신망을 얻는 것이 가능했다. 항우가 스포츠로 따질 경우 전반적으로 경기를 지배하면서도 게임의 결과에서는 유방에게 패하는 것처럼 된 데에는 다 이유가 있었다고 할 수 있다.

자신의 분수와 진퇴를 아는 사람은 하늘도 돕는다

요즘은 똑똑한 사람이 부족한 세상이 아니다. 오히려 멍청한 사람이 모자라는

세상이다. 다시 말하면 현대인들은 하나같이 자신의 지혜가 충분하기 때문에 자신을 보호할 수 있다고 믿는다. 이런 사람들은 자신의 주변에 불행의 씨앗이 싹트고 있다는 사실을 알 길이 없다. 진정으로 총명한 사람은 세 가지의 금기 사항에 유의해야 한다. 우선 작위가 높아지는 것을 경계해야 한다. 그렇지 않으면 주위로부터 시기와 질투의 대상이 될 수 있다. 또 관직이 오르는 것을 부담스러워해야 한다. 주군의 미움을 살 수 있다. 봉록이 많아지는 것도 꺼려야 한다. 주위의 원망을 초래할 수 있다. 고대로부터 뛰어난 재능을 가진 총명한 사람들은 모두 이런 보신(保身)의 철학을 알았다.

･･･

유방의 역량은 평균적으로 항우에게만 뒤지는 것이 아니었다. 심지어 휘하의 신하들보다 못한 점이 많았다. 예컨대 전략, 전술에서는 장량의 상대가 되지 않았다. 군수품 공급이나 백성들을 위무하는 능력 등에서는 소하에 한참 못 미쳤다. 그러나 그에게는 이런 뛰어난 재주를 가진 수하들이 각자의 능력을 120퍼센트 발휘하도록 적극적으로 격려할 수 있는 장점이 있었다. 또 대업을 이룬 다음에는 이들이 스스로 진퇴를 결정하도록 선택하는 기회를 줬다는 점에서도 그는 정말 뛰어난 리더였다고 해도 괜찮을 것 같다. 당연히 이들 역시 분수와 진퇴를 잘 알아 한신이나 팽월, 경포 등과 같은 횡액을 당하지 않았다.

초한 전쟁 당시 유방은 한중(漢中)을 떠나 관동(關東)에서 5년 동안 항우와 치열한 전투를 치렀다. 이 기간에 소하는 나라를 아주 잘 다스렸다. 이로 인해 한중은 전쟁 중임에도 별로 흔들리지 않았다. 소하는 또 늘 제시간에 충분한 군량미를 유방이 지휘하는 부대에 공급했다. 한나라 백성들은 소하의 능력에 감탄을 금치 못했다. 그를 욕하는 백성은 거의 없었다고 해도 과언이 아니었다. 유방으로서는 민심이 소하에게 급속도로 쏠릴 것을 걱정하지 않을 수 없었다. 급기야 그는 소하에게 편지를 보내 한중을 잘 관리하고 있다는 위로를 전했다. 소하는 그러나 유방의 진심이 어디에 있는지를 너무나 잘 알고 있었다. 자신에 대한 의심을 풀어줘야 할 필요가 있었다. 그는 곧 자신의 가족과 친척 중에 군대에 들어갈 만한 인력을 차출해 유방이 있는 전선으로 보냈다. 유방이 천하를 평정하는 데 힘을 보태겠다는 뜻이었다. 유방은 소하의 적극적인 행동에 바로 의심을 풀었다. 한중에 가족이나 측근이 없을 경우 소하가 딴생각을 품을 가능성은 전혀 없기 때문이었다. 이후 두 사람은 서로에 대한 의심과 두려움을 완전히 버렸다. 한마디로 그 군주에 그 신하였다.

그렇다면 장량은 어땠을까? 그는 원래 한(韓)나라의 귀족 출신이었다. 박랑사(博浪沙)라는 곳에서 진시황 암살을 시도한 적이 있으나 불행히 실패를 했다. 이로 인해 그는 각 지방을 떠돌면서 도망을 다니지 않으면 안 되는 처지가 되었다. 그러다 스스로 한 100여 명의 병력을 일으켜 기회를 엿보다 유방의 수하로 들어갔다.

장량이 본격적으로 유방의 신임을 얻는 계기는 저 유명한 홍문연의 위기 때 찾아왔다. 임기응변을 발휘해 유방을 위기에서 구출해 낸 것이다. 이후 그는 유방이 팽성 전투에서 패해 의기소침해 있을 때 절묘한 계책을 내놓는 공을 세웠다. 그게 바로 한신, 팽월, 경포의 세 세력과 연합해 항우를 공격한다는 전략이었다. 이 과정에서 그는 유방에게 제(齊)나라 왕이 되고 싶어 하는 한신에게 양보하라는 파격적인 제안도 했다.

결과적으로 한신은 초한 전쟁에서 맹활약, 유방에게 승리를 선사했다.

유방은 한 왕조를 건국한 다음 장량의 공로를 높이 평가했다. 그에게 3만 호(戶)에 이르는 봉지를 더 주려고 했던 것은 다 이 때문이었다고 해도 좋았다. 그러나 이때 장량은 "하늘이 폐하에게 저를 내려주신 것입니다. 또 폐하께서 저의 계략을 잘 들어 주셨기 때문에 지금의 공훈이 가능했던 겁니다. 3만 호의 봉지는 제 신분에 적합하지 않습니다. 제가 받아들일 만한 봉지만 주십시오."

유방은 장량이 고개를 한없이 숙이자 흐뭇했다. 결국 중원(中原)에서 외진 작은 땅을 그에게 주는 결정을 내렸다. 그럼에도 그는 감사하는 마음으로 봉지를 받았다. 그는 자신의 공로 때문에 교만해지거나 권력과 이익을 탐낼 수도 있었다. 그러나 그렇게 나대지 않았다. 어떻게 보면 조금 어리석게 보일지도 모른다. 하지만 이로 인해 그는 완벽하게 성공적인 만년을 보내지는 못했으나 목숨을 부지할 수는 있었다.

소하와 장량에 비하면 한신은 조금 달랐다. 그는 유방을 도와 항우를 격파하는 데 단연 최고의 공훈을 세웠다. 그 누구도 이 사실은 부정하기 어렵다. 그러나 그는 소하와 장량과는 달리 자신의 공을 너무 내세웠다. 유방으로서도 이게 나쁠 것은 없었다. 토끼잡이가 끝난 상황에서는 개를 삶아 먹어도 아무 문제가 없을 터였으니까. 사실 유방은 한신을 대장군에 임명하기 이전부터 내심으로는 전폭적인 신뢰를 하지 않았다. 언젠가는 있는 핑계 없는 핑계 다 만들어 제거해야 한다는 생각까지 하고 있었다. 한신으로서는 불행하게도 그때는 너무 빨리 오고야 말았다. 한(漢) 6년(기원전 201년) 누군가가 유방에게 한신이 초나라의 장군인 종리매(鐘離昧)를 몰래 숨겨두고 있다는 밀고를 했다. 모반을 획책할 가능성이 있다는 밀고였다. 유방은 절호의 기회가 왔다고 생각하고 한신에게 종리매를 내놓으라는 명령을 내렸다. 한신은 자존심 때문에 버티기는 했으나 주판알을 튕긴 끝에 더 이상 고집을 부려서는 안 된다는 사실을 깨달았다. 그는 머쓱한 표정으로 종리매에게 솔직하게 입장을 밝힐 수밖에 없었다.

"나는 자네를 더 이상 도와줄 수가 없게 생겼어."

"내가 여기 잘못 왔군그래! 내가 오늘 죽으면 내일은 자네 차례가 될 거야!"

종리매는 한신의 말에 즉각 원망 어린 목소리를 내뱉었다. 이어 바로 자결을 결행했다. 한신은 유방에 대한 충성을 보여 주기 위해 종리매의 수급을 유방에게 바쳤다. 그러나 유방은 병사들에게 한신을 체포하도록 명령했다. 한신은 이때에는 그래도 목숨을 보존할 수 있었다. 유방이 그를 초왕(楚王)에서 회음후(淮陰侯)로 강등시켜 그저 낙양에 유폐시키는 관용을 베푼 것이다. 그러나 기원전 197년에 이르러서는 그도 더 이상 어쩔 수는 없었다. 왕을 자칭하고 반란을 일으킨 양하후(陽夏侯) 진희와 내통했다는 무고를 뒤집어쓴 채 여후에게 사로잡혀 목숨을 내놓아야 했다. 천하의 명장은 바로 이렇게 해서 일개 연약한 여자의 손에 의해 역사 속으로 사라졌다.

난세에는 영웅이 절실하게 필요하다. 그러나 치세에는 영웅보다는 능신(能臣)이 더 필요하다. 또 모든 권력은 한 사람의 군주에게 확실하게 귀속돼야 한다. 이 경우 그 누구도 군주 앞에서 고개를 뻣뻣하게 들어서는 안 된다. 아주 납작 엎드려 목숨을 보전해야 한다. 이른바 공성신퇴(功成身退, 공을 이루고 물러남)의 지혜를 보여 줘야 한다. 소하와 장량은 이 교훈을 너무나 잘 알았다. 그러나 한신을 비롯한 다른 공신들은 자신들을 너무 믿었다. 분수와 진퇴를 너무 몰랐던 것이다. 소하와 장량을 제외한 유방의 일등공신들이 대부분 비명횡사한 데에는 이처럼 다 이유가 있었다.

장량, 유방에게 날개를 달아주다

송나라 때의 대문인 소식(蘇軾)은 용기를 영웅호걸의 대용(大勇)과 필부의 소용(小勇)으로 구분했다. 또 이 양자가 인내로 인해 결정된다고 봤다. 초한 전쟁에서는 누가 보더라도 대용을 마음껏 발휘한 사람은 항우였다. 그에 비한다면 유방은 소용이 아니라 아예 용기조차 없었다고 해도 과언이 아니었다. 그러나 결과적으로 승리한 사람은 유방이었다. 그가 알고 보니 진정한 대용을 발휘했다는 얘기가 될 수 있다. 이처럼 그가 대용의 영웅호걸이 된 데에는 장량의 가르침이 남달랐다고 해도 좋다. 유방이 인내하도록 늘 주위에서 컨트롤을 했다는 얘기가 될 수 있다.

・・・

장량은 신분이 남달랐다. 유방이나 거의 시정의 잡배 출신들이 대부분인 그의 수하들과는 기본적으로 비교가 되지 않았다. 전국 시대 한(韓)나라의 누대에 걸친 승상 집안 출신이었다. 비록 나중에는 진시황 암살에 실패해 완전 파락호 같은 도망자 신세가 되기는 했지만.

어느 날이었다. 장량은 이름을 바꾼 채 하비(下邳, 지금의 장쑤江蘇성 비현)의 한 다리 위를 건너가고 있었다. 이때 남루한 옷차림을 한 노인이 장량을 향해 걸어왔다. 노인은 엉뚱하게 장량 앞에서 자신의 신발을 벗어 다리 밑으로 떨어뜨렸다. 이어 장량에게 말했다.

"젊은이! 다리 밑으로 내려가서 내 신발을 좀 가져다주게!"

장량은 깜짝 놀랐다. 무례하기 이를 데 없는 노인을 패대기치고 싶은 생각 역시 들었다. 그는 그러나 노인의 나이를 보고 참았다. 노인은 신발을 주워온 장량에게 다시 엉뚱한 부탁을 했다.

"신겨 주게."

장량은 이왕 참은 김에 노인에게 신발을 신겨 주는 모욕도 감수했다. 노인은 껄껄 웃으면서 갈 길을 재촉하는 척하다 다시 돌아와 입을 열었다.

"젊은이는 재능을 전수받을 만한 인재군. 5일 후 동이 틀 때 나와 여기에서 다시 만나세."

5일 후 장량은 다리로 나갔다. 아, 그런데 노인이 미리 와서 기다리고 있는 게 아닌가. 그는 욕만 실컷 먹고 5일 후에 다시 오라는 핀잔을 들었다. 이렇게 하기를 무려 몇 차례나 되었다. 그는 얼마 후에는 아예 채 날이 밝기도 전에 다리로 나갔다. 다행히도 이번에는 노인의 모습이 보이지 않았다. 그가 노인보다 먼저 다리에 도착한 것이다. 얼마 후 도착한 노인은 얼굴에 흐뭇한 표정을 지은 채 말했다.

"그래, 젊은이라면 이렇게 해야지."

노인은 말을 마치자 책 한 권을 장량에게 건네면서 다시 입을 열었다.

"이걸 읽으면 제왕의 스승이 될 거야. 자네는 10년 후에 큰 성공을 거둘 거야. 13년 후에는 나를 보러 와도 돼. 제(齊)나라 북쪽의 곡성(谷城)산 아래의 황석공(黃石公)이 바로 나라네."

장량은 노인이 건네준 책인 『태공병법(太公兵法)』을 열심히 탐독했다.

얼마 후 그는 병법의 대가가 돼 있었다. 자연스럽게 유방과도 만나 돕게 되었다. 두 사람의 만남은 마치 물고기가 물을 만나는 격이었다. 또 호랑이에게 날개를 달아주는 형국이 따로 없었다고 해도 좋았다. 당연히 주로 장량이 도움을 주는 형식이었다. 손꼽을 수 있는 절묘한 계책을 내놓은 것만 십여 차례에 이를 정도였다.

우선 장량은 유방으로 하여금 항우보다 먼저 진나라의 도성인 함양을 함락하게 하는 계책을 내놓았다. 이로 인해 유방은 항우와는 비교도 안 되는 지리적 이점과 명분을 갖게 되었다.

진나라 유민들의 민심을 유방에게 행하게 한 약법삼장 역시 그의 머리에서 나왔다. 만약 이게 없었다면 아마 한나라는 초나라, 황제는 유방이 아니라 항우가 됐을지도 모를 일이었다.

기원전 205년의 일도 장량이 없었다면 아마 유방에게 치명타가 됐을 가능성이 컸다. 당시 유방은 5명의 제후를 잇달아 격파하고 56만 명의 대군을 몰아 위풍당당하게 동쪽으로 진출, 초한 전쟁의 서막을 열었다. 그러나 유방은 팽성을 공략한 다음 승리에 도취돼 날마다 잔치를 여는 한심한 작태를 보였다. 급기야 항우로부터 반격을 당해 아버지를 비롯해 부인, 딸이 포로로 잡히고 본인 역시 죽을 뻔했다. 이때 하읍(下邑)으로 죽어라 달아난 유방은 장량에게 해결책을 물었다. 이에 장량은 "경포 및 팽월 등과 연합하고 한신을 중용해야 합니다."라고 진언했다. 이로 인해 초한 전쟁의 국면은 180도 전환의 계기를 마련하게 되었다.

2년 후인 기원전 204년의 일 역시 기억해야 할 것 같다. 당시 항우는 유방을 형양에서 독 안에 든 쥐로 몰아넣고 있었다. 이에 반해 한신은 북쪽에서 항우의 부대를 상대로 일련의 승리를 얻고 있었다. 승승장구에 고무된 한신은 이때 유방에게 사자를 보내 자신을 제(齊)나라의 왕으로 봉해 주도록 요구했다. 유방은 화가 머리끝까지 치밀어 사자의 면전에서 바로 호통을 쳤다.

"나는 여기에 갇혀 있으면서 밤낮으로 그자의 원군을 기다리고 있다. 그런데도 그자는 왕의 자리에 앉고 싶어 하기만 하다니."

장량은 유방의 말이 끝나기도 전에 그를 슬쩍 치면서 속삭였다.

"지금 대왕께서는 자신의 몸도 마음대로 하지 못하는 상황입니다. 어떻게 한신을 말릴 수가 있겠습니까? 차라리 그가 원하는 걸 들어주는 것이 나을 겁니다. 그렇지 않으면 의외의 변고가 생길지 모릅니다."

유방이 듣고 보니 장량의 말이 옳았다. 그는 곧 한신의 청을 들어줬다. 이로써 유방은 한신을 통해 항우를 완벽하게 제압하는 기초를 닦을 수 있었다. 장량의 계략을 들어줬기 때문에 가능한 일이었다고 할 수 있다.

이외에도 장량이 유방을 위해 내놓은 계략과 계책은 일일이 열거하기조차 어렵다. 유방이 외견적으로는 소용의 필부 같아 보였어도 대용의 항우를 이긴 것은 다 이유가 있었던 것이다. 이 점에서 보면 유방에게 있어 장량은 단순한 군사(軍師) 정도가 아니라 거의 인생의 스승이었다고 해도 좋을 듯하다. 나중에 유방이 그를 용도 폐기한 것이 옥에 티가 되기는 했지만 말이다.

소하, 주군을 제대로 찍다

예로부터 뛰어난 안목을 가진 백락(伯樂)이 천하의 명마 천리마를 제대로 감별한다는 말이 있다. 마찬가지로 뛰어난 군주는 훌륭한 신하를 식별할 수 있다. 당연히 반대의 사례도 있다. 아랫사람이 뛰어난 식견으로 훌륭한 군주를 찾아내는 것이다. 이런 사람은 뛰어난 군주를 따라 창업에 성공함으로써 자신의 공명도 세우게 된다. 소하가 바로 이런 케이스라고 해야 한다. 유방을 따라 창업에 성공, 자신의 이름을 빛냈다.

・・・

소하는 일찍이 유방에게 호의를 가지고 잘 대해줬다. 뛰어난 식견을 가지고 훌륭한 군주가 될 재목을 미리 알아봤다고 단언해도 괜찮을 듯하다. 그러나 그 역시 보통 사람은 아니었다. 젊을 때부터 도저히 감추기 어려운 뛰어난 재주를 드러냈다. 그럼에도 진시황 때는 가슴에 조용히 큰 뜻을 품은 채 조심스럽게 살았다. 그저 패현의 공조(功曹)를 맡아 현령을 보좌하는 직분에 충실했다. 하는 일은 주로 서류를 관리하거나 현의 인사이동, 서무 등을 총괄하는 것이었다.

일화를 살펴봐야 그의 능력을 잘 알 수 있을 것 같다. 어느 날 진나라 조정에서 어사(御史)를 보내 패현의 관리들에 대한 행정 능력을 평가했다. 소하는 명령에 따라 어사를 수행, 이곳저곳을 다녔다. 그러는 동안 일을 적절하게 처리하는 뛰어난 능력을 보여 줬다. 이로 인해 그는 사수(泗水)군의 미관말직인 졸리(卒吏)로 승진하는 행운을 잡았다. 그는 이후에도 뛰어난 정치적 능력을 발휘했다. 그러자 어사는 그를 다시 주목했다. 조정에 상소를 올려 그가 중앙 정부에서 일하도록 적극적으로 천거하려한 것이다. 그러나 그는 어사의 호의를 완곡하게 거절했다. 그가 어사의

제의를 거절한 것은 경솔하거나 교만해서가 아니었다. 오히려 시대의 추세를 너무 정확하게 간파했기 때문이라고 해야 옳았다. 진나라가 곧 망할 것이라는 사실을 간파한 것이다. 게다가 그는 포악하기 이를 데 없는 이세를 위해 힘을 쓰고 싶지도 않았다. 일반 사람이 생각할 때는 그가 승진의 기회를 놓쳤다고 할 수도 있다. 하지만 그의 선택은 훗날의 성공을 위한 일보 후퇴였다. 역사는 진짜 이 사실을 잘 보여 주고 있다.

소하는 사람 보는 능력 역시 뛰어났다. 당시 패현의 현령은 기의를 일으킨 농민군에게 목숨을 잃은 탓에 공석으로 있었다. 새로운 현령을 임명해야 할 상황이었다. 패현 백성들의 눈에는 당연히 그가 차기 현령으로 비쳤다. 하지만 그는 분수를 알았다. 더구나 유방이 자신보다 훨씬 나은 인물이라는 사실을 늘 염두에 두고 있었다. 그 때문에 그는 주변에서 "이제 때가 왔으니 그대가 깃발을 올려 보시오."라고 할 때 "나는 아니오."라는 말을 할 수 있었다. 나아가 다음과 같은 내용의 입장을 피력하는 것도 가능했다.

"지금은 난세요. 나 같은 서생은 이런 난세에 남을 보좌하는 역할을 하는 것이 좋소. 지금 우리 주변에는 유방이라는 걸출한 영웅이 있소. 그를 따르지 않으면 큰 실수를 하는 거요. 더불어 우리 백성들을 더욱 도탄으로 몰아넣는 것이 되오."

급기야 그는 주변의 만류를 뿌리치고 유방을 현령으로 강력 추천했다. 유방 역시 바보는 아니었다. 수차례나 거절하다 패현의 현령 직책을 수락했다. 소하는 그의 바로 밑의 수하, 다시 말해 현승(縣丞)이 되었다. 이후부터 소하는 유방의 천하 통일에 힘을 보태는 조수가 되었다. 또 무수한 비바람의 시련을 함께 이겨내고 마침내 한나라를 건국하는 위업을 일궈냈다.

 소하는 분명히 유방보다 한걸음 앞서 갈 기회가 있었다. 또 이때 덥석 자신에게 던져진 고기를 물었으면 그 역시 항우나 유방처럼 될 가능성이 없지 않았을 것이다. 그러나 그는 여러 기록으로 볼 때 배짱 두둑한, 통 큰 지도자가 될 가능성은 그다지 없어 보였다. 천군만마를 지휘할 기백 역시 결여돼 있는 것처럼 느껴지는 인물이었다. 다행히도 그는 이런 자신을 너무나도 잘 알았다. 과감하게 유방을 선택하고 주군으로 모신 것은 때문에 그로서는 탁월한 선택이었다고 해도 좋다. 결국 그는 실패할 가능성이 높은 위험한 1인자가 되기보다는 안전한 2인자의 길을 선택했다. 그리고 그의 선택은 옳았다. 그는 나중에도 이런 자세를 버리지 않은 탓에 창업 공신들이 대부분 비명횡사하는 와중에도 목숨을 부지할 수 있었다.

진정한 제왕은 휘하에 목숨을 아끼지 않는 부하들이 반드시 있다

 예로부터 제업(帝業)을 이룩한 제왕들은 휘하의 사람들을 이끄는 어떤 강력한 매력이 있었다. 유방도 크게 다르지 않았다. 그래서 길고 긴 초한 전쟁 기간에 수많은 장군과 병사들이 그를 위해 목숨을 바쳤는지도 모를 일이다. 기신(紀信)이라는 장군은 아마도 이 가운데 가장 충성스럽고 용맹한 인물이 아니었나 싶다. 이들 충성스러운 부하들 때문에 유방은 궁극적으로 제업을 이룩할 수 있었다.

초한 전쟁이 시작된 이후 유방은 싸웠다 하면 졌다. 반면 항우는 싸웠다 하면 지는 법이 없었다. 그러나 신기하게도 유방이 전투에 아무리 져도 그를 따르는 인재들은 전혀 줄어들지 않았다. 없어지기는커녕 오히려 갈수록 많아졌다. 반대로 항우는 매번 이겼으나 갈수록 그의 주변에 남는 인재들은 적어졌다.

　형양 대전이 치열하게 전개될 때였다. 유방은 항우에 의해 완전히 포위되었다. 게다가 군량미 공급도 어려워진 탓에 전황은 유방에게 갈수록 불리해지고 있었다. 이에 유방이 항우에게 강화를 간청했다. 조건은 형양을 경계로 동쪽은 항우, 서쪽은 유방이 관할한다는 내용이었다.

　항우는 기본적으로 유방의 강화 조건을 받아들이고 싶지 않았다. 그러나 이때 그의 전선은 길게 늘어져 있었다. 후방으로부터의 각종 군수품의 공급이 어려웠다. 여기에 병사들도 오랜 전투에 지쳐 있었다. 그는 강화를 하고 싶은 유혹을 강하게 느꼈다. 하지만 범증이 단호하게 강화를 반대했다. 반대하는 생각도 분명하게 밝혔다.

　"유방을 제거하는 것은 지금이 적기입니다. 이번에 유방을 그냥 놓아두면 나중에 반드시 후회할 겁니다."

　항우는 고심을 거듭하다 범증의 생각이 옳다는 판단을 내렸다. 곧 강화하자는 간청을 거부하고 더욱 맹렬하게 유방이 고립된 형양성에 대한 공격을 퍼부었다. 형양성은 완전히 바람 앞의 등불 같은 위기에 처했다. 유방이 포로가 되는 것은 바로 코앞의 일이 될 듯했다. 이 급박한 순간 기신은 자신의 목숨을 버려 유방을 살리기로 결심했다. 그는 곧 자신의 생각을 유방에게 전달했다.

"지금 전황은 대단히 불리합니다. 제가 대왕으로 변장해 초나라 군대를 속이겠습니다. 대왕께서는 그 틈을 타서 탈출하도록 하십시오. 대왕께서 목숨을 부지해 다시 대업을 이루게 된다면 저는 죽어도 관계없습니다."

기신의 이런 기특한 생각을 전략으로 승화시킨 주인공은 진평이었다. 그는 곧 밤을 낮 삼아 성 내의 부녀자 3,000여 명을 선발했다. 이어 그녀들에게 군복을 입힌 채 형양성의 동문에서 밖으로 나가 포위를 뚫는 척했다. 무모한 이 행동은 주변의 모든 초나라 병사들을 한군데로 집결하도록 했다. 곧 초나라 대군의 총공격이 개시되었다. 무고한 3,000여 명의 부녀자들은 그대로 유방의 속죄양이 되었다. 기신은 3,000여 명의 부녀자들이 몰살하는 광경을 목도하자마자 바로 유방의 옷을 입은 채 성 밖으로 마차를 몰면서 달려 나왔다. 항복하지 않으면 옥쇄하겠다는 모습이었다. 항우의 군사들은 그가 가짜 유방인 줄 모르고 환호성을 올렸다. 심지어 일부 병사들은 유방을 포로로 잡게 됐다고 생각했는지 "만세!"를 부르고도 있었다. 그들은 혹시라도 뒤질세라 유방을 보기 위해 성 동문으로 달려들었다. 이때 유방은 어둠을 틈타 몇십 명의 기병을 이끌고 유유히 형양성의 서문을 빠져나가고 있었다. 얼마 후에는 인근의 성고로 무사히 도망을 갈 수 있었다.

항우는 기신의 모습을 보고 유방의 금선탈각(金蟬脫殼, 매미가 허물을 벗듯 도망가는 전략을 의미함)의 계책에 속았다는 사실을 바로 깨달았다. 그는 체념 그득한 표정으로 기신에게 물었다.

"유방 그놈은 지금 어디 있느냐?"

기신이 호쾌하게 웃으면서 대답했다.

"우리 한왕께서는 이미 탈출을 하셨소. 도저히 추격을 못할 정도로 멀리 달아나셨을 거요."

항우는 격노했다. 바로 기신에게 불로 태우는 형벌을 가해 죽이는 보복을 가했다. 그래도 항우의 분노는 풀리지 않았다. 그는 결국 유방을 놓친 분풀이를 형양성에 대한 무자비한 공격으로 풀 수밖에 없었다. 이때 어사대부 주가(周苛)와 종공(樅公) 등이 포로로 잡혔다. 항우는 주가를 회유하기 위해 그럴듯한 미끼를 내걸었다.

"네가 만약 투항을 한다면 너를 상장군에 임명하겠다. 또 3만 호의 봉지를 너에게 내리겠다."

그러나 주가는 당당했다. 항우에게 욕설을 퍼부으면서 그의 제의를 거절했다.

"당신은 절대로 한왕을 이길 수가 없을 거요. 차라리 그럴 바에야 한왕에게 빨리 투항하는 것이 나을 거요. 그렇지 않으면 언젠가는 횡액을 당할 수밖에 없소."

항우의 분노는 기어이 그의 머릿속을 뚫고 나오고 말았다. 주가에게는 즉각 물에 끓여 죽이는 팽형이 가해졌다. 종공 역시 같은 신세를 면치 못했다.

형양 대전은 기원전 205년 5월부터 기원전 204년 6월까지 1년 넘게 이어졌다. 결과는 앞에서 본 대로 항우가 형양을 함락시키는 것으로 끝이 났다. 또 유방은 성고로 도망치면서 체면을 완전히 구겼다. 유방으로서는 팽성 대전의 실패에 이은 두 번째 대대적인 패배였다. 전황은 그에게 점점 불리해지고 있었다. 그렇다고 항우가 엄청난 실리를 챙긴 것은 아니었다. 그도 1년 남짓한 전투를 벌인 끝에 얻은 것이라고는 고작 형양성 하나밖에 없었다. 특히 유방을 사로잡아 완전히 화근을 뿌리 뽑지 못한 것은 천추의 한으로 남았다고 해도 좋았다. 어떻게 보면 얻은 것보다 잃은 것이 더 많았다. 전력 역시 급속도로 약화되었다. 조금 심하게 말하면 이때부터 서서히 전황은 그에게 불리하게 돌아갔다고 할 수 있었다. 이렇게 된 데에는 역시 기신을 비롯한 유방 휘하 장군들이 주군을 위해 목숨을 내놓은 의리가 무엇보다 큰 작용을 했다. 항우에게는 천추의 한, 유방에게는 전황을 반전시키는 기회를 줬다고 할 수 있겠다. 항우가 외면적으로는 대용을 마음껏 발휘했으면서도 진정한 제왕이 되지 못한 것은 괜한 게 아니었다.

제3장
심사숙고 스타일의 전략가

항우의 실패는 그 자신이 숭상한 개인 영웅주의에서 비롯되었다. 이에 반해 유방의 성공은 집단 영웅주의 정신을 고양한 결과였다. 솔직히 항우가 아무리 뛰어난 용력(勇力)을 과시했다 하더라도 수백여 명이나 되는 유방 휘하의 맹장들인 한신이나 진평, 번쾌를 이기기는 어려웠다. 범증 역시 아무리 노련하고 지혜로웠다 해도 유방 휘하에서 단체로 움직이는 싱크 탱크를 당할 수는 없었다. 이뿐만이 아니었다. 항우의 군대는 전투에서는 늘 이겼으나 정해진 목표가 없었다. 반면 유방은 이미 정해진 전략대로 한 걸음씩 목표를 향해 나아갔다. 그는 또 평소에는 공부하기를 싫어했으나 생사가 걸린 수많은 고비를 전전하면서 점점 겸손해졌다. 나중에는 배우고 심사숙고하는 전략가로 탈바꿈했다. 괄목상대라는 기적이 따로 없었다.

크게 얻으려면 작은 것을 등한시 말고 치욕을 참아야 한다

효웅(梟雄)은 간교해야 한다. 간교하지 않으면 절대 효웅이 될 수 없다. 중국 고대 역사책을 한번 펼쳐 보자. 인의와 도덕만 강조한 사람 중에 패권을 차지한 인물은 드물다. 천하를 통일한 인물 역시 거의 없다. 이 점에서는 유방은 성격적인 장점이 있었다. 성격이 모질었다. 효웅이 될 자격이 충분히 있었다. 항우가 아버지를 삶아 죽이려 할 때도 눈 하나 까딱하지 않았고 자기가 살기 위해 자식들을 마차에서 발로 차 떨어뜨린 인간이 바로 유방이라는 사람이었다. 어찌 효웅으로서 부족한 점이 있다고 하겠는가?

・・・

항우가 이끄는 초나라 군대가 파죽지세로 진나라 군대를 무찌를 때였다. 진나라 장군 장한(章邯)은 계속 대군을 후퇴시키고만 있었다. 감히 항우의 군대와 대전할 생각조차 하지 않았다. 급기야 그는 계속 궁지에 몰리자 20여만 명에 이르는 병력을 이끌고 투항하는 최악의 선택을 했다. 진나라가 완전히 멸망하는 순간은 바로 이렇게 찾아왔다. 항우로서는 기세가 욱일승천할 수밖에 없었다.

이때 유방은 자신의 병력을 이끌고 서쪽으로 진출하고 있었다. 인간적으로 별로 좋아하지 않았던 역이기를 기용, 진류(陳留)를 공략하기도 했다. 하지만 성과는 컸다. 무진장한 군량미를 확보하면서 든든한 물질적 기초를 닦을 수 있었다. 얼마 후에는 광범위하게 장군들과 병력을 더 모집하는 성과까지 거뒀다. 항우보다 먼저 패상(灞上)에 도착해 진왕 자영(子嬰)의 투항을 이끌어 낸 것은 당연한 수순이었다. 얼마 후 그는 항우가 관중으로 들어오지 못하게 하려고 병력을 보내 함곡관(函谷關)을 수비하게 했다. 이 행동은 항우의 격노를 불러일으켰다. 게다가 유방의 부하인 좌사마(左司馬) 조무상(曹無傷)이 두 사람을 이간시키는 술책을 부렸다. 항우는 이에 자극을 받아 단숨에 함곡관을 공략한 다음 함양 쪽으로 진공했다. 범증은 이 상황에서도 항우에게 유방을 죽이라는 권고를 쉬지 않고 했다. 그러나 항우는 홍문연에서 유방을 죽일 절호의 기회를 놓쳤다. 이에 대한 대가는 즉각 나타났다. 유방이 항우가 제(齊)나라와 싸우는 기회를 틈타 5명의 제후들과 56만 명의 대군을 휘몰고 항우의 도읍지로 쳐들어간 것이다. 이로 인해 항우는 궁전을 비롯해 온갖 재물들과 미인들을 모두 빼앗겼다. 유방은 거의 연일 연회를 열어 승리를 경축했다. 그러나 이때까지는 역시 항우의 힘이 대단했다. 고작 3만의 정병을 몰고 반격해 유방의 대군을 대파시켰다. 유방은 완전히 사로잡힐 뻔한 위기에서 겨우 탈출, 형양까지 철수했다. 그래도 형세는 대단히 위급했다.

이 결정적인 위기의 순간에 진평이 절묘한 전략을 내놓았다. 반간계(反間計), 즉 이간책을 쓰도록 건의한 것이다. 이 이간책은 주효했다. 의심 많은 항우는 종리매, 룡저(龍且), 주은(周殷) 등 장군들을 모두 멀리하게 되었다. 심지어 아부(亞父, 작은 아버지의 의미)로 부르던 범증에게까지 의심의 눈길을 거두지 않았다. 급기야 범증은 이런 항우를 떠나 고향으로 향하다 세상을 떠나고 말았다. 항우는 갈수록 외톨이가 되어 갔다.

이때 항우에게 연전연패하던 유방과는 달리 한신은 계속 승리를 거두고 있었다. 조왕(趙王) 헐(歇)도 생포해 조나라의 땅을 완전히 차지하게 되었다. 이어 연왕(燕王)도 항복시키고 얼마 안 돼 제(齊)나라도 정복했다. 이렇게 해서 한신은 유방과 함께 항우를 완전히 포위하는 형세를 구축할 수 있었다. 게다가 항우의 뒤에는 팽월이 버티고 있었다. 전황은 연전연승하던 항우에게 갈수록 불리해져 가고 있었다.

항우는 뛰어난 지략가는 아니었으나 바보도 아니었다. 자신이 불리한 상황에 처하게 됐다는 사실을 너무나 잘 알고 있었다. 그 때문에 유방의 사신이 와서 정전을 요청했을 때 바로 동의했다. 이로써 쌍방은 홍구(鴻溝)를 경계로 삼아 천하를 이등분했다. 동쪽이 초나라 땅, 서쪽이 한나라의 땅이 된 것이다. 그러나 얼마 지나지 않아 유방은 장량, 진평의 집요한 권유를 핑계로 협상 문서를 찢어버렸다. 항우는 끝까지 버텼으나 사방에서 공격해 오는 유방의 병사들을 당할 재간이 없었다. 결국 해하까지 밀려가지 않으면 안 되었다.

주지하다시피 해하까지 밀려간 그날 밤에 사방에서 유방의 병사들이 부르는 초나라의 노래가 들렸다. 이른바 사면초가의 장면이 파노라마처럼 전개된 것이다. 이미 지칠 대로 지친 항우의 병사들은 완전히 전의를 상실했다. 항우의 명마인 오추마의 두 눈은 여전히 반짝거리고 있었지만. 아무튼 항우는 이 해하의 전투에서 완벽하게 패한 다음 오강(烏江)에서 자살로 생을 마감했다. 너무나도 아까운 향년 31세였다.

항우의 최후는 어떻게 보면 비감하기는 했으나 성급했다. 만약에 그가 치욕을 감수하고 다시 권토중래를 노렸으면 과연 어땠을까? 과연 유방이 천하통일을 할 수 있었을까? 그가 다시 예의 천하의 용맹을 발휘해 유방을 물리치고 역사에 초나라 왕조를 남기게 되지 않았을까? 그러나 역사에는 만약이라는 가정은 필요가 없다. 후세의 우리들로서는 그저 그가 작은 것을 등한시하고 치욕을 참지 못한 사실을 안타까워해야 할 뿐이다. 또 그가 유방만큼 간교한 효웅이 아니었다는 사실 역시 그를 동정하는 사람들 입장에서는 너무나 한스러운 일이 아니었나 싶다.

까칠함 속에서도 비범한 능력을 갖춰라

역사적인 인물을 평가하는 것은 대단히 어려운 일이다. 특히 유방처럼 강력한 왕조를 세운 통치자에 대해 단순히 좋다거나 나쁘다는 식으로 품성을 단적으로 평가하는 것은 더 어렵다. 이럴 때에는 그의 일관된 인생의 행로를 봐야 한다. 요즘 말로 하면 역사에 공헌한 측면에서 전반적으로 평가해야 한다는 얘기가 되겠다. 그래야 주관적인 잘못을 범하지 않는다. 그러나 하나 변하지 않는 사실은 분명히 있다. 그가 상당히 거칠었다는 사실이다. 그럼에도 그는 성공했다. 이 묘한 이율배

반은 아마 그가 까칠함 속에서도 나름대로 비범한 능력을 갖추고 있었기 때문이 아닌가 생각된다.

...

유방은 제대로 배우지 못했다. 입도 거칠었다. 조금만 성질이 나면 입에서 거친 욕이 튀어나왔다. 어떻게 보면 시정잡배와 다름이 없었다. 요즘 말로 하면 날건달 내지는 조폭이라고 해도 크게 무리는 없었다. 그러나 그는 이런 까칠한 성격에도 불구하고 항우를 물리치고 영웅으로 등극했다. 그저 운이 좋았을까? 아니면 나름의 뛰어난 비범함이 있었기 때문에 성공을 했을까? 역시 답은 비범함이 있었다는 쪽으로 내려야 할 것 같다. 아무리 운이 좋아도 항우 같은 뛰어난 영웅을 이긴다는 것은 간단한 일이 아니었을 테니 말이다. 더구나 그는 마지막에만 가뭄에 콩 나듯 몇 번 승리를 했지 그 이전까지는 항우에게 거의 연전연패를 했다. 그렇다면 그가 성공한 진짜 이유는 어디에 있었을까? 다시 말해 비범한 장점은 어떤 것이 있었을까? 결론부터 말하면 단점만큼이나 많았다.

우선 그는 웅대한 포부와 모략을 가지고 있었다. 이게 아마도 한 왕조의 틀을 세우고 400여 년 가까운 세월을 지속하게 만들었다고 해도 좋다. 자신은 크게 능력이 없었음에도 인재를 두루 등용하는 능력도 뛰어났다. 이로 인해 그의 주위에는 언제나 인재들이 차고 넘쳤다.

그러나 가장 큰 장점은 아무래도 천하를 인덕으로 통치했다는 사실이 아닐까 싶다. 물론 그도 성격적으로는 항우 이상이나 까칠한 면이 있었다. 개국 공신을 아무 이유 없이 마구 죽였다. 그럼에도 진시황의 폭정이나 항우의 난폭함에 비하면 양반이었다. 게다가 당시는 자신 외에는 믿을 만한 사람이 별로 없는 난세였다. 그 정도의 성정으로 통치를 했다면 인덕을 베풀었다고 해도 좋았다. 천하의 민심을 그나마 얻은 것이다. 이후 인덕으로 천하를 다스리는 이념은 후세의 역대 황제들에게 그대로 전해졌다.

이에 대해서는 유방에게 비교적 엄격한 잣대를 들이댄 사마천 역시 높은 평가를 내렸다. "고조의 인품은 …… 어질고 사람을 잘 보살폈다."라고 적고 있는 것이다. 역사적인 자료에서도 이 사실은 그대로 증명이 된다. 패현에서 함양으로 죄인들을 압송하다 풀어준 것이나 약법삼장을 반포한 것은 이런 그의 성정을 대표한다고 할 수 있다. 더구나 그는 약법삼장을 반포할 때는 속마음이 어땠는지는 몰라도 백성들이 자신에게 바치는 선물을 마다했다. 전란에 지친 백성들이 내놓을 것이 뭐가 있겠느냐는 생각을 한 것이다. 백성들의 생사여탈권까지 쥐고 있던 패자의 입장에서는 정말 파격적인 자세였다.

그가 세상을 떠나기 직전인 기원전 195년의 일 역시 그의 성격의 일단을 보여 준다고 하겠다. 당시 유방은 패현을 지나가고 있었다. 동향의 친인척들은 당연히 그를 극구 붙잡았다. 잔치를 벌이겠다는 의도였다. 이때 그는 다음과 같이 말했다.

"여러분, 내 휘하의 장병과 말들은 너무나 많소. 그대들이 다 먹일 수가 없을 정도요."

그의 말이 진심에서 우러나온 것인지 아니면 쇼인지는 단정하기 어렵다. 그러나 그가 고향 사람들에게 폐를 끼치고 싶어 하지 않았다는 사실은 그리 어렵지 않게 알 수 있다. 나름의 인간미는 있었다는 얘기다.

유방의 성격은 아무래도 휘하의 사람들이 가장 잘 알 수밖에 없었다. 하나씩 살펴볼 필요가 있다. 우선 소하의 평가를 보자. "왕께서는 너무 오만하고 무례하다. 장군을 임명하고서는 마치 자기 자식을 부르는 것처럼 한다."라고 했다. 진평의 평가도 크게 다르지 않다. 다음과 같은 내용이다.

"패왕은 성격이 공손하고 사람을 잘 대할 줄 알았다. 선비 중에 청렴하고 예의를 숭상하는 사람이 많이 따랐다. 그러나 공을 세운 대로 작위와 봉지를 내려줘야 할 때는 대단히 인색했다. 이렇게 해서 선비들이 따르고 싶어 하지 않았다. 반면 대왕께서는 오만하고 예의가 결여돼 있었다. 그래서 청렴한 선비들이 찾아오지 않았다. 그러나 대왕께서는 작위나 봉지를 아낌없이 나눠 줬다. 이로 인해 선비 중에 사치하고 우둔하면서도 후안무치한 자들이 많이 찾아왔다. 대왕께서 자신의 단점을 줄이고 패왕의 장점을 배운다면 천하가 대왕에게 귀순할 것이다."

고기(高起)나 왕릉(王陵) 역시 유방의 면전에서 진평의 생각과 비슷한 입장을 밝힌 적이 있었다.

"폐하께서는 교만하고 사람에게 모욕을 줍니다. 이에 반해 항우는 어질고 사람을 잘 대해 줍니다. 그러나 폐하께서는 성이나 땅을 공격해 점령한 후에는 공을 세운 사람에게 줍니다. 천하의 이익을 천하의 사람들과 같이 나눕니다."

당시 유방 휘하에서 활약한 인물들의 평가를 종합하면 결론은 분명해진다. 유방은 겉으로 보기에는 거칠었다. 교만하다는 결점 역시 있었다. 그러나 도량이 컸다. 또 너그러웠다. 그래서 천하의 사람들이 함께 이익을 나누기를 원했다. 그러나 항우는 그렇지를 않았다. 공을 세우면 혼자만 차지하려는 생각을 했다. 과연 두 사람 중에서 어떤 지도자를 사람들은 원할 것인가? 답은 바로 나온다. 더구나 유방은 공신들에게만 포상을 많이 내린 것이 아니었다. 한 왕조를 건국한 다음에는 백성들을 위무하기 위해 진나라와는 비교가 안 되게 세금을 많이 줄였다. 세상의 인심을 얻지 않는 것이 오히려 이상할 일이었다.

유방은 분명히 역사에 남은 큰 업적을 이룩했다. 그러나 그는 항상 자신의 공훈을 내세우지 않았다. 대신 소하나 장량, 한신 등 측근들의 공을 늘 칭찬했다. 이 말은 아마 립 서비스일 가능성이 컸을지도 모른다. 그러나 그의 본심에서 우러나온 말이 아니라고 하기도 어렵다. 실제로 세 사람의 활약이 그에게는 천군만마의 힘을 줬으니까 말이다. 이 점에서 보면 확실히 그는 2,000여 년에 걸친 중국의 황제 역사에서도 보기 드물었던 군주가 맞는 것 같다.

실수를 바로 인정하는 식견과 혜안을 갖춰라

중요한 일은 중요한 대로 지략을 써서 해결해야 한다. 또 크게 중요하지 않은 일은 그 수준의 지략으로 해결하면 된다. 이뿐만이 아니다. 먼 미래의 일은 그 나름대로 생각하면 되고 당장의 일은 당장 해결하면 된다. 그러나 이 모든 일은 현명한 식견이 없으면 실패를 하게 된다. 전략이 남보다 더 한층 뛰어나야 하는 것이다. 한마디로 남이 볼 수 없는 것을 보고 남이 생각할 수 없는 것을 생각해야 한다. 더불어 남이 예측하기 어려운 일도 예측해야 한다. 다시 말해 철저한 준비로 뛰어난 혜안을 갖춰야 한다.

• • •

　유방이 거병한 다음 소하는 요즘 말로 하면 군수 본부장이 되었다. 후방에서 군량미를 공급하는 일을 한 것이다. 그런데 단 한 번도 실망하게 한 일이 없다. 유방이 한왕이 된 이후에 그를 승상으로 임명한 것은 다 이유가 있었다. 혜안이 없었다면 불가능할 일이었다.

　유방은 함양에 입성한 다음에는 장량의 권고를 따랐다. 백성들의 호응을 얻었다. 유방 역시 처음에는 진나라 궁실의 엄청난 재물과 평생 처음 보는 절세미인들에 푹 빠져 있었다. 그러나 그는 천하를 얻는 것이 재물과 미인들보다 더 중요하다는 사실을 알았다. 역시 혜안이 있었던 것이다.

　몇십 년만 바라보면 몇십 년의 사업을 일구는 것이 가능하다. 당연히 1,000년 앞을 내다보면 1,000년의 사업도 일구는 것이 불가능하지 않다. 유방은 바로 이 사실을 알았다. 그래서 일시적인 득실만을 다투지 않았다.

　이제 사례를 들어 유방이 얼마나 멀리 내다봤는지를 알아볼 필요가 있을 것 같다. 유방은 초한 전쟁 막바지에 주지하다시피 형양에서 포위를 당했다. 불행히도 이때 장량은 몸이 아파 드러누워 있었다. 이 때문에 역이기에게 대책을 물어보지 않으면 안 되었다. 역이기는 기다렸다는 듯 대답했다.

　"옛날 상(商)나라의 탕왕(湯王)은 하(夏)나라의 폭군 걸왕(桀王)을 토벌할 때 걸의 후예에게 기(杞)의 봉지를 줬습니다. 주(周)나라의 무왕(武王) 역시 상나라의 주왕(紂王)을 죽일 때 주왕의 후예에게 송(宋)의 땅을 줬습니다. 진나라의 폭정은 잔악합니다. 하늘의 도를 어기고 있습니다. 게다가 무력으로 육국(六國)을 멸망시켰습니다. 지금 이 육국의 후손들은 발붙일 데도 없습니다. 만약에 폐하께서 이 육국의 후예들을 왕으로 봉하면 은혜에 감격할 겁니다. 당연히 폐하를 따르게 됩니다. 또 만약에 폐하께서 모든 제후들에게 은혜를 베풀어 준다면 패권도 잡는 것이 가능합니다. 이렇게 되면 항우 역시 아주 공경스러운 모습으로 폐하에게 복종할 겁니다. 제가 이 일을 하겠습니다."

역이기의 말은 근거가 있는 것 같았다. 이치 역시 있어 보였다. 인덕으로 천하를 얻는다는 이론은 공자 시대부터 이미 생겼기 때문이니 말이다. 유방은 역이기의 말을 듣자마자 바로 입장을 밝혔다.

"좋소. 빨리 육국의 인장(印章)을 새기라고 하시오. 선생이 출발할 때 인장을 가지고 갈 수 있도록 하시오."

역이기는 즉각 유방의 명령에 따라 인장을 만드는 일에 착수했다. 인장이 다 새겨진 후에 역이기가 출발을 하려고 했다. 마침 그때 장량이 밖에서 들어왔다. 밥을 먹고 있던 유방은 반가운 마음에 장량에게 역이기의 전략을 그대로 전해줬다. 장량이 유방의 말에 깜짝 놀라 반문했다.

"누가 도대체 이런 전략을 내놓은 겁니까? 이 전략대로 하면 모든 것이 뻐그러집니다. 폐하가 망하게 됩니다."

"왜 그렇다는 거요?"

유방이 되물었다. 장량이 바로 말을 이었다.

"제가 폐하의 젓가락으로 지금의 상황을 설명해 드리겠습니다. 옛날에 상나라 탕왕과 주나라 무왕이 하나라의 걸왕과 상나라의 주왕을 토벌할 때 그들의 후손들을 분봉한 것은 그들이 걸왕과 주왕을 토벌할 자신이 있었기 때문에 그렇게 한 것입니다. 지금 폐하께서는 항우를 무찔러 천하를 통일할 가능성이 높습니까? 이는 이 전략을 써서는 안 되는 첫째 원인입니다. 주나라 무왕은 기자(箕子, 상나라의 마지막 왕자)의 문 앞에서 수레 앞의 횡목을 만짐으로써 그에 대한 경의를 표했습니다. 또 비간(比干, 기자의 형)의 무덤을 보수했습니다. 폐하께서는 지금 이 일을 할 수 있습니까? 이는 둘째 원인입니다. 주나라 무왕은 상나라 주왕이 녹대(鹿臺, 상나라의 정부 양곡 창고)에 쌓아 놓은 재물들을 가난한 사람에게 나눠줬습니다. 이 일을 폐하께서는 지금 할 수 있겠습니까? 이게 셋째 원인입니다. 그는 이어 주왕을 멸망시킨 다음에 군사용 마차를 일반 마차로 고쳤습니다. 모든 무기들도 거꾸로 실었습니다. 이런 식으로 더 이상 전쟁을 벌이지 않겠다는 의사를 나타냈습니다. 폐하께서는 이렇게 할 수 있겠습니까? 이건 넷째 원인입니다. 그는 모든 군마를 화산(華山) 남쪽에 풀어주기도 했습니다. 더 이상 사용하지 않겠다는 표시를 했습니다. 폐하께서는 이렇게 할 수 없겠죠? 다섯째 원인입니다. 무왕은 군수품을 운송하는 소, 말들 역시 광야에 풀어줬습니다. 천하에 더 이상 군수품을 운송할 일이 없을 것이라는 뜻이었습니다. 폐하께서는 이렇게 할 수 있습니까? 여섯째 원인입니다. 지금 천하의 인재들이 부모와 친구, 사랑하는 고향을 떠나 폐하를 따르고 있습니다. 이렇게 하는 이유는 무엇입니까? 적으나마 땅을 얻기 위해서라고 해야 합니다. 만약 폐하께서 공을 세운 사람들에게 봉지를 주지 않고 엉뚱하게 육국의 후손들에게 나눠 주면 어떻게 되겠습니까? 그 인재들이 각자 고향에 돌아가 옛 주인을 섬기면서 가족들과 함께 살아야 합니다. 그러면 누가 폐하를 따라 천하를 평정하려고 하겠습니까? 이게 일곱째 원인입니다. 마지막으로 이 전략을 쓰면 안 되는 이유를 보겠습니다. 만약 초나라가 강해지면 육국의 후손들은 폐하가 아닌 항우에게 붙을 가능성이 높습니다. 폐하께서 이 전략을 쓰시면 폐하의 사업은 바로 망하게 됩니다."

장량의 분석은 정말로 명쾌했다. 역이기에 비할 바가 아니었다. 특히 후반부 부분은 완전히 유방의 마음을 흔들어 놓았다. 유방은 바로 대오각성했다. 입에서는 어느새 밥알과 함께 그 특유의 욕이 튀어나오고 있었다.

"이런 천하의 죽일 놈이 다 있나! 내 일을 그르치려고 아주 작정을 했구먼."

유방은 말을 마치자마자 바로 자신의 명령을 철회했다. 유방이 역이기의 전략을 수용한 것은 그의 지략에 문제가 있다는 사실을 보여 준다. 또 언제든지 같은 잘못을 저지를 가능성이 있다는 것도 말해 준다. 그러나 그는 장량의 설명을 듣고 바로 자신의 실수를 간파했다. 비록 실수를 할 뻔했으나 뛰어난 식견이나 혜안이 없으면 불가능할 일이었다. 그가 높은 평가를 받을 수밖에 없는 이유는 바로 여기에 있다.

버릴 것은 과감하게 버려라

유방이 뛰어난 점은 그가 가장 결정적인 순간에 기회를 잡았다는 사실이었다. 그는 이를 위해 수단과 방법을 가리지 않았다. 공부를 제대로 하지 않았던 그는 물론 역사적인 기회를 통찰할 능력은 없었다. 그러나 수하들이 그에게 이런 기회를 제공할 때 그는 늘 주저하지 않고 받아들였다. 결단력 있게 실시했다. 또 뭔가를 버려야 할 때는 과감하게 버렸다.

• • •

　기원전 202년(한 고조 5년) 10월에 유방은 항우의 군대를 추격하다 양하(陽夏) 남쪽에까지 이르렀다. 항우의 군대는 이때 진(陳)현에 주둔하게 되었다. 유방은 한신, 팽월의 군대를 기다리기 위해 계속적인 공격을 중지하라는 명령을 내렸다. 그러나 약속된 날짜에 한신과 팽월의 병력은 도착하지 못했다. 항우는 이 기회를 노려 즉각 유방에 대한 반격에 나섰다. 결과는 유방의 대패였다. 그는 계속 수세만 취할 수밖에 없었다. 이 전투는 유방의 군사력만으로는 항우를 이기기가 어렵다는 사실을 분명하게 보여 줬다. 이기기는커녕 제대로 방어하기조차 쉽지 않다고 해도 과언이 아니었다.

　유방은 초조했다. 한신과 팽월이 약속을 지키지 않을 경우에 대한 최악의 시나리오가 그의 뇌리를 스치기 시작했다. 그는 장량에게 고견을 묻지 않을 수 없었다.

　"한신과 팽월 이 자식들이 약속대로 전투에 참여하지 않고 있소. 어떻게 하면 좋을 것 같소?"

　장량이 바로 대답했다.

　"한신과 팽월은 지금 주판알을 튕기고 있습니다. 그들은 만약 항우를 물리친 후에 더 많은 봉지를 받지 못할 것이라고 생각하면 출병하지 않을 겁니다. 반면 폐하께서 그들과 함께 천하를 나눌 것이라는 신뢰를 주게 되면 그들은 즉각 출병할 겁니다. 문제는 봉지를 주지 않으면 상황이 어떻게 변할지 모른다는 사실입니다. 이제 폐하께서는 진현의 동쪽에서부터 동해까지의 땅을 한신에게 주겠다고 해야 합니다. 또 휴양(睢陽) 북쪽부터 곡성(谷城)까지의 땅은 팽월에게 주겠다고 하십시오. 그러면 그들이 바로 출병해 항우를 철저히 공격해 패퇴시킬 것으로 보입니다."

유방은 장량의 건의를 받아들였다. 사자를 보내 한신과 팽월에게 미끼를 던지는 말을 전했다.

"우리 함께 연합해 초나라 군대를 공격합시다. 초나라 대군을 패퇴시킨 후에는 진현 동쪽부터 동해까지의 땅을 제왕에게 줄 것이오. 또 휴양 북쪽부터 곡성까지의 땅은 팽월 당신에게 줄 것이오."

역시 장량의 계략은 맞아떨어졌다. 한신과 팽월이 즉각 사신을 보내 유방에게 "우리는 즉각 출병해 초나라 대군을 공격하겠습니다."라는 답신을 보내온 것이다.

원래 한신과 팽월은 고릉(固陵)까지 출병해 항우를 공격하겠다는 약속을 했다. 그러나 유방이 논공행상에 대해 적극적으로 나오지 않자 약속을 저버렸다. 급기야 유방은 홀로 고군분투하다 처참한 패배를 당했다. 한신과 팽월의 입장에서는 유방을 지지하기는 하지만 이익이 없는 상태에서는 병력을 움직이지 않겠다는 자세를 분명하게 보인 것이다. 총명한 장량은 바로 이런 사실을 간파했다. 한신과 팽월이 병력을 이끌고 나타나자 전황은 바로 달라졌다. 항우의 부대는 이후 계속 밀리기 시작했고 나중에는 항우 진영의 대사마 주은까지 투항하게 되었다. 게다가 주은은 투항과 동시에 유방 진영에서 맹활약을 했다. 구강군(九江郡) 일대를 장악하게 된 것이다. 여기에 더해 경포가 또 원래의 봉지로 돌아가 항우의 전력에 크게 손상을 가했다. 이에 유방은 경포를 회남왕에 봉했다.

한신의 활약 역시 대단했다. 수하인 관영(灌嬰)으로 하여금 항우의 후방 깊숙한 곳까지 기습하도록 해 큰 전공을 올렸다. 항우의 군대는 이에 당황해 속속 투항하기도 했다. 항우 휘하의 맹장인 항타(項佗)와 주란(周蘭)은 생포를 당하는 수모까지 겪었다. 한신은 여세를 몰아 고(苦)현의 이향에서 유방의 군대와 합류, 항우에 대한 직접적인 공격에 나섰다.

이렇게 해서 유방을 필두로 한 한신, 팽월, 경포 등 각 방면의 병력은 당초 약속대로 진현에서 합류했다. 곧 진현 근처에서 항우 부대와의 결정적인 전투가 벌어졌다. 당연히 항우 부대는 중과부적인 탓에 유방 부대의 기세를 당해내지 못했다. 결국 동쪽으로 후퇴를 하지 않으면 안 되었다. 그를 기다리는 것은 해하의 막다른 골목이었다.

세상을 살다 보면 모든 것을 다 가지기는 어렵다. 주고받아야 한다. 그런데 먼저 줘야 얻을 수 있다는 불후의 진리를 아는 사람은 많지 않다. 대부분의 사람은 받은 다음에 주려고 한다. 그러나 유방은 달랐다. 장량의 권유를 듣자마자 일시적인 이익을 희생해 오래도록 이어갈 이익을 얻었다. 이는 "두 가지의 이익을 선택할 때는 더 큰 이익을 선택해야 한다. 두 가지의 손해를 봐야 할 때는 작은 손해를 선택해야 한다."라는 불후의 진리를 그가 본능적으로 알았기 때문이 아닐까? 결론적으로 그렇다고 해야 한다. 그는 자신의 가장 강한 적이 항우라는 사실을 알았다. 항우를 꺾는 것이 그 어떤 것보다 자신에게 이익이 된다는 사실을 알았다. 그래서 그 어떤 양보도 과감하게 할 수 있었다. 물론 그가 이렇게 한 데에는 버릴 것은 과감하게 버리는 천부적인 승부사 기질이 있기 때문에 가능했다고 해야 하겠지만 말이다.

미관말직의 간언도 수용하는 소통을 발휘하라

사람은 대체로 남의 말에 귀를 잘 기울이지 않는다. 그만큼 아집이 강하다. 절대 권력자라면 더 말할 필요가 없다. 남의 말을 진지하게 듣는 것은 둘째 치고 기분이 나쁘지만 않으면 다행이다. 독재자나 성질 더러운 권력자들이 종종 충언을 고하는 수하를 죽이고는 했던 동서고금의 역사를 살펴보면 정말 그렇다. 그러나 유방은 다소 달랐다. 성질이 까칠해 종종 수하들에게 입에 담기 어려운 욕을 하기는 했어도 종종 충언을 귀담아듣는 것을 마다하지 않았다. 요즘 강조되는 소통의 미학을 천성적으로 즐길 줄 아는 군주였다고 해도 좋겠다.

...

유방은 관중을 공략하기 전에 이곳에서 왕이 되기를 간절히 원했다. 항우와 쟁패하는 과정에서도 관중을 먼저 점령하는 것을 자신의 첫째 목표로 설정했을 정도였다. 실제로 그는 관중을 점령한 다음에 즉각 정권 수립에 착수하기도 했다. 수도를 역양(櫟陽)에 정했을 뿐 아니라 진나라의 종묘사직을 깡그리 밀어 버리고 대신 한나라의 종묘와 사직을 세웠다. 누가 봐도 한나라의 수도는 관중 지역이 될 수밖에 없었다.

그러나 유방은 항우를 타도하고 황제 자리에 오른 다음 예상을 뒤엎고 관중을 수도로 선택하지 않았다. 그가 관중 대신 점지한 곳은 엉뚱하게도 동쪽으로 훨씬 떨어진 낙양이었다. 물론 그가 이런 선택을 한 데에는 나름의 이유가 있었다. 무엇보다 항우가 함양에 입성한 다음에 불을 지른 것이 원인이었다. 진나라의 웅장한 궁전과 창고들이 다 타버려 더 이상 수도로 적당하지가 않았던 것이다. 게다가 역양은 도시의 규모가 너무 작아 수도로 적당하지가 않았다. 더 결정적인 것은 유방을 비롯한 주요 개국 공신들의 고향이 대다수가 함곡관 동쪽이라는 사실이었다. 그들 역시 항우처럼 금의환향하고 싶은 생각이 있었지 않나 싶다.

때는 유방이 즉위한 지 5년째 되는 기원전 202년이었다. 제나라 사람인 유경은 농서(隴西)군의 수비를 담당하는 병사의 일원으로 낙양을 지나가게 되었다. 마침 이때 낙양을 수도로 정하려던 유방도 현장에 있었다. 이에 유경이 배짱 좋게도 미관말직의 신분으로 유방을 만나기를 원했다. 유방은 흔쾌히 유경의 청을 들어줬다. 만난 것에서도 모자라 맛있는 음식도 대접했다.

밥을 다 먹고 난 다음 유방이 유경에게 물었다.

"도대체 그대는 무엇을 나에게 말하려고 하는가?"

유경이 대답했다.

"폐하께서 낙양에 도읍을 정하시려는 것은 한나라의 번영을 주나라와 비교하고 싶으셔서 그런 것입니까?"

"그렇네."

"폐하께서 천하를 얻은 방법은 주나라와는 완전히 다릅니다. 주나라의 조상은 후직(後稷)이라는 사람에서부터 시작한 겁니다. 요왕(堯王)은 그에게 태읍(邰邑)을 봉지로 줬습니다. 후직은 그러자 그곳에서 십몇 대를 거치면서 덕행을 쌓았습니다. 이어 공유(公劉)가 하나라 걸왕의 폭정을 피하기 위해 기산(岐山) 밑으로 옮겨갔습니다. 이때 주나라 부락의 백성들은 하나같이 앞을 다퉈 그에게 달려갔습니다. 또 한참이 지난 다음 주나라 문왕(文王)은 제후들의 영수가 됐습니다. 당시 그는 우(虞)와 황(黃) 양국의 분쟁을 해결해 줬습니다. 그러자 여망(呂望)과 백이(伯夷) 등이 동해 바다에서부터 먼 길을 걸어왔습니다. 그에게 귀순하러 온 겁니다. 이어 주나라 무왕이 상나라 주왕을 토벌할 때에는 미리 약속했듯 맹진(孟津)에 800명이 넘는 제후들을 모이게 했습니다. 상나라는 이렇게 해서 단숨에 망했습니다. 주나라 성왕(成王)이 즉위한 다음에는 어땠습니까?"

"무식한 내가 그걸 어떻게 자세하게 알겠나. 계속해 말해보게."

"주공(周公) 단(旦) 등이 그를 잘 보좌해 비로소 낙읍(洛邑, 낙양을 일컬음)을 수도로 정하게 됐습니다. 폐하께서는 패현에서 3,000명의 병사를 모아 거병한 이후 십여 년 동안 전장을 돌아다니면서 전투를 치렀습니다. 특히 항우와는 형양에서 대치한 이후 70여 차례에 이르는 대규모의 전투를 벌였습니다. 작은 규모의 전투 역시 40여 차례나 됐습니다. 이로 인해 천하의 창생(蒼生)은 간과 뇌가 흙에 범벅이 되고, 헤아리기 어려운 시체가 황야에서 고스란히 버려지게 됐습니다. 이를 슬퍼하는 통곡 소리가 지금까지 들리고 있습니다. 어디 이뿐입니까? 몸에 장애가 생긴 사람들은 지금까지 완치되지 못한 경우가 부지기수입니다. 이런 비참한 사회현실 앞에서 폐하의 나라를 주나라와 비교하는 것은 옳지 않다고 생각합니다. 관중의 땅은 험한 산과 강에 인접해 있습니다. 주변에 천혜의 요충지들이 있습니다. 일단 천하에 다시 전란의 구름이 일어나면 최소한 100만 명의 병력을 가볍게 모집할 수 있습니다. 게다가 비옥한 토지와 풍부한 물산이 있습니다. 제가 보기에는 관중은 하늘이 내린 땅입니다. 폐하가 관중에 수도를 세우면 관동 지역에 비록 변고가 일어날지라도 관중은 아무 문제가 없게 됩니다. 폐하께서는 그저 천하의 목을 조르고 천하의 등을 때리기만 하면 됩니다."

유방은 유경의 건의를 진지하게 들었다. 그런 다음 다른 대신들의 의견도 물었다. 대신들의 대부분은 효산(殽山) 동쪽이 고향인 사람들이었다. 때문에 유경의 건의에 하나같이 반대하는 입장을 피력했다. 반대하는 이유도 그럴듯했다.

"주나라는 낙양을 수도로 정한 다음 몇백 년 동안이나 왕조를 유지했습니다. 이에 반해 진나라는 관중에 도읍을 정했으나 고작 시황제와 그의 아들 2세까지만 명맥을 유지했습니다. 아무래도 낙양이 더 낫습니다."

유방은 대신들이 약속이나 한 듯 유경과는 반대되는 입장을 피력하자 난감했다. 장량에게 마지막으로 의견을 물을 수밖에 없었다. 놀랍게도 장량의 생각은 대신들과는 확연하게 달랐다. 유경의 건의를 지지하는 입장이었다. 그가 말했다.

"낙양은 동쪽에 성고, 서쪽에 효산, 엄지(淹池), 북쪽에 황하, 남쪽에 이수(伊水), 낙수(洛水) 등과 같은 험한 지형을 갖추고 있습니다. 그러나 면적이 너무 적고 땅도 메마른 편입니다. 게다가 사방으로 공격을 받기 쉽습니다. 그에 반해 방어하기는 굉장히 어려운 곳입니다. 그러나 관중 지역은 동쪽으로는 효산과 함곡관, 서쪽으로는 농(隴), 촉(蜀), 남쪽으로는 파(巴), 촉 땅을 아우르고 있습니다. 물산이 풍부합니다. 또 북쪽으로는 광활한 목장도 있습니다. 남, 북, 서, 세 방향으로만 잘 지킨다면 동쪽의 제후국들을 충분히 가볍게 다룰 수 있습니다. 동시에 황하, 위수(渭水)의 수로를 이용해 천하의 양식, 물자를 다 관중으로 운송하는 것이 가능합니다. 수도에서 필요로 하는 것들을 다 가져올 수 있는 겁니다. 만약 제후들이 반란을 일으키면 마찬가지로 큰 강들을 따라 군량과 군비 등을 동쪽으로 운송할 수도 있습니다. 따라서 관중 지역이야말로 금성(金城)이자 천혜의 수도라고 할 수 있습니다. 관중으로 수도를 옮기자고 하는 유경의 건의는 완전히 옳은 것이라고 하겠습니다."

유방은 장량의 말을 듣자마자 바로 수도를 관중으로 옮기는 결정을 내렸다. 이어 자신을 깨우쳐 준 유경을 낭중(郎中)에 임명하는 파격적인 인사를 취했다. 또 봉춘군(奉春君)에 봉했다. 일개 병사에게 내리는 상치고는 너무나 과분한 상이었다.

유경의 건의에 따른 한나라의 수도 이전 계획은 신속하게 추진되었다. 우선 함양 동쪽의 장안에 새로운 궁전이 건설되기 시작했다. 이게 바로 역사적으로 유명한 장락궁(長樂宮)이다. 이어 미앙궁(未央宮)이 완성되었다. 이후 장안은 무려 200년 동안이나 서한 왕조의 도읍지가 되었다. 이후에도 몇 개 왕조의 도읍지까지 되었다. 특히 당나라 때에는 대단히 번성해 유럽의 파리보다 몇 배나 큰 대도시로 명성을 날렸다. 모두가 유경의 건의가 가져온 대변화였다고 해도 괜찮다.

유방은 사실 신분으로 볼 때 일개 병사에 불과한 유경을 만나 줄 지위가 아니었다. 설사 만나주는 파격을 보여 줬다 하더라도 그의 말을 귀담아 둘 필요도 없었다. 그러나 그는 그렇게 하지 않았다. 유경의 말이 옳다는 판단을 한 끝에 대신들의 반대에도 불구하고 장량의 지원을 등에 업어 천도를 결행했다. 정말 아무나 함부로 보여 주기 어려운 소통의 미학을 보여 줬다고 해도 틀리지 않는다. 만약 그가 이때 이렇게 하지 않았다면 당시의 장안이었던 지금의 시안은 여전히 대륙 서부의 변두리로 머물러 있을지도 모를 일이다.

용맹은 지혜를 이길 수 없다

송나라의 명신인 이강(李綱)은 "뛰어난 장군은 용맹한 장군이 아니다. 지략이 뛰어난 장군이다. 용맹하나 지모가 없으면 적에게 잡혀서 지게 된다."라고 말한 바 있다. 유명한 장군 악비(岳飛) 역시 "장군이 지략이 없으면 필부조차 이길 수 없다."라고 했다. 이처럼 용맹함에도 지략이 모자라는 사람은 앞장서서 돌격하는 병사가 될 수는 있지만 천군만마를 지휘하는 것은 불가능하다. 지혜가 용맹을 이긴 사례는 동서고금의 전쟁사에서 이루 헤아리기 어려울 정도로 많았다. 초한 전쟁은 아마도 이 대표적인 사례라고 해도 좋을 듯하다.

・・・

군대는 승리를 위해 존재한다. 병사들이 용맹해야 한다. 이렇게 되려면 지휘관의 지능이 좋아야 한다. 지휘관의 머리가 나쁜데도 전투에서 승리하는 것은 거의 기적에 가깝다. 반면 머리가 좋은 지휘관은 늘 유리한 형세를 파악하고 이용해 겁먹은 부하들조차 용감해지게 만든다. 한마디로 전쟁의 승패는 지휘관의 지능 수준에 달려 있는 것이다.

진나라가 건국한 지 고작 20여 년도 안 돼 망한 이후에 항우와 유방의 두 정치적 그룹은 패권을 차지하기 위해 자웅을 겨뤘다. 두 그룹의 실력을 굳이 비교하면 압도적으로 항우 그룹이 강했다. 전투를 했다 하면 늘 이겼다. 그러나 마지막에 항우 그룹은 유방 그룹에 무너졌다. 해하에서 격파당한 것이 결정적 패인이었다.

항우는 이때 800명의 기병을 인솔한 채 포위를 뚫었다. 한나라 병사들은 당연히 추격의 고삐를 늦추지 않았다. 항우의 병력은 갈수록 줄어들었다. 동성(東城, 지금의 안후이安徽성 딩위안定遠의 동남쪽)에 이르렀을 때에는 고작 28명만이 남아 있을 뿐이었다. 완전히 절망적인 상황이었다. 이에 항우가 부하들에게 비감한 어조로 각오를 밝혔다.

"내가 거병한 지가 이미 8년이나 되었다. 그동안 70여 곳의 싸움터를 전전했다. 또 가는 곳마다 적을 무찔렀다. 백전백승이라는 말이 무색하지 않았다. 결국은 온 천하를 얻었다. 그러나 오늘 여기에서 대패했다. 이것은 하늘이 나를 멸망시키려 하는 것이다. 내가 전투를 잘못한 것이 아니다. 이제 나는 한 판의 결전을 벌이기로 결정했다. 내가 그대들을 위해 세 차례 돌격을 하겠다. 그러면 세 번을 이길 수 있다. 그대들을 위해 포위를 뚫음으로써 하늘이 나를 멸망시키는 것이지 내가 싸움을 잘못한 것이 아니라는 사실을 분명하게 보여 주겠다."

항우는 말을 마치기 무섭게 28명의 기병을 이끌고 한나라 군대로 돌진했다. 과연 자신의 말대로 세 차례의 돌격에서 모두 이겼다. 100명에 가까운 한나라 병사들의 목 역시 하늘로 날아갔다. 항우 부대에서는 고작 2명만이 전사했을 뿐이다. 항우는 다시 26명의 기병을 거느린 채 포위를 뚫고 오강에 이르렀다. 이때 오강의 정장은 항우가 타고 줄행랑을 칠 배를 준비해 놓고 있었다. 그에게 강을 건너간 다음 강동(江東)에서 권토중래하라는 권고였다. 하지만 항우는 강을 건너지 않았다. 처음 떠날 때 휘하에 거느렸던 8,000명의 병력을 모두 잃고 고향으로 돌아가기가 치욕스럽다는 생각이 들었을 가능성이 높았다. 고향 사람들을 볼 면목이 없었던 것이다. 급기야 그는 한나라 병사들 100여 명의 목을 다시 벤 다음 자결로 생의 막을 내렸다.

항우가 실패한 원인은 여러 가지가 있다. 무엇보다 중요한 요인은 개인의 용맹만 강조하다 모략을 등한히 한 것이 뼈저렸다. 더구나 진나라를 전복시킬 당시 그의 군사력은 유방의 무려 4배에 이르고 있었다. 팽성 대전에서는 3만의 정예 부대로 유방의 56만 대군까지 참패시키는 전과도 올렸다. 그러나 이 한 번의 승리로 전체적인 국면을 뒤집기는 어려웠다. 급기야 그는 계속된 전투에서는 이기고도 마지막 전쟁에서는 지는 신세가 되고 말았다. 어떻게 보면 부처님 손바닥 안의 손오공이었다고 해도 좋았다. 실제로 항우는 유방을 쫓아다니다 결정적인 타격을 가하지 못하고 전력을 낭비했다. 괜히 큰 전과도 올리지 못한 채 이리저리 유인도 많이 당했다. 마치 이기는 것 같아도 사실은 지고 있었던 것이다. 나중에는 완전히 전쟁의 주도권을 빼앗겨 해하에서 비참한 상황에 직면하게 되었다.

축구에 대비해 보면 초한 전쟁에서 항우는 전반적으로 게임을 지배했다고 할 수 있었다. 반면 유방은 계속 골을 먹지 않게 노력하면서 결정적인 한 방을 노렸다. 당연히 충분히 체력을 비축해 놓고 있었다. 그러다 결정적 순간에 항우에게 치명타를 안겼다. 스포츠와 마찬가지로 전쟁은 결과로 말한다. 아무리 전체 전황의 99퍼센트를 지배해도 마지막 순간에 지면 지는 것이다. 한마디로 마지막이 다 좋아야 모든 것이 다 좋다. 유방은 이렇게 했다. 계속 전투에서는 지고 있었으나 전체적인 전쟁은 승리로 끌고 가고 있었다. 지혜가 용맹을 이기는 전범을 보여 준 것이다.

제4장
이해력 뛰어난 학생

스승이 없어도 스스로 깨달을 수 있는 것은 이 세상에 대단히 많다. 제왕이 되는 것도 그렇다. 제왕이 되는 기술이 전혀 없는 출신 성분 나쁜 평민에서 빠른 이해력과 발전을 통해 일거에 황제 자리에 오른 유방이 바로 그런 인물이었다. 실제로 그는 황제가 되는 과정을 모두 배우면서 밟았다. 그럼에도 7년이라는 짧은 세월 동안 강력한 왕조를 건국해 반석 위에 올려 놓는 실력을 보였다. 천성적으로 이해력이 뛰어난 학생이었다.

무위치국의 군주는 유능함으로
두드러져 보이지 않는다

유방은 여러 면에서 최고로 뛰어난 유능한 인물이 아니었다. 그 스스로 말했듯 기백을 따지면 장량에 미치지 못했다. 군수품을 공급하고 백성들을 안정시키는 점에 있어서는 소하에 미치지 못했다. 전투에서는 또 백전백승의 대장군인 한신과는 비교하기 어려웠다. 그럼에도 그는 이 세 사람을 적절하게 이용해 최후의 승자가 되었다. 무능해 보이는 속에서 두드러지는 유능함, 그는 진정으로 뛰어난 재주를 가진 사람이라고 하겠다. 도교에서는 이런 스타일의 군주를 무위치국의 군주로 부른다.

· · ·

유방은 분명히 어떤 방면에서든 최고 재주를 가지고 있지 않았다. 어떻게 말하면 건달이었다. 원(元)나라 때의 휴경신(睢景臣)이라는 문인이 「반섭초편. 고조환향(般涉哨遍. 高祖還鄉)」이라는 곡(曲)을 쓴 것은 절대 그를 의도적으로 폄훼하려는 것이 아니었다. 내용은 다음과 같다.

"너는 정장이 됐고 술 마시기를 좋아하네. 네 장인은 시골에서 학문을 가르치는 이라. 너는 우리 집 동쪽에서 살았고 나와 함께 소를 먹이면서 밭을 간 적이 있었네.

너는 봄에 내 뽕잎을 따고 겨울에 나에게서 속(粟)을 빌려 갔어. 도합 몇 번인지 기억나지도 않네. 땅 문서를 파는 과정에서 강제로 30근의 마(麻)까지 빼앗아 갔지. 술값을 콩으로 갚는 대신 나 몰래 몇 곡(斛)의 콩을 덜 주었어. 이것들은 모두 다 분명하게 장부에 적혀 있지. 증거 문서도 바로 여기에 놓여 있어."

유방은 바로 이처럼 치사하고 정말 비겁한 사람이었다. 그럼에도 뜻밖의 성공을 거뒀다. 그냥 운이 좋아 당대발복(當代發福)을 했다고도 말할 수 있다. 하지만 전혀 그렇지 않다. 노자가 말한 대로 하면 "무위(無爲, 특별하게 하는 것 같지 않은 행동)를 통해 천하를 취했다."라고 해도 좋다. 따라서 그의 무능은 다름 아닌 엄청난 능력인 것이다. 사실 그렇다. 무형적인 것은 유형체라는 만물을 주재한다. 잘 보이지 않는 근원은 세계, 곧 인간의 근본이라고 해도 틀리지 않는다. 이 점을 이해하면 바로 유방의 능력을 이해하는 것이 그다지 어렵지 않다. 무위치국(無爲治國)이 다름 아닌 이것이다. 유방은 이런 능력을 아들인 혜제를 비롯해 원로 공신들에게까지 물려줬다. 사례를 들어볼 경우 이해에 도움이 될 것 같다.

소하는 유방 시대에서부터 시작해 혜제 때까지 줄곧 승상을 맡은 인물이었다. 때는 혜제 2년 7월이었다. 원로인 소하의 병이 위독해졌다. 혜제는 친히 문병을 가서 물었다.

"승상께서 돌아가시면 누가 승상 자리를 맡을 수 있을까요?"

소하가 대답했다.

"폐하보다 신하들을 더 잘 아는 사람은 없습니다."

"조참이라는 분은 어떤가요?"

"폐하께서는 정말 사람을 잘 보십니다! 저는 죽어도 여한이 없습니다."

소하는 혜제의 말에 흐뭇한 웃음을 띤 채 그대로 눈을 감았다.

조참은 원래 무장이었다. 유방을 따라 무수한 전공을 세웠다. 그러나 한나라를 건국한 다음에 조참은 소하와 소원해졌다. 논공행상에서 의견이 일치하지 않은 것이다. 이로 인해 두 사람은 서로 내왕을 하지 않았다. 이후 조참은 제(齊)나라의 승상이 되고 정치적으로 유방에게 많은 영향을 미친 육가의 도교 사상을 받아들이게 된다. 이른바 무위의 통치술을 배우게 된 셈이다. 소하는 이 사실을 알았다. 때문에 세상을 떠날 때 안심하고 조참을 천거할 수 있었다. 유방의 유지를 제대로 받들 것으로 생각했다는 얘기다.

속담에 "새로운 관리는 세 개의 횃불을 든 것처럼 기세등등하다."라는 말이 있다. 뭔가 자신의 능력과 실적을 보여 주기 위해 최선의 노력을 다한다는 의미를 가진 속담이다. 이 경우 대체로 무리수를 많이 두게 된다. 현대 정치판에서 최고 지도자가 바뀌면 대대적인 사정에 나서는 것은 바로 이런 현실과 맥락을 같이 한다. 그러나 조참은 이렇게 하지 않았다. 만인지상, 일인지하라는 승상이 됐음에도 자신의 공적을 세우기에 급급하지 않았다. 오히려 평소 사이가 좋지 않았던 소하가 확립한 규정을 그대로 좇았다. 아예 하나도 변경하지 않았다고 해도 좋았다. 정말 뜻밖의 일이었다. 심지어는 밤낮으로 술만 마시고 국정을 돌보지 않기까지 했다. 오죽했으면 휘하의 관리들이나 손님들이 일을 좀 열심히 하라는 충고를 하려고 했을까. 그러나 그는 찾아오는 사람들이 입을 열기 바쁘게 즉시 술잔으로 막았다. 아예 말조차 못하게 했다. 술을 마시다 다시 입을 열려고 하면 또 술잔을 건네기도 했다. 때문에 충고를 위해 찾아온 손님들은 백이면 백 다 말 한마디 못한 채 술에 취해 조참의 집을 떠나야 했다.

이뿐이 아니었다. 부하들이 실수를 할 경우는 문책할 생각을 하지 않았다. 나중에는 과오를 덮어줄 방법까지 스스로 찾기도 했다. 그의 승상부(丞相府)는 아무 하는 일도 없는 조용한 조직이 될 수밖에 없었다.

이렇게 되자 아버지와 달리 인자했던 혜제는 그에 대한 불만을 품기 시작했다. 급기야 혜제는 관중대부(官中大夫) 자리에 있던 그의 아들 조줄(曹窋)에게 도대체 조참이 왜 그러는지에 대해 물어보라는 지시를 내렸다. 조줄은 집에 돌아오자마자 바로 아버지에게 질문을 던졌다.

"아버지, 도대체 승상이 되신 이후 한 일이 뭡니까? 아무것도 하지 않고 녹이나 축내고 있다고 폐하께서 불만이 상당한 것 같습니다."

조참은 아들의 말에 의외로 노발대발했다. 아들에게 회초리로 무려 200대를 때린 다음 훈계조로 말했다.

"천하의 대사는 네가 상관할 게 아니야. 어디서 감히 애비에게 이래라저래라 하느냐."

조참이 아들을 때렸다는 말은 즉각 혜제의 귀에 들어갔다. 당연히 혜제는 조회 시간에 조참을 꾸짖었다.

"아들인 조줄이 한 말은 그의 말이 아닙니다. 짐이 시킨 말입니다."

조참이 혜제의 말에 황급히 관을 벗고 일단 사죄하는 모습을 보였다. 그러나 기는 별로 죽지 않았다.

"폐하는 고조(유방) 황제와 비교하면 어떻다고 봅니까? 비교가 된다고 생각하십니까?"

혜제가 영문을 모르겠다는 표정으로 대답했다.

"내가 어떻게 감히 아버님과 비교가 되겠습니까?"

조참이 다시 물었다.

"그렇다면 저의 재주는 이전의 소하 승상에 비하면 어떻습니까?"

"소하 승상에게는 미치지 못하는 것 같군요."

"옳으신 말씀입니다. 고조와 소하 승상은 이미 천하를 평정하고 법령을 제정해 놓았습니다. 폐하는 그저 물려받은 대로 다스리면 됩니다. 우리 신하들 역시 시키는 대로 집행하고 잘못을 저지르지 않으면 됩니다."

혜제는 조참의 말에 크게 깨달은 바가 있었다. 입에서는 어느새 조용히 찬탄의 말이 흘러나오고 있었다.

"그렇게 하는 것이 가장 좋을 것 같군요."

유방이 확립해 놓은 무위치국의 국정 스타일은 후손들에게도 흐트러짐 없이 그대로 이어졌다. 이를테면 문제(文帝), 경제(景帝) 등이 다 무위지치를 실행했다. 이로써 중국 역사상에 유례없는 태평성대가 이 시기에 이뤄지게 되었다. 모두가 무능한 듯 보이면서도 사실은 상당히 효율적인 유방의 무위치국 이념이 시간이 갈수록 발전을 거듭했기 때문이 아닌가 싶다.

최고 통치자의 피땀 어린 노력이
왕조를 전승시킨다

신선 스타일의 황제는 세상이 생긴 이래 있어본 적이 없다. 아무리 물 좋고 경치 좋은 곳에서 온갖 호사를 다 부려도 심적, 육체적 어려움은 있는 법이다. 더구나 제왕의 대업을 이룬 사람들은 일반적으로 생각하듯 무슨 천명을 받아서 그런 것이 아니다. 자신의 실력을 충분히 발휘하고 기회를 잡기 위해 나름대로 노력을 했다고 해야 한다. 한마디로 위대한 제왕이 된 사람들은 다 제로에서부터 시작해 한 걸음 한 걸음 내디디면서 위대한 업적을 쌓았다.

• • •

파괴가 창조보다 훨씬 쉽다. 제왕이라는 자리도 크게 다르지 않다. 창업보다 수성이 더 어렵다. 유방이라고 별다를 까닭이 없었다. 천하를 통일하고 황제가 된 다음에는 탄탄대로가 펼쳐져 있었을 것 같으나 실상은 그렇지 않았다. 항우와 초한 전쟁을 벌일 때보다 더 어려운 문제들이 그의 앞에 쌓여 있었다.

그는 이 문제들을 해결하기 위해 피나는 노력을 했다. 우선 큰아들인 유영을 태자로 책봉하고 종묘사직과 궁전을 세웠다. 감옥에 갇힌 죄수들의 죄도 사면해 주고 군대에 편입시켰다. 이들은 국경 지대로 보내져 흉노족의 공격에 대비했다. 군과 현을 다시 획정하고 호적을 재편하는 것 역시 나름의 어려운 문제였다.

항우 휘하에 있던 이른바 항장(降將)들에 대한 처리 역시 간단한 문제는 아니었다. 자칫 잘못하다가는 화근이 될 가능성이 없지 않은 탓이었다. 사례를 들어 설명하면 이해가 빠를 것 같다.

정공(丁公)과 계포(季布)는 동모이부(同母異父)의 형제였다. 이 중 계포는 초한 전쟁 기간 중에 유방을 무던히도 괴롭혔다. 그러나 이에 반해 정공은 유방이 가장 위급할 때 구원의 손길을 내밀었다. 이를테면 적장을 돕는 이적행위를 한 것이다. 일반적인 감정대로 하면 계포는 능지처참을 당해도 할 말이 없었다. 또 정공은 큰 상을 받아야 했다. 그러나 현실은 반대가 되었다. 계포는 사면을 받은 다음 관직도 받았다. 반면 정공은 은인이었음에도 참수를 당하는 횡액을 입었다. 당연히 유방이 이렇게 한 데에는 깊은 속뜻이 숨어 있었다. 말하자면 휘하의 신하들에게 "나의 신하가 되려면 계포의 행동을 배워야 하고 정공의 행동을 따라 해서는 안 된다."라는 경고를 보낸 것이다.

원래 계포는 초나라 출신으로 강한 의협심으로 유명했다. 앞서 말한 대로 항우를 도와 수차례 유방을 궁지에 몰아넣었다. 당연히 유방은 항우를 물리친 이후 그의 목에 천금의 현상금을 걸었다. 또 계포를 숨겨주는 사람에게는 삼족을 멸한다는 엄명도 내렸다. 계포로서는 목숨을 부지하기 위해 어디론가 도피하지 않으면 안 되었다. 결국 복양(濮陽)의 주(周)씨 성을 쓰는 친지에게 몸을 의탁하러 갔다. 이에 친지가 말했다.

"지금 한나라 조정에서는 장군을 체포하려고 눈이 벌게져 있소. 언젠가는 이곳까지 수색을 올 거요. 이제 내 말을 잘 들으시오. 내 말대로 하지 않으면 나는 장군 앞에서 자결해 죽을 것이오."

계포는 친지의 말에 가만히 고개를 끄덕였다. 친지는 곧 계포의 머리를 깎아줬다. 그런 다음 허름한 옷을 입혔다. 계포는 수레에 태워져 노

(魯)나라에 있는 주(朱)씨의 집으로 팔려갔다. 이 주씨 역시 수레에 앉아 있는 사람이 계포라는 사실을 알고 있었다. 그러나 그는 계포를 조용한 곳에 숨겨줬다. 얼마 후 주씨는 낙양으로 달려가 여음후(汝陰侯) 등공(滕公)을 만났다. 계포의 안타까운 사연을 고하고 도움을 얻기 위해서였다.

"계포가 도대체 무슨 죄가 있습니까? 각자 섬기는 주군이 달랐을 뿐이죠. 계포가 죄가 있다면 항우를 따르던 장군들은 다 죽어야 하나요? 지금 황제께서는 막 천하를 거머쥐었습니다. 도량을 보여야 합니다. 사적인 원한 때문에 계포에 대한 수배령을 계속 해제하지 않으면 보기에도 좋지 않습니다. 더구나 계포는 궁지에 몰리면 흉노 땅이나 남월(南越) 쪽으로 도주할지 모릅니다. 그렇게 되면 우리 한나라로서는 큰 손실입니다. 황당한 거죠! 제가 간곡하게 부탁하겠습니다. 부디 등공께서 기회를 봐서 황제에게 제 말씀을 좀 전해 주십시오."

등공은 머리가 뛰어난 사람이었다. 주씨의 말이 뭘 의미하는지를 분명하게 알았다. 얼마 후 그는 기회를 봐서 진짜 유방에게 주씨의 얘기를 전했다. 유방은 역시 사나이였다. 즉각 사면령을 내렸다. 계포는 유방에게 달려와 사죄한 다음 낭중의 자리에 임명되었다.

정공도 출신 성분은 형제인 계포와 비슷했다. 항우를 따라다니면서 공을 많이 세웠다. 특히 팽성 전투에서는 유방의 대군을 격파한 후 바짝 따라잡는 기세를 올렸다. 다급해진 유방은 사람을 보내 정공에게 통사정을 했다.

"우리는 다 똑똑한 사람 아니오. 구태여 이렇게 나를 몰아붙일 필요가 있소. 나를 한 번 살려주면 나중에 후히 보답하겠소."

정공은 유방의 말에 즉각 추격병들을 멈추게 했다. 그는 유방이 항우를 완전히 격퇴한 후 잠시 몸을 숨긴 채 상황을 지켜봤다. 유방이 옛 은혜를 부인할 것 같은 생각이 없지 않았던 것이다. 그러나 형제인 계포가 유방으로부터 사면을 받고 관직까지 얻었다는 소식을 듣고는 생각이 달라졌다. 그는 유방에게 달려갔다. 하지만 유방의 태도는 그의 예상과는 완전히 딴판이었다. 돌연 안색을 바꾸더니 호위병들에게 그를 포박하라는 명령을 내린 것이다. 이에 정공이 아이들처럼 질질 눈물을 흘리면서 말했다.

"폐하께서는 팽성에서의 일을 잊어버리셨습니까?"

유방이 대답했다.

"그 당시에 너는 항우의 장군이었다. 전쟁터에서 적을 놓아주는 것은 항우에게 충성하지 않은 것이다. 주인에게 충성하지 않은 자가 나에게 무슨 소용이 있겠는가?"

정공은 그제야 현실을 깨달았다. 그러나 때는 이미 늦었다. 죽음을 기다릴 수밖에 없었다. 유방은 정공을 그냥 죽이지도 않았다. 궁전 밖으로 끌고 가서 백성들에게 참수 광경을 다 보여 주라고까지 명령했다.

유방은 정공을 죽이지 않을 수도 있었다. 아니 은혜를 갚아야 했다. 하지만 그럴 경우 휘하의 신하들은 주군을 배신하는 데에 대한 불감증을 앓을 수도 있었다. 유방은 바로 이걸 우려했던 것이다. 이 때문에 눈물을 머금고 은인인 정공을 죽일 수밖에 없었다. 최고 통치자로서의 고통은 이처럼 진짜 남들은 알기 어렵지 않나 싶다.

유방은 당시 연이은 전쟁으로 인해 붕괴 직전에 직면했던 경제 상황에도 눈을 돌려야 했다. 이를 위해 그는 경제 부흥에 가장 필요한 요인인 노동력 문제의 해결에 나섰다. 우선 전쟁을 피해 산이나 소택지(沼澤地)

등으로 도망간 백성들을 다시 불러 모았다. 이어 그들이 원래 가지고 있던 가옥을 비롯해 토지, 작위를 돌려줬다.

노비 역시 과감하게 해방시켰다. 이 조치는 대규모 노동력을 당시의 관리나 호족, 상인들의 집단에서 벗어나게 하였다. 더불어 이 노동력은 농업 생산을 위해 투입되었다. 경제는 자연스럽게 성장하게 되었다.

진나라의 법령을 벤치마킹해 백성을 관리하는 제도를 확립한 것 역시 유방의 업적으로 분류해야 한다. 이로써 각 군, 현 정부의 노력으로 대규모의 난민들이 고향에 돌아가 농촌의 노동력 부족을 완화시켰다. 경제(景帝) 시대에 이르러서 사회 경제가 점점 번영으로 치달은 것은 당연할 수밖에 없었다.

흔히들 최고 지도자가 되면 연일 신 나는 달밤이 계속되는 줄 안다. 그러나 이렇게 연일 즐기기만 하면 그 왕조는 당대가 아니더라도 곧 요절이 난다. 이런 비극을 막으려면 정말 피땀 어린 노력을 해야 한다. 유방은 비록 무식하고 터프한 제왕이었으나 이런 노력을 기울였다. 한나라가 중국 왕조 중에서 비교적 장수한 데에는 바로 유방의 이런 뼈를 깎는 노력이 무엇보다 큰 도움이 됐다고 해도 좋을 듯하다.

부하의 자존심을 지켜주라

자존심이 강한 사람은 어떤 지위에 올라가더라도 남보다 뒤지지 않기 위해 최선을 다 한다. 그래서 총명한 지도자는 항상 부하의 자존심을 지켜준다. 또 부하들에게 자신들이 상사와 인격적으로 평등하다는 기분을 느끼게 해 줘야 한다. 나아가 적당하게 상을 주는 방식으로 성취감을 가지도록 하기도 해야 한다. 그렇지 않고 자존심에 상처를 입히면 마음에 새겨 둘 가능성이 높다. 상대를 증오하고 미워하게도 된다. 이 점은 지도자가 반드시 경계해야 할 부분이 아닌가 싶다.

・・・

초한 전쟁 초기에 유방과 항우는 전면적으로 대치하는 교착 상태에 빠졌다. 이때 제후들도 두 사람 사이에서 우왕좌왕했다. 그러나 어쨌든 자신이 지지할 사람을 선택해야 했다. 때는 유방과 항우가 결정적인 전투를 벌일 때였다. 그런데 위왕(魏王) 위표(魏豹)가 자신의 도읍지인 평양(平陽)으로 돌아가 버렸다. 이 정도에서 그치지 않았다. 얼마 후에는 많은 병력을 보내 황하의 부두를 봉쇄했다. 유방과 관계를 끊겠다는 의사 표시라고 할 수 있었다.

유방은 이 소식이 전해지자 낙담했다. 더 잘해 주지 못했다는 자책감도 들었다. 그는 급기야 특사를 보내 설득해야겠다는 생각을 하기에 이르렀다. 특사로는 역이기가 발탁되었다. 유방은 역이기에게 사탕발림의 약속을 했다.

"선생이 말재주가 뛰어나다는 사실은 내 일찍이 알고 있었소. 위표를 반드시 설득해 주시오. 만약 이 임무를 가볍게 완수한다면 내 1만 호에 이르는 봉지를 선생에게 상으로 주겠소이다."

역이기는 밤낮으로 길을 재촉해 평양으로 달려가 위표를 만났다. 유방의 예상은 빗나가지 않았다. 역이기는 자신이 가진 뛰어난 말솜씨를 남김없이 발휘해 위표를 끈질기게 설득했다. 그러나 위표는 쉽게 설득

되지 않았다. 그가 머리를 흔들면서 말했다.

"인생은 잠깐이오. 흰 망아지가 빨리 달리는 모습을 문틈으로 보는 것과 뭐가 다르겠소. 자신의 입장은 굳건하게 지켜야 하오. 유방은 제후 왕이나 대신들에게 예의를 지키지 않소. 게다가 수틀리면 마음대로 욕설을 퍼붓는 사람이오. 이렇게 교만하고 무례한 사람을 나는 평생 다시 보고 싶지 않소."

역이기는 위표가 이미 돌이키기 어려울 정도로 마음을 굳게 먹었다는 사실을 알 수 있었다. 더 얘기를 해봐야 입만 아프다는 결론은 바로 나왔다. 그는 할 수 없이 위표에게 작별을 고하고 물러났다. 묘하게도 유방은 나중에 대군을 동원해 위표를 격파했다. 하지만 죽이지 않고 계속 등용했다.

유방은 얼핏 보면 별것 같지 않은 이 사건을 통해 적지 않은 교훈을 얻었다. 자기가 전쟁 과정에서 보여 준 거칠고 난폭한 부하 관리 방법이 그들에게 얼마나 큰 상처를 입혔는지를 깨달은 것이다. 사실 과거의 건달이 아닌 입장의 그로서는 진짜 그래야 했다. 자신의 역할이 달라진 상황에서는 시비에 대한 판단도 달라져야 했던 것이다.

주지하다시피 유방은 일개 서민에 지나지 않았다. 항우처럼 번듯한 몰락 귀족도 아니었다. 이 때문에 그에게는 장삼이사와 다를 바 없는 많은 버릇이 있었다. 그중에서 특히 입에 담기도 부끄러운 욕설은 유명했다. 『사기』에서도 비판을 받을 정도였다. 예컨대 그는 지식인들을 만났다 하면 욕설을 퍼부었다. 유생들의 모자에다 오줌을 갈기는 것도 하나 이상할 게 없었다. 그에게는 그게 유생들에게 멸시를 표시하는 방법이기도 했다.

유방의 거칠고 무례한 행동은 조왕(趙王) 장오(張敖)의 모반 사건과도 깊은 관련이 있었다. 황제가 된 다음 어느 날 그는 장오의 봉지를 지나쳐 갔다. 장오 등은 멀리서부터 그를 맞이하러 나왔다. 하지만 유방은 아무 이유도 없이 욕설을 퍼부었다. 태도 역시 상당히 방자하고 오만했다. 당연히 장오 옆을 지키던 부하들은 격노했다. 심지어 조나라의 상국인 관고(貫高) 등은 유방을 암살할 계획까지 현장에서 세웠다. 그러나 이 계획은 바로 누설되고 말았다. 이로 인해 조왕 장오까지 사건에 연루되고 관고는 자살로 생을 마감할 수밖에 없었다.

이렇게 수차례나 부하들의 자존심을 건드림으로써 횡액을 당할 뻔한 사건을 겪은 후에야 비로소 유방은 자신의 행동이 상당히 위험한 것이라는 사실을 깨달았다. 나중에는 반성도 많이 했다. 소 잃고 외양간 고치기이기는 하나 관고의 죄 역시 사면해 줬다.

유방이 겪은 일화는 분명한 사실을 시사해 준다. 지도자는 반드시 다른 사람의 자존심을 지켜줘야 한다는 불후의 진리를. 다행히 유방은 종종 부하들의 자존심을 상하게 했으나 그때마다 반성했다. 또 후속 조치들도 적절하게 취했다. 이 점에서 유방은 항우보다 가방 끈은 짧았으나 나름의 상당한 장점은 가지고 있었다.

왕조의 백년대계를 위해 피도 눈물도 흘리지 않는다

유방이 천하를 통일한 다음 당연히 그의 지위와 역할은 달라졌다. 그의 생각의 초점도 달라질 수밖에 없었다. 천하를 통일하는 데에서 수성하는 쪽으로 바뀌어야 했다. 그러나 그에게는 수성의 경험이 없었다. 참고할 만한 사례 역시 없었다. 오로지 장기 프로젝트로 자기 자신이 알아서 해야 했다. 사실 당시 상황은 그에게 좋지 않았다. 무엇보다 그가 봉했던 이성(異姓) 왕들이 이미 자신들의 봉지를 비롯해 군대까지 가지게 되었다. 천하를 통일할 때는 분명 그들은 공신이었다. 그러나 천하가 평정된 상황에서는 그들은 제거해야 할 대상일 뿐 더 이상 공신이 아니었다. 그는 그런 판단이 서자 전혀 고민을 하지 않았다. 바로 그들을 제거하는 데 착수했다.

・・・

그러나 다른 이성 왕들도 바보는 아니었다. 이미 유방이 취하려고 하는 조치를 간파하고 있었다. 그래서 한편으로는 조심스럽게 유방과 평화 관계를 유지하면서 다른 한편으로는 암암리에 대비책을 마련하고 있었다. 이로 인해 한나라 조정은 일종의 괴기하고 신비한 분위기에 휩싸일 수밖에 없었다. 그렇다면 이때의 이성 왕들은 도대체 무엇을 하고 있었을까?

우선 양왕 팽월을 거론할 필요가 있을 듯하다. 기병할 때부터 유방을 돕고 항우와 대항한 그는 특히 유방을 위해 공을 많이 세웠다. 유격전을 벌이면서 항우 부대의 군량미 운송용 마차를 주로 많이 불태웠다. 나중에는 항우를 해하에서 패퇴시키기도 했다. 그의 공은 한신과는 비교하기 어려웠다. 그러나 많이 떨어진다고 할 수도 없었다. 당시 그는 장오와 한신이 체포되는 횡액을 당한 이후에 자신에게 재앙이 닥칠 것을 우려해 잔뜩 몸을 움츠리고 있었다.

시기는 바야흐로 진희가 모반의 기치를 높이 들어 올릴 때였다. 유방은 친히 토벌을 위해 나섰다. 이때 그는 양(梁)나라의 병력을 지원하라는 명령을 팽월에게 내렸다. 묘하게도 이 당시 팽월은 병에 걸려 있었다. 어쩔 수 없이 부하 한 명을 한단(邯鄲)으로 보내지 않으면 안 되었다. 유방은 언짢은 마음에 바로 조서를 보내 팽월을 호되게 질책했다. 팽월은 깜짝 놀라 와병 중임에도 친히 유방에게 사죄를 하러 가기로 했다. 하지만 그의 부장인 호첩(扈輒)의 생각은 달랐다. 사죄보다는 반란을 일으키는 것이 낫다는 판단을 하고 있었던 것이다. 호첩은 자신의 생각을 그대로 그에게 말했다.

"대왕께서는 처음에 가지 않았습니다. 그런데 이제 꾸짖음을 당해서야 가면 어떻게 되겠습니까? 틀림없이 유방에게 사로잡힐 겁니다. 차라리 이번 일을 계기로 반란을 일으킵시다. 유방의 후방을 습격하는 것이 훨씬 나을 겁니다."

팽월이 지체 없이 대답했다.

"유방은 나에게 잘 대해 줬어. 지금 군대를 일으켜 그에게 칼을 들이대는 것은 충신(忠信)을 잃는 짓과 하나 다를 바가 없어. 게다가 유방은 원래 꾀가 대단히 많은 사람이야. 기병하면 이기기 힘들어. 십중팔구 내가 지고 말 거야. 이 일은 나중에 다시 얘기해보자고."

팽월은 호첩의 말에 직접 사죄하러 가는 계획은 취소했다. 대신 상황이 어떻게 흘러가는지를 기다려보기로 했다. 그러나 낮말은 새가 듣고 밤말은 쥐가 듣는다는 말처럼 이들의 말을 엿들은 사람이 있었다. 그는 바로 양나라의 태복(太僕)이었다. 어떻게 보면 그는 팽월의 꼬투리를 잡은 셈이었다. 그래서인지 시간이 갈수록 행동이 점점 방자해졌다. 급기야는 팽월의 미움을 샀다. 팽월은 그를 체포해 죄를 물으려 했다. 그러나 그는 팽월보다 행동이 더 빨랐다. 기회를 잡아 도주를 한 것이다. 마침 이때 유방은 진희의 난을 평정하고 낙양으로 돌아가는 중이었다. 태복은 즉각 유방에게 모든 사실을 고했다.

"양왕은 이미 반란을 일으키겠다는 생각을 하고 있습니다. 지금 수하의 장군들과 공모해 기병 준비를 하고 있습니다. 저는 양나라의 태복입니다. 폐하께 신고를 하러 불원천리하고 달려왔습니다."

유방은 태복의 말을 믿지 않을 수 없었다. 즉각 심복 장군을 양나라로 보내 팽월을 체포하도록 했다. 팽월은 막 해가 질 무렵인 이때 궁에서 식사를 하고 있었다. 갑자기 그의 눈에 당황한 부하의 모습이 들어왔다. 부하는 예의를 차릴 생각을 하지도 않고 숨이 넘어가듯 말했다.

"대왕, 황제께서 대군을 파견해 이미 왕궁을 완전히 포위했습니다."

팽월은 부하의 말에 크게 놀라 밥상을 뒤엎고 벌떡 일어났다. 어떻게든 체포되지는 말아야 했던 것이다. 그러나 소용이 없었다. 그는 궁문을 나서자마자 이미 몰려온 한나라 병사들에게 체포되고 말았다. 그는 바로 큰 소리로 외쳤다.

"너희들은 도대체 뭐하는 놈들이냐? 감히 왕궁에 쳐들어와 일등공신인 나를 체포하려고 하다니?"

유방의 수하 장군이 대답했다.

"대왕께서 모반을 획책하고 있다고 누군가가 밀고를 했소. 나는 폐하의 명을 받들어 대왕을 체포하는 거요. 억울한 사정이 있으면 폐하 앞에서 해명하시오."

팽월은 자신을 체포하러 온 장군이 유방의 조서를 가지고 있는 모습을 분명히 목도했다. 감히 반항할 생각이 들 수가 없었다. 그는 어떻게 해서든 유방의 오해를 풀어줘야겠다는 생각에 순순히 포박을 받았다. 호첩 역시 신세가 팽월과 크게 다를 게 없었다. 팽월이 체포되는 순간 함께 오랏줄에 묶이는 처지가 되었다. 두 사람은 죄수 호송 마차에 실려 밤새 낙양으로 압송되었다. 유방은 감옥에 갇힌 팽월을 직접 만나주지 않았다. 대신 정위(廷尉, 법무부 장관에 해당) 왕염개(王恬開)가 팽월을 심문했다. 왕염개는 심문을 통해 팽월보다는 호첩의 죄가 더 크다는 사실을 알 수 있었다. 그러나 유방의 내심을 알고 있는 그로서는 진실을 그대로 고하기가 어려웠다. 팽월의 죄를 더 부풀려야 했던 것이다. 그는 그래서 다음과 같은 기가 막힌 내용의 상주를 올렸다.

"팽월은 호첩의 말을 듣지는 않았습니다. 조정을 배신한 것은 아닙니다. 이 점에서는 충성스럽다고 할 수 있습니다. 관대하게 처리해야 합니다. 그러나 그는 호첩을 죽이지는 않았습니다. 이것만 해도 중죄로 다스려야 합니다."

유방은 이미 유씨 성이 아닌 왕들을 거의 모조리 죽이려는 생각을 하고 있었다. 이 때문에 팽월도 죽이고 싶었다. 게다가 기회가 아주 좋았다. 그러나 그는 이때 이미 손에 피를 많이 묻힌 상태였다. 팽월마저 죽이면 천하가 불안에 떨 가능성이 있었다. 결국 그는 호첩을 죽이는 대신 팽월의 죄는 사면해줬다. 그러나 왕의 신분을 박탈하고 서민으로 강등시켜 촉(蜀)으로 귀양을 보내는 조치를 취하는 것은 잊지 않았다.

팽월은 억울했다. 애초에 반란을 일으킬 생각조차 없었으니 그럴 만도 했다. 그러나 방법이 없었다. 촉으로 떠나지 않으면 안 되었다. 그가 귀양길에 정(鄭)나라 땅에 이르렀을 때였다. 묘하게도 그는 이때 마침 장안에서 오던 여후와 우연히 마주치게 되었다. 그는 그게 두 번 다시 만나기 어려운 기회라고 생각하고 무릎을 꿇고 여후를 기다렸다.

그러나 여후의 생각은 팽월의 생각과는 완전히 달랐다. 그녀 역시 자신에게 도움이 안 되는 개국 공신들은 다 없애버리려 하던 참이었던 것이다. 더구나 그녀는 이때 유방에게 빨리 팽월을 죽이라고 권하기 위해 낙양으로 향하던 중이었다. 완전히 원수가 외나무다리에서 만나는 것과 크게 다를 것이 없었다. 그녀는 길가에서 무릎을 꿇은 채 자신을 기다리는 팽월을 보고 즉시 수레를 멈추게 했다. 이어 능청스럽게 팽월을 위로해 줬다. 팽월이 눈물을 흘리면서 말했다.

"저는 그동안 한나라 황실에 충성했습니다. 반역이라는 것은 꿈에도 생각하지 않았습니다. 황후께서는 부디 저 대신 황제폐하로부터 용서를 받아 주십시오. 저는 다른 것은 필요 없습니다. 그저 고향인 창읍(昌邑)으로만 가면 여한이 없겠습니다."

"좋소. 내 마차 뒤에 앉으시오."

여후가 대답했다. 마차는 낙양으로 계속 향했다. 여후는 낙양에 이르자마자 팽월을 어느 허름한 객잔에 들게 한 다음 궁궐에 들어가 유방에게 말했다.

"팽월을 촉으로 보내는 것은 호랑이를 산에 풀어놓는 것과 같습니다. 차라리 빨리 죽이는 것이 낫습니다."

유방은 마음이 흔들렸다. 여후의 말대로 팽월을 죽이고 싶은 생각도 들었다. 그러나 이미 죽이지 않고 촉으로 귀양을 보내는 결정을 내린 터였다. 그래서 그는 여후의 머리를 빌릴 수 있을지도 모른다는 생각에 말을 내뱉었다.

"팽월은 분명히 죄를 지었소. 하지만 죽을 만한 죄는 아니오. 죽이려면 다른 증거가 필요하오."

부창부수라는 말은 확실히 괜히 생긴 것은 아니었다. 여후가 남편의 뜻을 분명히 알아차린 것이다. 그녀는 즉각 팽월의 측근 한 명을 불러 말했다.

"양왕이 옛 부하들을 소집 중이었다고 말하도록 하라. 모반을 획책했다고 밀고하라는 말이다."

이렇게 해서 만반의 준비는 다 갖춰졌다. 유방은 다시 정위 왕염개에게 팽월의 모반 사건을 처리하도록 명령했다. 왕염개 역시 머리가 모자라는 사람은 아니었다. 즉시 사람을 보내 팽월을 체포하도록 했다.

팽월은 이때 객잔에서 며칠 동안 안절부절못하고 있었다. 어서 좋은 소식이 빨리 오기만을 기다리고 있었다. 그러나 그를 기다린 것은 전혀 엉뚱한 결과였다. 그는 다시 감옥으로 압송되었다. 그제야 그는 여후의 말을 믿은 것을 후회했으나 이미 엎질러진 물이었다. 다음 순서는 왕염개의 차례였다. 그는 팽월을 효수한 것에서도 모자라 팽월의 삼족까지 모조리 죽였다.

팽월은 요즘 말로 하면 유방의 유력한 창업 동지였다. 한나라가 그룹이라면 지분도 상당히 있었다. 그러나 모든 것이 안정된 상황에서 창업 동지는 방해만 될 뿐이었다. 팽월도 한신도 자신들이 창업 동지인 것만 알았지 이 사실은 몰랐다. 이에 반해 유방과 여후는 왕조의 백년대계를 위해서는 피도 눈물도 흘리지 말아야 한다는 사실을 알았다. 오너와 창업 공신의 차이는 이처럼 정말 크다. 하기야 권력은 부자지간에도 나누지 못한다는 불후의 진리를 감안하면 한신이나 팽월의 비극, 유방의 쾌도난마식의 공신 죽이기는 이미 예견된 것이 아니었나 싶다.

도덕의 기치를 내걸어 인심을 얻어라

인심을 얻는 자는 천하를 얻는다. 또 명분이 정당하지 않으면 말도 이치에 맞지 않는다. 이뿐만이 아니다. 대사를 이루고 싶으면 무엇보다 온 천하 여론의 지지를 얻어야 한다. 이런 목적을 달성하려면 반드시 도덕적 기치도 내걸어야 한다. 2,000여 년 전 유방은 확실히 이렇게 했다.

• • •

기원전 205년 유방은 대군을 거느리고 동진해 낙양에 이르렀다. 신성(新城)으로 가는 길이었다. 이때 동공(董公)이라는 사람이 행군 중인 유방을 막으면서 말했다.

"덕을 세우는 사람은 번성합니다. 반면에 덕을 거역하는 사람은 망합니다. 지금 항우는 신의를 저버렸습니다. 대왕과 함께 세운 초나라 왕 의제를 살해했습니다. 충의를 저버리는 역적이 돼 버렸습니다. 그러나 이렇게 하면 안 됩니다. 정의를 무엇보다 중요하게 생각해야 합니다. 그러면 무력을 통하지 않아도 천하를 얻는 것이 가능합니다. 대왕께서는 내친김에 공개적으로 의제를 위한 장례식을 치르십시오. 역적인 항우를 토벌하는 것이 바로 정의를 위한 것이라는 선포를 해야 합니다. 이렇게 할 경우 백성들은 대왕의 미덕에 탄복할 겁니다. 이게 바로 옛날 하나라와 상나라, 주나라의 역대 성왕들이 성공한 비결입니다."

유방은 동공의 말에 크게 기뻐했다. 입에서는 자연스럽게 그에 대한 찬사의 말이 터져 나왔다.

"좋습니다. 어르신의 가르침이 아니었다면 제가 어떻게 그런 생각을 할 수 있겠습니까?"

유방은 말을 마치자 바로 의제를 위한 대대적이고도 정중한 장례식 준비에 들어갔다. 무려 사흘 내내 목을 놓아 통곡도 했다. 그의 휘하 장군들을 비롯한 부하들 역시 마찬가지였다. 사흘 내내 자의든 타의든 통곡을 하지 않으면 안 되었다. 유방은 각 지방에 부고를 보내는 것도 잊지 않았다. 부고에는 다음과 같이 적혀 있었다.

"의제는 제후들이 함께 세운 천하의 주인이었다. 우리는 모두 그의 신하였다. 그러나 항우는 천하의 비난도 꺼리지 않고 의제를 팽성에서 강제로 내쫓다 못해 강남까지 추격해 살해했다. 이건 정말로 배은망덕한 짓이다. 천리에 어긋나는 것이다! 나는 의제를 위해 직접 장례를 치르고 관중의 모든 정예 부대와 삼하(三河)의 장사들을 규합해 역적의 죄를 묻고자 한다. 제후 여러분은 모두 한마음으로 뭉쳐서 정의를 신장시키고 억울하게 살해당한 의제를 위한 복수의 깃발을 높이 들기를 바란다!"

항우에게 쫓겨난 다음 살해당한 의제 웅심(熊心)은 원래 초나라 마지막 왕인 회왕의 손자였다. 그러나 초나라가 진나라에 의해 멸망한 이후에는 민간에 숨어들어 신분을 숨긴 채 오랫동안 목동으로 생을 영위하지 않으면 안 되었다. 그러다 뭔가 기의의 명분을 찾아야 하는 항우의 삼촌인 항량에 의해 다시 회왕으로 추대되었다. 이를테면 꼭두각시였다. 하지만 나름의 정통성은 있었다. 이랬으니 유방의 행동은 폭발적인 여론의 지지를 받았다.

솔직히 말하면 유방의 행동은 한바탕의 요란한 쇼에 지나지 않았다.

자신이 살기 위해 자식들을 마차 밖으로 세 번이나 발로 차 떨어뜨린 사람이 바로 그라는 사람이었다. 게다가 그는 의제와 별로 깊은 관계도 맺지 않았다. 군신(君臣) 관계에 있다고는 더더군다나 생각하지 않았을 사람이었다. 실제로 그는 의제가 항우에 의해 죽을 때까지 의제에게 눈길 한 번 주지 않았다. 어떻게 보면 그가 더 지위가 위였다고 해도 좋았다. 관중에 입성했을 때에도 "나와 제후들이 약속하기를……." 운운의 말만 했지 의제는 발가락의 때로도 생각하지 않았다. 그럼에도 그는 그럴듯하게 쇼를 했다. 대의명분에서 앞서야 한다는 동공의 말이 정말로 가슴에 와 닿았던 것이다.

유방이 거의 떠밀리다시피 해서 내건 도덕의 기치는 그러나 효과만점이었다. 천하의 백성들은 그의 쇼에 완전히 열광했다. 반면 항우는 거의 죽일 놈이 돼 버리고 말았다. 운명의 저울 역시 자연스레 유방 쪽으로 기울기 시작했다. 별것 아닌 것 같은 행동 하나가 유방에게 결정적인 승리를 가져오고 있었다고 해도 과언이 아니었다.

군자는 인내할 줄 알아야 한다

사람과 사람이 교류할 때는 시련을 이겨내야 한다. 그렇다면 이건 어떤 시련인가? 인내라는 시련이다. 무엇을 어떻게 인내해야 할까? 우선 화를 참아야 한다. 다음에는 치욕을 참아야 한다. 화는 불공평한 대우를 당할 때 터져 나오게 된다. 또 치욕은 인격에 상처를 입었을 때 느끼게 된다. 그러나 모든 경우에도 인내해야 한다. 자신의 마음의 평화를 위해서도 그래야 한다. 모든 일에 대해 생각을 넓게

갖고 멀리 내다봐야 한다. 속담에도 "일시적인 화를 참으면 100일의 걱정을 없앨 수 있다."라는 말이 있지 않은가.

・・・

유방은 무수한 단점만큼이나 장점도 많았다. 특히 속마음을 저 밑에 숨기고 인내하는 참을성은 정말 대단했다. 예를 들어보자. 항우가 진나라 대군을 전멸시킨 다음 거의 천하의 패권을 차지했을 때였다. 즉각 제후들에 대한 분봉이 행해졌다. 당시 항우는 유방을 한왕으로 봉했다. 병력도 원래 있던 10만 명에서 한참이나 적은 3만 명만 주고 한중으로 가도록 했다.

유방으로서는 당시 상황이 상당히 치욕적이라고 할 수 있었다. 분기탱천해서 항우에게 저항해도 누가 뭐라 그럴 사람이 없을 정도였다. 그러나 그는 은인자중했다. 아마 이 때문에 그가 한중으로 갈 때 그에게 마음이 기울어 따르기를 원하는 제후들이 많았을지 모를 일이다.

유방이 몇만 명의 병마를 몰고 한중으로 가는 길은 두 가지가 있을 뿐이었다. 하나는 두현(杜縣) 남쪽, 다른 하나는 식중(蝕中)의 길이었다. 이 중 전자의 길은 한중으로 곧장 통하는 중요한 골짜기 길이었다. 반면 식중의 길은 미현(眉縣) 서남쪽으로 뻗어지는 길을 따라 사곡(斜谷)을 지나 포곡(褒谷)으로 들어가는 길이었다. 유방은 고심을 거듭하다 두현 남쪽에서 출발해 식중을 지나 서쪽으로 쭉 가다 미현에 이르는 길을 우선 선택했다. 이어 다시 사곡에서 빠져나가 관중으로 간 다음에 한중에 이르는 길로 가기로 했다.

유방과 병사들은 사곡으로 들어가기 전 곧바로 서쪽으로 행진했다. 당연히 유방을 비롯한 병사들의 마음은 하나같이 대단히 울적했다. 한중이 도대체 어디에 있는지, 집에서 얼마나 먼지, 수 년 동안에 걸친 참전의 결과가 겨우 이것인지에 대한 생각들이 교차하고 있었던 것이다.

얼마 후 유방의 부대는 미현 서남쪽에 이르렀다. 대군은 차례대로 사곡으로 진입했다. 사곡의 길은 상당히 비좁았다. 흙은 습기도 많았다. 몇만의 대군은 한 줄로 늘어서 협곡에서 행진을 이어갔다. 그러다 보니 행렬이 구불구불 10여 리나 이르게 되었다.

사곡에서 진령(秦嶺)으로 들어가자 또 하나의 새로운 광경이 눈에 들어왔다. 골짜기 양측이 사람의 현기증을 일으키는 험한 벼랑이었던 것이다. 심지어 새들조차 비명을 지르고 있었다. 참으로 아찔한 광경이었다. 병사들은 그러나 머리 위에 보이는 한 조각의 하늘이 자신들에게 행운을 가져다줄 것이라고 염원하면서 벼랑을 지나갔다. 그렇다고 이게 끝은 아니었다. 벼랑 사이에는 아슬아슬하게 설치된 잔도(棧道)도 있었다. 그야말로 아래가 보이지 끝없는 잔도였다. 다행히도 모든 병사들은 아무 사고 없이 무사히 잔도도 통과했다.

얼마나 시간이 흘렀을까. 병사들은 사곡에서 무사히 빠져나왔다. 그들은 너 나 할 것 없이 모두 깊은숨을 몰아쉬고 서로 축하를 나눴다. 유방 역시 지나온 길을 돌아보면서 별의 별생각을 다 했다. 항우가 원망스럽지 않았다면 아마 거짓말이었을 터였다. 그는 그러나 절망하지 않았다. 아니 오히려 전혀 아무렇지도 않다는 듯 인내심을 발휘했다. 후일을 기약하기 위해서는 진짜 그래야 했다. 유방의 이런 태연자약한 태도는 부하들에게 용기를 북돋아 줄 수밖에 없었다.

그의 인내심은 초한 전쟁이 터진 지 3년이 되는 무렵에도 발휘된 적이 있다. 당시 유방과 항우의 대군은 대치 상태에 있었다. 누구도 상대를 일방적으로 제압하기 어려운 상황이었다. 그러나 항우는 눈앞의 성공과 전과에만 급급했다. 하루라도 빨리 유방을 격퇴하고 싶었던 것이다. 이에 사신을 보내 유방에게 아예 두 사람이 이른바 맞짱을 뜨는 것으로 승부를 가리자는 도전장을 보냈다. 내용을 한번 볼 필요가 있을 듯하다.

"진나라가 멸망한 이래로 천하는 여전히 혼란스럽소. 백성은 전쟁에 시달리고 광야에는 해골이 무수히 많소이다. 천하가 오랫동안 혼란에 빠진 것은 솔직히 다 우리 두 사람이 힘을 겨루는 것 때문이 아닌가 싶소. 이제 본인이 그대한테 감히 도전을 하겠소. 차라리 우리 두 사람만의 무예를 겨뤄 한판의 승부를 벌이도록 하는 것이 어떻겠소! 공연히 천하의 백성들이 전쟁에 시달리지 말도록 하자는 말이오!"

항우가 보낸 편지의 내용은 구구절절이 너무나 옳은 말이었다. 천하에 무식한 유방의 글과는 비교조차 되지 않는다고 할 수 있었다. 그러나 정치적으로 유치한 행동이었다. 천하의 장사 항우가 힘을 겨루자고 하는데 유방이 응할 까닭이 없었으니 말이다.

유방은 항우의 편지를 보고 과연 목청이 드러나도록 껄껄 웃었다. 한심하다는 표정이 얼굴에 절절히 어리고 있었다. 그가 드디어 입을 열었다.

"하하, 천하의 무부(武夫)는 무부일세! 이자 말대로 하면 천하가 이미 평정돼 그의 손에 들어갔을 거야! 공연히 군대를 가질 필요가 뭐 있겠어?"

유방은 한참을 웃은 다음 항우가 보낸 사신을 쳐다보면서 말했다.

"가서 항왕에게 전해 주게나. 나는 지혜로 싸우지 결코 용맹으로 싸우지 않는다는 말을 말일세."

항우는 유방의 대답에 대단히 화가 났다. 그예 욕이 터져 나오고 말았다.

"이 자식이 나를 아주 꿀단지나 노리는 쥐새끼처럼 보고 있구먼. 내이 치욕을 반드시 갚아주고 말겠다!"

항우는 정말 무지막지하게 화가 났는지 병력을 한나라 대군 쪽으로 휘몰아갔다. 이어 광무(廣武)의 골짜기를 사이에 두고 까칠한 대화를 나눴다. 그러나 그가 말로는 시정에서 닳고 닳은 유방을 이기기는 어려웠다. 유방은 신이 나서 항우의 10개에 이르는 죄상들을 하나씩 나열했다. 이에 화가 난 항우는 화살을 뽑아 바로 유방에게 날렸다. 휙 하는 소리와 함께 유방이 "어이구!" 하는 소리와 함께 땅바닥에 쓰러졌다. 가슴 부위에서 피가 뿜어져 나오고 있었다. 유방 휘하의 부하들은 깜짝 놀랐다. 그러나 유방은 눈짓으로 당황하지 말라는 의사를 전하면서 이를 악물고 일어났다. 이어 칼로 화살을 잘라버렸다. 그는 그것도 모자라 항우 쪽으로 걸어가 웃으면서 말했다.

"모두들 너희 화살에는 만 근의 힘이 있다고 하더군. 하늘까지 쏠 수 있다는 헛소리를 하는 놈들도 없지 않지. 그런데 오늘은 어쩐 일이지? 내 발가락에 명중했으니 말이야. 너 같은 수준으로 어떻게 나하고 무예를 겨룰 수 있겠는가?"

항우는 유방의 말에 부끄러워 어쩔 줄을 몰랐다. 그대로 자신의 영채로 돌아오는 수밖에 없었다. 그의 병사들 역시 기가 잔뜩 죽어 버렸다. 천하제일이라는 패왕의 화살이 별로 힘을 발휘하지 못한 것을 봤으니 그럴 만도 했다.

유방은 항우가 철군하고서야 비로소 땅에 쓰러졌다. 피를 너무 많이 흘린 탓이었다. 그런데도 그는 정신을 잃지 않고 주위 병사들을 위로했다. 또 그들에게 항우의 화살이 발가락에 맞았다는 사실을 다시 한 번 알렸다. 한나라 병사들의 환호 소리는 곧 항우의 영채까지 전해졌다. 기가 죽은 항우의 부대는 한나라 부대에 대한 기습 계획을 취소할 수밖에 없었다.

모든 일에 다 인내가 필요한 것은 아니다. 인의의 사표로 불리는 공자조차 "이것을 참을 수는 있으나 저것을 참을 수는 없다."라고 말한 적이 있지 않은가. 하지만 기본적으로 참을성이나 인내는 미덕이다. 유방이 항우와 대치하고 있을 때는 더욱 그랬다고 해야 한다. 만약 당시 유방이 흥분해 항우와 힘을 겨뤘다면 아마 세상은 달라졌을지도 모른다. 항우의 천하가 됐을 것이라는 말이다. 따라서 당시 그의 인내는 천하를 얻게 한, 길이 빛날 인내의 표본이 아닌가 싶다.

제5장
약체에서 최강으로

거의 모든 싸움은 다 상호 모순을 가지고 있는 불구대천의 원수들 사이에서 치열하게 벌어진다. 그러나 이런 모순들은 변화될 수도 있다. 반대의 경우 역시 충분히 상정이 가능하다. 유방과 항우 역시 마찬가지였다. 한때는 진나라를 전복시키기 위해 뭉친 동맹 관계였으나 눈 깜짝할 사이에 너 죽고 나 사는 싸움을 벌이는 불구대천의 원수가 돼버렸다. 당연히 두 사람 휘하의 맹장들도 다를 바가 없었다. 유방과 항우 사이에서 왔다 갔다 하면서 상호 모순이 영원한 것이 아니라는 진리를 보여 줬다. 물론 대부분은 항우의 휘하에 있다 유방에게 가는 경우이기는 했지만. 유방은 이 진리를 전략으로 적극 활용했다. 급기야는 항우 신변의 최측근까지 투항하도록 만드는 개가들을 올렸다. 이를 통해 그는 처음의 별 볼 일 없는 약체 제후에서 최강의 군주로 군림할 수 있었다. 결국 한나라를 개창하는 기적을 일궈냈다.

왕권강화를 위해 제후들의 권력을 약화시켜라

모든 것에는 다 발전의 과정이 있다. 유방의 인생이라고 다를 것이 없었다. 평민에서 일약 제왕이 됐으나 다 과정을 거쳤다. 우선 농민 반란군의 추대로 패공이 됐다 한왕에 책봉되었다. 이어 관중으로 들어가 항우와 결전을 벌이는 과정을 밟았다. 그는 황제가 된 이후에도 이런 과정을 보여 줬다. 우선 제후왕들의 권력과 세력을 약화시켰다. 이어 피비린내 나는 숙청을 단행했다. 이 결과 한나라는 바로 반석 위에 올라섰다.

• • •

봉건 사회에서는 군권을 쥐고 있는 쪽이 매사에 주도권을 쥐는 갑(甲)

에 속했다. 대체로 이 군권은 군주가 쥐는 것이 원칙이었다. 그러나 그렇지 않은 경우도 있었다. 한나라 때가 대표적이었다고 해야 하겠다. 중앙집권적인 통치 체제를 지향하기는 했으나 분봉이라는 특이한 형태의 통치 시스템도 갖추고 있었으니까 말이다. 실제로 유방이 한나라를 개창한 지 얼마 되지 않은 시점에 제후왕들은 각자 자신의 봉지에서 형식적으로는 군권을 장악하고 있었다. 이는 자연스럽게 정치적, 경제적인 파워로 연결되고는 했다.

종종 큰 반란으로 연결됐던 숨겨진 우환거리인 이들 제후왕의 존재는 사실 어쩔 수 없는 측면이 있었다. 항우와의 싸움에서 승리하고 천하의 패권을 차지하기 위해서는 주변의 파워 그룹들을 흡수해 실력을 키워야 했으니까. 한 고조 6년(기원전 201년)이 대표적인 해로 기억이 돼야 할 것 같다. 유방은 이때 진짜 전광석화라는 단어가 무색하게 단숨에 140여 명을 제후에 책봉했다. 큰 제후는 1만 호, 작은 제후는 500호 정도에 이를 정도로 아주 다양했다. 그는 황제 자리에 오를 시점에는 유씨 이외의 공신들 9명도 대거 왕으로 봉했다. 초왕 한신, 양왕 팽월, 회남왕 경포, 조왕 장오, 연왕 노관 등이 이들이었다. 그러나 이들은 이런저런 이유로 대부분 살해돼 유씨 성으로 대체되었다. 제후왕의 존재가 우환거리라는 사실을 더욱 확실히 깨달은 유방이 정권이 안정세로 접어들자 피비린내 나는 숙청을 단행한 것이다. 물론 이런 와중에도 장사왕(長沙王) 오예(吳芮), 민월왕(閩越王) 무제(無諸), 남월왕(南越王) 조타(趙佗) 등은 횡액을 당하지는 않았다. 이는 이들이 특별하게 유방의 신임을 받았기 때문이 아니었다. 그렇다고 막강한 힘을 보유한 때문만도 아니었다. 이유는 다른 데에 있었다. 이들은 우선 도성인 장안으로부터 멀리 떨어져 있었다. 이들의 야심이 반란으로 연결돼도 중앙 정부에는 크게 위협적이지 않다는 판단을 유방이 했을 것이라는 얘기다. 여기에 이들은 자신들의 의지와는 관계없이 한나라 밖의 오랑캐들을 방어하는 데 상당한 기여를 했다. 그대로 두는 게 없애버리는 것보다 낫다고 할 수 있었다. 한마디로 존재 가치가 있었다는 결론을 내려도 무방하다.

유방은 이성 왕들을 제거한 다음에 해당 지역을 직할로 경영할 수도 있었다. 한나라가 제후국이기는 했으나 진나라가 실시한 중앙집권 시스템인 군현제도를 도입해 실시했던 만큼 그래도 무리는 없었을 터였다. 그러나 그는 그렇게 하지 않았다. 그가 이렇게 한 데에는 다 이유가 있었다. 최악의 경우를 제외하고는 유씨 제후왕들이 중앙 정부에 칼을 들이대지는 않을 것이라는 판단이 우선 작용했다. 또 그가 내린 세 가지의 조치도 그로 하여금 유씨 제후왕들을 부담 없이 봉하도록 만들었다고 할 수 있다.

우선 그는 중앙 정부가 언제든지 제후왕들을 징벌하거나 제거하는 권한을 분명하게 가지고 있다는 사실을 그들에게 확실하게 인식시켰다. 예를 들어보자. 한 고조 7년(기원전 200년) 12월에 흉노족이 대군을 휘몰아 대(代)나라를 공격했다. 이때 대왕 유중(劉仲)은 나라를 버리고 낙양으로 도주하는 비겁한 모습을 보였다. 유방은 이에 크게 분노하고, 형인 그를 합양후(郃陽侯)로 강등시키는 조치를 전광석화처럼 취했다. 형이라고 인정사정 봐주지 않은 것이다. 죽이지 않은 것만 해도 다행이었다. 이후 그는 아들 여의를 대왕에 책봉, 자신이 제후왕을 철저하게 틀어쥘 것이라는 사실을 확실히 보여 줬다.

제후국의 핵심 관리들을 일률적으로 중앙 정부에서 파견하는 원칙을 확립한 것 역시 유방이 유씨들을 부담 없이 봉하도록 하는 데 기여했다. 당시 제후국에는 태부(太傅, 왕을 보좌하는 직책)와 중위(中尉, 군사 문제 책임자), 승상(丞相, 백관을 관리하는 자리)이라는 관직을 일률적으로 두게 돼 있었다. 그러나 이들 관직은 제후왕들이 함부로 임명할 수 없었다. 반드시 중앙 정부에서 파견돼야 한다는 규정을 유방이 마치 대못처럼 박아놓은 것이다. 당연히 이들 중앙에서 파견된 고위 관리들은 제후왕들을 도와 정무에 참여했다. 하지만 이들의 진짜 임무는 제후왕들의 행위를 감독하는 것이었다. 예컨대 모반의 기미가 보일 때 즉각 중앙으로 보고하지 않으면 직무 유기로 목을 내놓아야 했다. 유방으로서는 유씨 성을 쓰는 친척들을 부담 없이 왕으로 봉해도 괜찮은 확실한 안전판을 다 마련해놨다고 할 수 있었다.

군사적으로 확실한 견제 장치를 마련해 놓은 조치도 거론해야 할 듯하다. 당시 제후왕들은 각기 군대를 가지고 있었다. 그러나 결정적인 순간에 작전 지휘권은 없었다. 그렇다면 이 권한은 누가 가지고 있었을까? 앞서 살펴본 대로 중앙에서 파견한 중위가 이 권한을 가지고 있었다. 제후왕의 입장에서는 좀 심하게 말할 경우 군대가 완전히 빛 좋은 개살구에 다름 아니었던 셈이다. 이뿐만이 아니었다. 유방은 중앙 정부의 호부(虎符, 작전 지휘권을 가질 수 있다는 부절符節을 의미함)를 가지고 있지 않으면 제후왕들이 함부로 군사를 일으켜서는 안 된다는 규정도 마련해 놓고 있었다. 한마디로 제후왕의 손발을 묶는 것에서도 모자라 입에 재갈까지 물렸다고 할 수 있었다.

유방이 황제 자리에 오른 초창기 황권은 확고부동했다고 하기 어려웠다. 아니 어떻게 보면 허약하기 그지없었다고 해도 과언이 아니었다.

실제로도 일부 제후왕들은 반란을 일으켰다는 죄목을 쓴 채 억울하게 죽임을 당했으나 일부는 진짜 쿠데타를 획책, 자신이 유방을 대체하려는 야심을 드러내기도 했다. 하지만 이런 분위기는 유방이 이성 제후왕들을 모두 제거한 다음 유씨 제후왕에 대한 철저한 통제에 본격적으로 나섬으로써 급속도로 수면 아래로 잠기게 되었다. 더불어 유씨 왕조는 초창기의 허약한 왕조에서 대제국으로 향하는 대장정의 첫발을 내디딜 수 있게 되었다.

백성과 천하를 위무하라

진나라를 전복시킨 유방과 휘하의 공신들은 대부분 사회의 최하층 출신이었다. 조금 심하게 말하면 천민이라고 해도 괜찮았다. 장량을 제외하고는 누구 하나 초나라 귀족 출신인 항우보다도 내세울 것이 없었으니 말이다. 하지만 이처럼 사회의 최하층 출신들이 정권 탈취 후에 황제를 비롯한 왕후장상이 됐다는 사실은 백성들에게 반드시 나쁜 것이 아니었다. 홀아비 심정 홀아비가 안다고 폭정으로 유명한 진나라 치하에서 당한 백성들의 고통을 잘 이해할 가능성이 높았기 때문이었다. 그렇다면 그들은 진짜 개국 후에 평범한 장삼이사들의 이익을 대표했을까. 답은 분명히 그렇다고 해야 한다. 유방이 개국 초창기부터 실시한 대부분의 정책들이 가능하면 못 가진 자들을 위한 것이었다는 사실은 역사적으로 지금도 변함없는 진실인 것이다.

· · ·

진시황은 출신 성분이 유방과는 비교가 되지 않았다. 미녀와 야수 정도의 차이가 아니었다. 한쪽은 타고나면서부터 존귀한 신분, 다른 한쪽은 있어도 그만 없어도 그만인 처지였다. 학문 수준은 더 말할 나위가 없었다. 당시에도 개천에서 용이 나는 것은 천지개벽과 같은 일이었다. 그렇다면 나라를 다스리는 경험은 어땠을까. 진시황은 타고날 때부터 경험이 주어졌으나 유방은 성인이 된 다음에야 겨우 미관말직에 취임, 치국을 위한 첫걸음을 뗄 수 있었다. 그러나 유방에게는 진시황에게는 없는 단 하나의 결정적인 장점이 있었다. 그것은 백성들의 압도적 다수를 차지하는 평민 계층의 대표였다는 사실이다. 백성들의 압도적 지지를 받을 가능성이 높았다는 얘기였다. 이는 그 자신이 백성들을 위해 해야 할 일이 무엇인지를 확실하게 깨달았다는 얘기와도 통했다. 진짜 그랬다. 그는 백성들의 압도적 지지를 등에 업고 그들을 위해 무엇을 해야 하는지를 깨닫고 행했다.

주지하다시피 진나라 말년과 이후 몇 년 동안의 시대는 진짜 완전히 카오스의 시대에 해당했다. 빈번한 농민 기의와 초한 전쟁의 여파가 너무나도 끔찍했던 것이다. 실제로 이때 엄청난 인구가 불귀의 객이 되었다. 당시 인구의 80퍼센트 전후가 전화의 여파로 사라졌다는 것이 지금도 공인되고 있는 설이다. 더불어 이루 헤아리기 어려울 정도로 토지가 황폐화되었다. 정치, 경제의 질서는 거의 파괴됐다고 해도 좋았다. 사회 전반적인 생산 시스템이 정상적으로 움직이기를 기대하는 것이 어불성설일 정도였다.

진짜 그랬는지는 유방이 황제로 등극했을 때의 상황을 보면 잘 알 수 있다. 그의 수레를 끌, 같은 색깔의 말 4필을 한참이나 헤매다 찾지 못했다면 더 이상의 설명은 사족이나 다름없지 않을까. 이랬으니 장군이나 승상이 소가 끄는 수레를 타고 다닌 것은 크게 이상할 것도 없었다. 백성들이 당장의 끼니보다 다음 끼니를 걱정하는 것 역시 엄청난 사치에 해당했다.

유방이 자신이 해야 할 일을 깨달음과 동시에 가장 먼저 후다닥 해치운 일은 다른 게 아니었다. 파병사복(罷兵賜復, 병역을 면제해 주고 모두를 원래의 위치로 돌아가게 한다는 의미)의 조서를 내리는 것이었다. 황제에 즉위한 지 3개월 만에 내려진 이 조서의 내용은 그가 정말 얼마나 백성들을 위해 고심했는지를 잘 말해 준다. 하나씩 살펴볼 필요가 있을 듯하다.

우선 그는 병사들을 모두 제대시키고 각자 고향으로 돌아가도록 했다. 그저 제대만 시킨 것이 아니었다. 특혜도 적지 않게 줬다. 우선 유방을 따라 복무한 관동 출신 병사들 중에서 관중 지역에 남고 싶어 하는 백성들에게는 무려 12년 동안이나 요역을 면제해 주는 조치를 동시에 취했다. 또 고향에 돌아가고 싶어 하는 병사들에게는 6년 동안 요역에서 자유로울 수 있도록 해 줬다.

이른바 유민(流民, 요즘 식으로 하면 난민)들에 대한 위무 조치도 취했다. 당시 백성들은 전쟁의 화마를 피하기 위해 산이나 숲으로 피난을 가는 경우가 많았다. 그러다 보니 호적에 등록되지 않은 백성들이 부지기수로 늘어나게 되었다. 유방은 이들을 고향으로 안전하게 돌아가도록 했다. 당연히 이들이 원래 가지고 있던 집이나 땅, 작위 역시 회복시켜줬다. 이뿐만이 아니었다. 유방은 각 지방의 관리들이 이들을 모욕하거나 업신여기지 못하도록 엄한 훈령도 더불어 내렸다.

원래 전쟁 때에는 굶주림이나 경제적 어려움으로 몸을 파는 경우가 적지 않게 발생한다. 당시도 예외가 아니었다. 많은 사람들이 노예가 될 수밖에 없었다. 유방은 이들에게도 일률적으로 은혜를 베풀었다. 자유민의 신분을 회복할 수 있도록 조치를 취했다.

파병사복 조치의 최고 하이라이트는 그러나 조서의 마지막에 나와 있다고 해야 할 것 같다. 진짜 그런지는 다음의 내용을 보면 바로 알 수 있다.

"부대의 관리나 사병 가운데 범죄를 저지르지 않고 작위가 없는 자나 제5급인 대부(大夫, 당시의 작위는 1급인 공사公士에서 20급인 철후徹侯까지 있었음) 작위가 없는 자에게는 일률적으로 대부 작위를 하사한다. 원래 대부 작위를 가진 자나 이보다 더 높은 작위를 가진 자에게는 일률적으로 원래 작위보다 한 등급 높은 작위를 하사한다. 또 7급인 공대부(公大夫) 작위를 가지는 자는 일률적으로 식량 및 토지를 받는 대우를 누릴 수 있다. 공대부 이하의 작위를 가지는 자와 친척은 모두 요역에 복무하지 않을 특권을 누릴 수 있다.

공대부와 8급인 공승(公乘) 이상의 작위는 모두 고급 작위에 해당한다. 그러나 나를 따라서 천하를 탈취한 사람은 고급 작위를 가질 수 있다. 나는 수차례 휘하의 관리들에게 우선적으로 이 사람들에게 토지와 가옥을 나눠 줘야 한다고 명령했다. 고급 군작(軍爵)과 식량 및 봉록의 혜택을 누리는 사람은 사실 모두 우리의 존중과 예우를 받아야 할 사람들인 탓이다. 그럼에도 아직까지 많은 관리들은 그들에게 누려야 할 대우를 해주지 않고 있다. 이는 참으로 바람직하지 않은 태도라고 단언할 수 있다. 진나라가 통치할 때 공대부 이상의 작위를 가지는 사람은 현령과 같은 지위를 누릴 수 있다. 주위로부터 존중도 많이 받아야 한다. 나는 기본적으로 작위를 대단히 중요하게 생각하는 사람이다. 그런데 하급 관리들이 어떻게 감히 내 명령을 무시할 수가 있는가? 토지와 가옥을 나눠 주는 것은 명백히 내가 규정해 놓은 조항이다. 그러나 지금은 나를 따르지 않던 일부 소수의 관리들이 많은 토지와 가옥을 차지하고 있는 상황이다. 반면 싸움터에서 전공을 세웠던 사람은 받아야 할 것을 받지 못하고 있다. 이런 현상은 각 지방의 군수(郡守), 군위(郡尉), 현령(縣令), 현장(縣長)들이 수하들을 잘 교육시키지 못함에 따른 것이다. 지금부터 각 지방의 수령들은 무조건 모든 휘하의 하급 관리들에게 높은 작위를 가지고 있는 사람들을 잘 대우해 주라고 교육을 시켜야 한다. 내가 내린 조서에 따르지 않고 제멋대로 행동하는 관리들은 앞으로 엄중하게 처벌된다."

유방의 이 조서는 엄청난 후폭풍을 가져왔다. 즉각 수십만 명의 군사들이 갑옷을 벗고 논밭으로 돌아가게 되었다. 동시에 요역 면제의 혜택과 작위를 받았다. 예컨대 7급인 공대부 작위를 가진 자는 식량과 토지를 받는 대우를 누리게 되었다. 이는 원래 제후가 돼야 누릴 수 있는 대우였다.

유방의 전략은 시너지 효과도 많이 가져왔다. 우선 천하가 급속도로 안정되기 시작했다. 백성과 함께 힘을 합쳐 나라를 건설한다는 정치적 효과 역시 거뒀다고 할 수 있었다. 사회의 질서를 회복시킨 것은 더 말할 나위가 없었다.

유방은 내친김에 거의 해마다 대사면을 단행하기도 했다. 우선 한 고조 5년(기원전 202년)에 사형 이하의 죄를 범한 죄수들에 대한 사면을 단행했다. 이어 다음 해 6월에도 대사면의 명령을 내렸다. 6개월 후인 12월에는 눈엣가시이던 한신을 체포한 것을 자축하기 위해 대사면을 공포했다. 한 고조 10년 7월에 단행한 사면령은 유방이 효자라는 사실을 다시 한 번 입증한 조치이기도 했다. 아버지가 세상을 떠나자 역양 감옥에 갇혀 있던 사형수 이하의 죄수들을 방면한 것이다. 유방은 8년 동안의 재위 기간 중 단 한 해만 사면령을 내리지 않았다. 그때는 바로 그가 세상을 떠난 해였다. 물론 이때에도 그는 사면령을 내리지 않았으나 한나라 조정에서는 그의 뜻을 받들어 죄수들을 대대적으로 풀어줬다.

대사면은 무엇보다 민심을 얻는 정치적인 효과가 있었다. 하지만 더 중요한 것은 이로 인해 적지 않은 사람들이 사회 생산에 참여, 경제 발전을 촉진시킬 수 있었다는 사실이었다. 유방의 아들과 손자인 문제와 경제 때의 태평성대를 의미하는 문경지치(文景之治)는 어느 날 갑자기 하늘에서 뚝 떨어진 것이 아니었다.

천하와 백성을 위무하려는 유방의 노력은 인구 증가를 위한 조치에도 눈을 돌리게 만들었다. 한 고조 7년(기원전 200년) 정월에 반포한 조서가 바로 이런 사실을 말해 주는 증거가 아닐까 싶다. 아이를 낳은 백성에게는 2년 동안이나 요역을 면제해 주는 특혜를 부여한 것이다.

이번에는 한 고조 7년 2월에 있었던 일화를 보도록 하자. 당시 유방은 도성을 확정하기 위해 낙양에서 장안으로 돌아와 있었다. 이때 그는 소하가 건축한 미앙궁(未央宮)이 너무 웅장하다는 사실이 부담스러웠다. 그의 입에서는 바로 소하를 힐난하는 말이 튀어나왔다.

"천하는 아직 완전히 평정됐다고 하기 어렵소. 제후왕들의 반란으로 인해 우리는 계속 전쟁을 치러야 했소. 앞으로의 일이 어떻게 될지도 모르는데 왜 궁전을 이처럼 지나치게 웅장하게 지은 거요. 백성들의 힘과 재물을 너무 낭비하는 것 아니오?"

소하는 유방의 힐책에도 당황하지 않고 해명을 했다.

"바로 그렇습니다. 지금 아직 천하가 완전히 평정되지 않았기 때문에 서둘러서 백성들의 힘으로 궁전을 건축해야 합니다. 또 천자의 궁전은 화려하지 않으면 안 됩니다. 그렇게 하지 않고 어떻게 천자의 위엄을 만천하에 드러낼 수 있겠습니까? 지금 단박에 궁전을 웅장하고 화려하게 건축해 놓으면 폐하의 자손들은 더 이상 인력, 재력을 동원해 궁전의 규모를 확충할 필요가 없습니다."

유방은 소하의 교묘한 언변에 노기가 사라지고 있다는 느낌을 받았다. 새로운 궁전을 가지게 된다는 생각에 마음도 조금은 설레고 있었다. 사실 소하의 말이 완전히 논리가 없는 것은 아니었다. 하지만 유방도 그렇게 말을 함으로 해서 잃은 것은 없었다. 백성들의 힘과 재물이 낭비되는 것을 안타까워했다는 사실 하나만으로도 자신이 얼마나 백성을 위하는지를 분명히 보여 주는 생색을 낼 수 있었던 것이다. 이 때문에 그는 나라를 다스려본 경험과 이론에서는 상당히 손색이 있었으나 예민한 정치적 감각 하나만큼은 진시황보다도 몇 수 위에 있었다고 해도 좋을 듯하다.

세금과 요역 개혁을 통해 농업을 장려하다

거의 모든 제왕은 이른바 태평성대의 군주가 되고 싶어 한다. "사방에 일제히 태평스러운 곡이 연주되고 온 천하에는 탄식 소리가 없구나."라는 시 구절을 굳이 들먹일 필요도 없다. 자신이 통치하는 시대에 "나라와 백성들의 창고가 가득 찼구나."라는 정도의 말만 들어도 그 군주는 성공했다고 해도 좋다. 유방도 아마 자신의 치세에 이런 모습이 도래하기를 바랐을 것이다. 그러나 당시 그에게 남겨진 것은 오랜 전쟁에 따른 황폐한 농토와 유랑 걸식하는 백성들 외에는 별로 없었다. 태평성대는커녕 대량의 아사자들이 나오지 않는 것만 해도 감지덕지해야 할 판이었다. 그럼에도 그는 후대에 길이 남을 군주가 되고 싶어 했다. 또 그렇게 하기 위해 적지 않은 노력을 기울였다. 세금과 요역의 개혁은 아마 이를 위한 가장 효과적인 방법이었을 것으로 보인다. 결과적으로 그는 성공했다고 할 수 있었다. 문경지치라는 태평성대는 그의 개혁 조치가 없었다면 불가능했다고 말해도 좋았으니까 말이다.

• • •

진나라는 백성들에게 가혹한 정권이었다. 특히 아무리 가져다 바쳐도 모자란 세금과 요역은 백성들을 도저히 견디기 어렵게 만들었다. 블랙홀이 따로 없었다. 백성들이 거의 모두 노예 상태로 전락한 것은 자연스러운 순서일 수밖에 없었다. 또 농민들의 기의 역시 당연한 반발이라고 해도 좋았다. 유방은 항우를 타도하고 자신의 시대를 열자마자 이에 주목했다. 어떻게든 부담을 줄이는 개혁을 해서 백성들을 살 수 있도록 해 줘야겠다는 생각을 굳힌 것이다. 그는 또 그게 강국으로 가는 지름길이기도 하다는 사실을 너무나 잘 알고 있었다.

기원전 202년 정월 유방은 한신을 초왕, 팽월을 양왕으로 책봉했다. 그러자 둘은 다른 제후왕들과 연합해 유방에게 상주서를 올렸다. 그에게 황제의 자리에 오르라는 촉구를 한 것이다. 유방은 처음에는 거절하는 척을 했다. 이에 한신 등이 적극적으로 나서서 다시 간언을 올렸다.

"대왕의 출신성분은 내세울 것이 없습니다. 솔직히 말해 대단히 낮다고 할 수 있습니다. 그러나 대왕은 대군을 지휘해 진나라를 뒤엎고 천하를 안정시켰습니다. 이처럼 대왕의 공로는 그 어느 왕보다 높습니다. 이제 제위에 올라야만 합니다. 온 천하가 다 바라고도 있습니다."

유방은 그제야 마지못한 듯 말했다.

"모든 사람들의 의견이 그렇다면 따를 수밖에."

유방은 이렇게 해서 202년 음력 2월 3일 산동의 정도(定陶) 사수(泗水)의 남쪽에서 즉위 의식을 치렀다. 국호를 정식으로 '한'으로 정했다. 이어 여씨를 황후, 아들 유영을 태자로 봉했다.

유방은 즉위한 후에 '한승진제(漢承秦制, 한나라가 진나라의 제도를 물려받다)'라는 말에서 보듯 가능하면 진나라의 제도를 별로 고치지 않고 이어받았다. 그러나 일부분에 대해서는 일찍부터 뜯어고치려는 마음을 먹었던 만큼 과감하게 손을 댔다. 그게 바로 앞서 일부 언급한 잔혹한 형법의 폐기와 세금 및 요역의 개혁을 통한 농업의 장려였다. 특히 후자에 대해서는 더욱 그랬다.

진짜 그랬는지 하나씩 살펴볼 필요성이 있을 것 같다. 우선 『한서(漢書)』의 「식화지(食貨志)」를 보자. "조정의 각종 공적 활동과 관련한 비용을 줄인다. 그동안 10분의 1을 받았던 소작료는 15분의 1로 한다."라는 구절이 눈에 띈다. 소작료가 세금과 다름없었던 백성들에게는 분명 복음의 소리였다고 단언해도 괜찮을 듯하다.

유방은 한 고조 11년(기원전 196년) 2월에 아예 조서를 반포해 지방 정부가 중앙 조정에 바치는 공물의 양에 대해 규정했다. 내용은 아래와 같다.

"나는 세금을 줄이기를 원한다. 해마다 중앙에 바치는 공물의 양은 구체적으로 정해지지 않고 있다. 그러나 많은 지방의 관리들은 항상 백성들에게 과도한 세금을 징수해 중앙에 바치고 있다. 또 제후왕들은 더 많이 징수하고 있다. 이에 백성들이 불만을 품고 있다. 이제 내가 확실하게 규정한다. 제후왕과 열후(列侯)들은 해마다 10월에 딱 한 번만 공물을 바치도록 하라. 각 지방 정부 역시 백성들 매 한 사람당 1년에 63전(錢) 이상을 징수할 수 없다."

이듬해 3월에도 유방은 비슷한 조서를 반포하는 파격을 보였다. 내용을 대충 훑어보면 백성의 고충을 항상 헤아리는 그의 생각을 읽을 수 있다.

"내가 천하를 다스린 지도 무려 23년이나 되었다. 그동안 천하의 호걸과 유능한 인재들이 나와 함께 사해를 평정했다. 또 함께 평안을 누렸다. 공로를 많이 세운 사람은 왕, 그 아래 사람은 후로 책봉되었다. 모두들 봉지도 얻었다. 나의 친척 중에 어떤 사람은 후가 돼 세금을 징수하는 특권을 가지게 되었다. 그들이 낳은 딸도 공주로 불린다. …… 그러나 백성들은 크게 혜택을 보지 못했다. 연이은 전화로 인해 물가가 폭등하고 생활필수품 등이 부족해 고통을 당했다. 더구나 일부 상인은 이 기회를 틈타 이익을 도모했다. 1석(石)의 곡식이 1만 전(錢)에까지 팔리고 한 필의 말 가격이 100근의 황금에 이르렀다. 급기야 백성들이 지나치게 굶주려 사람을 잡아먹는 사건까지 생겨났다. 나는 이런 상황을 그냥 방치할 수 없다. 다음과 같은 조치를 내리겠다. 앞으로는 악덕 상인은 벼슬을 할 수 없다. 비단으로 만든 옷을 입어서도 안 된다. 말이 이끄는 수레나 말을 타는 것 역시 안 된다. 병기를 보유할 수도 없다. 세금도 많이 내야 한다."

유방의 이 조서를 보면 현대인의 눈으로 볼 때는 합리적이지 않은 것처럼 보인다. 그러나 당시에는 어쩔 수 없었다. 상인의 사회적 지위를 낮추지 않을 경우 일반 농민들이 안심하고 농사일을 하도록 만들 수가 없었다. 또 전쟁 때에 농업을 버리고 상업에 종사하는 나쁜 풍조를 억제하기가 어려웠다.

유방은 요역 역시 어떻게 해서든 줄이려고 안간힘을 다했다. 한 고조 12년에 삼진(三秦, 관중을 의미함)을 평정하는 데 공을 세운 2천여 명의 관리들에게 영원히 요역을 면제해 준 게 대표적인 노력으로 꼽을 수 있다.

유방의 이 정책은 아들인 혜제에게도 계승돼 계속 추진되었다. 예컨대 장성을 구축하는 6년 동안 딱 두 번만 요역 조치가 발동된 것은 바로 이런 정책의 덕이었다. 또 요역의 발동을 농한기인 겨울에 한다거나 한 번에 30일만 하게 한 것 역시 유방이 남긴 유산이라고 할 수 있었다.

유방이 남긴 정책들은 문제와 경제 때에는 더욱 빛을 발했다. 특히 문제는 경제적으로 어려운 백성들을 위해 소작료와 세금, 요역을 여러 차례나 면제해 주는 조치들을 취했다. 또 경제의 경우는 15분의 1이었던 소작료를 무려 30분의 1로 조정하는 대 용단을 내리기도 했다. 태평성대가 도래하지 않는다면 그게 이상한 일이었다. 이 사실은 『사기』, 『한서』 등의 사서에도 기록으로도 남아 있다. 대략 "문제 재위 기간에 유민(流民)들은 거의 모두 고향으로 돌아갔다. 백성들은 휴식을 취할 수 있게 되었다. …… 백성들은 곧 자급자족을 할 수 있게 되었다. 창고에는 양식이 가득 차게 되었다. 관아의 창고에도 재물이 넘치기 시작했다. 길거리에는 돈이 헤아릴 수 없이 쌓여 녹이 슬었다. 그래도 줍는 사람이 없어 쓰이지가 않았다. 시정에는 군마(群馬)들이 다니고 논밭 길에는 짐승들이 무리를 이루게 되었다."라는 내용이다. 한나라 초창기에 문경지치의 태평성대가 도래한 것은 다 까닭이 있었던 것이다.

적의 내부 모순을 이용하다

유방은 거사를 한 후에 적지 않은 인재를 얻었다. 소하를 비롯해 번쾌, 조참 등이 대표적인 인재들이었다. 이들은 유방이 정확한 정치적 책략을 마련할 수 있도록 도움을 줬다. 유방 역시 이들을 신뢰했다. 또 적재적소에 등용했다. 이들 역시 이로 인해 자신들의 꿈을 실현시킬 수 있었다. 이 점에서 보면 유방은 항우보다 출신 성분이나 힘에서 훨씬 못했음에도 이 핸디캡을 극복할 수 있었다. 더구나 그는 이 과정에서 항우의 내부 모순을 이용하는 기지까지 보였다. 그가 천하를 얻은 것은 필연이었다고 해야 할 것 같다.

• • •

유방은 한 고조 원년 10월에 무관(武關)에서 관중으로 진출했다. 진나라 왕 자영은 역불급을 느끼고 즉각 투항했다. 영원할 것만 같았던 진나라의 통치는 이로써 채 20년도 가지 못하고 끝났다. 유방으로서도 이를 통해 항우와의 싸움에서 유리한 고지를 점할 수 있게 되었다. 웅거하고 있던 지형이 천혜의 요새였던 탓이다.

얼마 후 유방이 자신보다 훨씬 유리한 고지를 점하게 됐다는 사실을 알게 된 항우가 헐레벌떡 달려왔다. 아니나 다를까, 제후 연합군을 인솔하고 함곡관에 도착한 그는 바로 유방의 군대에 가로막혔다. 항우는 대노했다. 즉각 경포에게 함곡관을 공격하도록 명령했다. 이어 항우는 희서(戱西)에 근거지를 마련하고 패상에 주둔한 유방의 대군과 대치하게 되었다. 이때 유방의 좌사마였던 조무상(曹無傷)은 전세가 항우 쪽으로 기울었다는 판단을 하기에 이른다. 얼마 후 그의 머리는 빠르게 돌아가기 시작했다. 항우에게 밀사를 보내 온갖 정보를 다 흘린 것이다.

"패공은 지금 관중왕이 되려 하고 있습니다. 제가 볼 때는 자영을 승상으로 삼을 것 같습니다. 이렇게 되면 그가 모든 것을 독점하게 될지도 모릅니다. 빨리 수를 써야 합니다."

안 그래도 유방이 혼자 제후왕들의 공을 다 가로채려고 한다는 의심을 하고 있던 항우는 대노했다. 바로 다음 날 유방을 공격한다는 결정도 내렸다. 이때 범증 역시 항우에게 유방을 속히 제거하라는 권고를 거듭해 건넸다. 유방으로서는 절체절명의 위기에 직면할 수밖에 없는 순간은 이렇게 다가오고 있었다. 그러나 바로 이때 전혀 예상치 못한 엉뚱한 일이 일어났다. 항우의 당숙인 항백(項伯)이 유방의 오른팔로 있던 장량에게 찾아와 곧 위기가 닥칠 것이라는 사실을 알려준 것이다. 유방은 비로소 상황이 심각하다는 사실을 깨달았다. 유방이 난처한 표정으로 장량에게 물었다.

"그 사람 말은 믿어도 되는 거요?"

"믿으셔도 됩니다. 그 사람은 저에게 신세를 많이 진 적이 있습니다. 그래서 저에게 달려와 저를 위기에서 구해 주려고 하는 것입니다."

장량이 대답했다. 그러자 유방이 물었다.

"이 위기를 어떻게 벗어나면 좋겠소?"

"항백을 이용해야 합니다. 적의 내부에 갈등이 일어나도록 해야 합니다. 이렇게 하십시오. 왕께서는 항백을 후히 대접하고 사돈을 맺으십시오. 이어 항왕에게 달려가 사과를 하겠다고 하십시오. 그러면 우리는 위기에서 벗어날 수 있습니다."

유방은 장량의 계책을 바로 받아들여 항백을 잘 대접했다. 이어 그에게 은근한 어조로 신신당부를 했다.

"장군께서는 항왕에게 내 사정을 잘 말해 주십시오. 나는 절대로 제후왕들의 공을 가로채려고 한 것이 아닙니다. 항왕을 배반하려는 것은 더욱 아닙니다."

항백은 흔쾌하게 유방의 부탁을 들어줬다. 그는 그러나 유방에게 전제 조건의 충고를 건네는 것도 잊지 않았다.

"좋습니다. 그러나 왕께서는 내일 우리 항왕께서 진을 치고 있는 홍문(鴻門)으로 와서 사과를 하십시오. 다른 뜻이 있어 그런 것이 아니라고 말입니다. 그다음에는 제가 모든 것을 막아보도록 하겠습니다. 중요한 사실은 반드시 홍문으로 와야 한다는 사실입니다. 그렇지 않으면 상황 반전을 위한 내 노력이 물거품이 되고 맙니다."

"알겠습니다. 이제 사돈의 인연을 맺었는데 내가 어찌 장군의 말에 따르지 않겠습니까?"

유방은 항백을 믿기로 했다. 호랑이 입이라고 해도 과언이 아닌 홍문을 찾아가기로 결정을 내린 것이다. 다음날 유방은 예정대로 홍문으로 항우를 찾아갔다. 항우는 즉각 자신의 군막에서 잔치를 열어 유방을 접대했다. 그러나 잔치가 화기애애할 수는 없었다. 아니 살벌했다고 단언

해도 좋았다. 술이 몇 순 배 돌지 않았는데도 항우의 조카 항장(項莊)이 이른바 검무(劍舞)를 추기 시작한 것이다. 여차하면 사과를 하러 찾아온 유방을 찌르겠다는 자세라고 할 수 있었다.

유방은 등에서 땀이 나는 것을 어쩌지 못하고 주위를 둘러봤다. 범증이 계속 항우에게 결단을 내리라고 재촉하는 모습이 읽히고 있었다. 동시에 황급히 칼을 뽑아든 채 춤판에 끼어들려는 항백의 모습 역시 눈에 들어왔다. 유방은 일단 가슴을 쓸어내렸으나 춤판에서 잠시도 눈을 떼지 않았다. 만약 항우가 자신을 죽이라는 사인을 항장에게 내린다면 항백이 아무리 자신을 보호하려 해도 쉽지 않을 것이라는 사실을 그는 누구보다도 잘 알고 있었던 것이다. 다행히도 항우는 유방의 목을 베도록 명령을 내리라는 범증의 권유를 애써 무시하고 있었다.

장량은 더 이상 지체해서는 안 된다는 사실을 깨달았다. 즉각 군막 밖으로 나가 번쾌를 부른 것도 그래서였다. 번쾌는 바로 행동을 개시했다. 이어 유방을 군막 밖으로 안전하게 피신을 시켰다. 이후부터는 일사천리였다. 장량이 유방을 미리 봐둔 지름길로 안내해 호랑이 입에서 벗어나게 만든 것이다.

유방은 홍문의 연회를 전후한 시점에 진짜 위기에 직면했다고 해도 좋았다. 항우가 유방을 살해하라는 범증의 권고를 받아들였다면 훗날의 한나라 역시 탄생하지 못할 수도 있었다. 그러나 운명은 유방의 편이었다. 항우에게 계속 미소를 지은 것처럼 보였으나 마지막에는 매몰차게 외면했다.

물론 유방은 그저 가만히 앉아서 최종적인 승리를 차지한 것이 아니었다. 나름의 노력도 적지 않게 기울였다. 특히 항우 진영의 내부 모순을 파고 들어간 전략은 단연 탁월했다고 할 수 있었다. 홍문의 위기에서 벗어나 패권 쟁취를 향한 길로 내달릴 수 있었던 것도 다 이런 전략이 주효한 탓이었다.

사사로운 감정을 버리고 큰 판을 보다

관용이라는 것은 사람 됨됨이의 근본이라고 할 수 있다. 일반적으로 뛰어난 지도자는 형세를 정확하게 파악해 바로 이런 관용의 정신을 잘 발휘할 줄 안다. 이 때문에 성공하기도 한다. 그렇지 않고 사사로운 감정에 얽매여 큰 판을 보지 못하면 대국을 그르치게 된다. 나아가 자신의 밝은 미래를 잃을 수도 있다. 언제 어느 때나 조금만 참으면 도량이 넓다는 미명을 얻을 수도 있다는 사실을 늘 명심해야 한다.

• • •

유방은 사람의 품성을 잘 판단하는 능력을 지닌 지도자로 불린다. 더 놀라운 사실은 이런 판단을 할 때 사사로운 감정을 개입시키지 않았다는 점이다. 그가 평범하지 않은 정치가라는 사실은 이 점에서도 잘 알 수 있다.

주지하다시피 위왕 위표는 원래 항우의 휘하에 있던 인물이었다. 그러나 항우가 위나라 땅을 빼앗으면서부터 그와 반목하기 시작했다. 급기야는 유방에게 몸을 의탁하고 항우에게 칼을 겨누게 되었다. 하지만 유방은 위표의 기대와는 달리 항우에게 연전연패를 당한다. 나중에는 형양으로 도망을 가는 신세로까지 내몰렸다. 위표는 형양에서 다시 주판알을 튕겼다. 다시 항우에게 가는 것이 낫겠다는 판단이 들고 있었다. 하루는 그가 난처한 표정을 한 채 유방을 찾아갔다. 유방이 고개를 갸웃거리면서 물었다.

"무슨 일이오?"

위표가 짐짓 슬픈 어조로 입을 열었다.

"집에서 편지가 왔습니다. 어머니가 지금 80세인데 위독하다고 하네요. 돌아가시기 전에 아들을 한번 보고 싶으신 모양입니다. 그러나 지금 상황이 이래서 떠날 수도 없습니다. 그저 불효자라는 한탄을 할 수밖에 없습니다."

유방은 위표가 쇼를 한다는 생각을 하지 않은 듯했다. 이 때문에 즉각 그에게 위로의 말을 건넸다.

"아무리 상황이 어려워도 자식의 도리를 다해야 하오. 가능하다면 어머니의 임종을 지켜보는 것이 좋소."

유방은 위표에게 선뜻 휴가까지 줬다. 위표는 고향인 평양(平陽)에 도착하자마자 즉각 오리발을 내밀었다. 유방과 관계를 끊겠다는 선포를 한 것이다. 동시에 항우에게 사자를 보내 유방을 공격하는 선봉장의 역할을 기꺼이 맡겠다는 입장을 전달했다. 유방은 황당했으나 위표를 설득하는 외에는 다른 방법이 없었다. 이 임무는 역이기가 맡았다. 유방은 그에게 임무를 맡기면서 일이 잘되면 1만 호의 봉지를 상으로 내리겠다는 약속도 함께했다. 역이기는 밤을 낮 삼아 길을 달려 평양에 도착, 본격적으로 위표를 설득했다.

"다시 한왕과 함께 일을 하는 것이 좋겠습니다. 대세는 항왕에게 있지 않고 한왕에게 있습니다."

위표는 역이기의 말에 바로 머리를 저었다.

"한왕은 제후왕이나 대신들에게 예의를 지키지 않습니다. 자기 기분대로 마음대로 욕설을 퍼붓습니다. 나는 이런 무례한 사람을 평생 다시 보고 싶지 않습니다."

역이기는 어쩔 수가 없었다. 설득에 실패했다는 사실을 인정하고 돌아와야 했다. 그는 그러나 떠나올 때 훗날에 대비해 위표 군영의 곳곳을 자세하게 관찰하는 것은 잊지 않았다. 유방은 설득이 통하지 않자 바로 무력을 동원하는 결정을 내렸다. 그가 물었다.

"위나라의 대장군은 누구인가?"

역이기가 대답했다.

"백직(栢直)이라는 장군입니다."

"백직이라고? 그자는 젖비린내 나는 애송이에 불과해. 백전백승에 빛나는 우리의 대장군 한신을 이기지 못해. 잘 됐어. 그건 그렇고 저쪽의 기병 사령관은 누구인가?"

"풍경(馮敬)입니다."

"풍경은 진나라 장군 풍무택(馮無擇)의 아들이야. 재주는 많은 자이나 역시 우리의 기병 사령관인 관영과는 비교할 수가 없지. 그렇다면 보병 사령관은 누구인가?"

"항타(項它)입니다."

유방은 역이기의 말에 그예 소리를 내서 웃었다. 얼굴에는 비웃음이 역력했다.

"항타는 조참의 적수가 아니야. 우리는 위나라를 가볍게 격파할 수 있어."

유방은 말이 끝나기 무섭게 인사를 단행했다. 대장군인 한신을 좌승상으로 임명해 힘을 실어준 것이다. 과연 유방의 말은 틀리지 않았다. 관영과 조참을 각각 기병 및 보병 사령관으로 삼아 출정한 한신이 백직이 지휘하는 위나라 군대를 성동격서의 전략으로 가볍게 제압한 것이다. 백직의 패전은 위표에게 포로가 되는 횡액을 당하게 만들었다. 위표는 꼼짝없이 포로가 돼 유방 앞에 끌려가지 않으면 안 되었다. 유방은 기다렸다는 듯 위표에게 욕을 퍼부었다.

"네놈이 어찌 그럴 수가 있다는 말인가. 은혜를 원수로 갚다니."

"죽을죄를 지었습니다. 대왕! 이번 한 번만 용서해 주신다면 공을 세워 죄를 씻겠습니다."

위표는 닭이 모이를 쪼듯 머리를 조아렸다. 살기 위해서는 사실 그 길 외에 다른 방법이 없었다. 유방은 한참을 생각하다 입을 열었다.

"내가 너의 죄를 용서하면 다시는 배신을 하지 않겠느냐? 믿어도 되는가?"

"이번이 마지막입니다. 저도 양심이 있는데 두 번 배신을 하겠습니까?"

"좋다. 죄는 용서하기 어려우나 내 그대의 능력을 높이 사 마지막 기회를 주겠다. 앞으로 형양에 남아서 항왕의 대군을 물리치도록 하라."

유방은 위표를 용서하지 않을 수도 있었다. 또 위표의 행동은 죽어 마땅하기도 했다. 그러나 그는 그렇게 하지 않았다. 사사로운 감정과 흥분을 가라앉히고 위에서 큰 판을 봤다.

유방은 성격이 거칠었다. 말도 함부로 했다. 어떻게 보면 감정적인 사람이었다고 할 수 있었다. 그는 하지만 결정적인 순간에는 사사로운 감정을 가라앉히는 절제의 미학을 보여 줬다. 가능하면 큰 판을 읽는 노력을 늘 경주했다. 항우와의 결정적 차이도 바로 여기에 있었다.

덕으로 굴복시키다

지도자는 수하들을 덕으로 복종시켜야 한다. 그래야 진심으로 따르게 된다. 물론 지도자가 자신에게 복종하지 않는 부하들을 무력이나 권력을 이용해 굴복하게 할 수는 있다. 그러나 이때 부하들은 잠시 순종할 뿐이다. 진심으로 순종하는 경우는 드물다. 유방은 이 방면에 특히 신경을 많이 썼다. 마치 제갈량이 안남의 왕 맹획을 완전히 굴복시키기 위해 일곱 번이나 사로잡은 다음 놓아줬듯 말이다. 이후 맹획은 촉나라에 충성을 다했다. 유방은 이 방면에서도 제갈량에 못지않은 수완을 발휘했다. 무력이 아닌 덕으로 오랑캐들을 굴복시킨 것이다.

• • •

유방이 한나라를 건국할 무렵의 남월(南越, 지금의 광둥廣東성 일대)은 천하의 중심이 아니었다. 오랑캐들이 사는 변경이었다. 당시 이 남월 일대를 지배하는 실력자는 조타(趙陀)였다. 실력자답게 그는 스스로를 남월의 무왕(武王)으로 봉하기도 했다.

실제로 그는 남월을 상당히 잘 다스렸다. 무엇보다 월나라 사람들을 우대하는 정책을 펴 현지의 민심을 얻었다. 또 월나라의 풍습을 존중하는 정책도 펼쳐 민족적인 갈등의 소지를 아예 원천봉쇄했다.

유방은 조타가 남월을 질서정연하게 통치하고 있다고 생각할 수밖에 없었다. 그의 이런 생각은 조타를 남월왕으로 책봉하려는 생각으로도 이어졌다. 태중대부 육가를 특사로 현지에 보낸 것은 다 그 때문이었다. 그러나 조타는 유방이 보낸 특사 육가를 안중에도 두지 않았다. 무례하다는 표현이 딱 알맞았다. 이에 육가가 황제가 보낸 특사다운 의젓하고 엄숙한 목소리로 말했다.

"그대는 원래 한족이오. 부모와 조상의 묘도 아직 진정(眞正)이라는 곳에 있는 것으로 알고 있소. 그런데 지금 이렇게 월나라 사람처럼 황제의 특사를 대하고 있소. 한족의 풍습을 잊어버렸다는 말이오. 그대가 진짜 그렇게 생각한다면 그건 참으로 잘못된 것이오. 또 그대는 진나라를 타도하는 데 그 어떤 전공도 세우지 않았소. 그런데도 황제 폐하로부터 과분한 대접을 받고 있소. 조정의 대신들이 모두 그대를 토벌해야 한다고 주장하는 것은 내가 볼 때도 당연한 일이었소. 그러나 황제께서는 백성들을 더 이상 힘들게 하고 싶지 않아 하시오. 그래서 나를 파견해 그대를 남월왕으로 봉하려고 하셨소. 그대는 마땅히 은혜에 감격해 신하의 예절로 나를 맞이해야 하오. 이렇게 하면 황제께서 그대를 그냥 놔둘 것 같소. 그대는 죽어도 묻힐 곳이 없게 되오. 내 말은 곧 황제의 말이오. 알겠소?"

육가의 말에 조타는 바로 벌떡 일어나 연거푸 고개를 숙였다. 전혀 주눅 들지 않는 육가의 태도에 직면하자 정신이 번쩍 드는 모양이었다.

"제가 이 변경에 오래 살다 보니 깜빡 우리 한족의 예절도 잊어버렸습니다. 너그러이 용서하시기 바랍니다."

조타는 말을 마치기 무섭게 부랴부랴 내실로 달려 들어가 옷을 단정하게 입고 다시 나왔다. 이어 신하의 예의로 조정의 책봉을 받아들였다. 얼마 후 육가를 대접하는 연회가 열렸다. 분위기는 돌연 화기애애해졌다. 그러자 의외로 술에 약한 조타가 불쾌해진 얼굴로 조심스럽게 육가에게 물었다.

"저의 능력은 소하나 조참, 한신 등의 사람들에 비하면 어떻습니까?"

육가는 조타의 기분을 상하게 하고 싶지는 않았다. 또 그게 가능하면 조타를 마음으로부터 복종하도록 만들라고 신신당부한 유방의 생각이기도 했다. 곧 그의 입에서 조타를 칭찬하는 말이 자연스럽게 흘러나왔다.

"그대에게 어찌 비할 수가 있겠소. 황제께서도 그렇게 생각을 하고 나를 보낸 것이오."

조타는 흥분하기 시작했다. 급기야 유방과 자신을 비교하는 질문까지 던졌다.

"그러면 저와 황제 폐하를 비교하면 어떤가요?"

육가는 기가 막혔다. 그러나 어쩔 도리가 없었다. 자신에게 주어진 일이 유방의 특사로서 임무를 완수하는 것이 아니던가. 그가 다시 대답했다.

"지금의 폐하는 포악한 진나라를 전복시킨 다음에는 막강하기 그지없는 초나라까지 멸망시키셨소. 이는 천지개벽이 있은 이후에 없었던 일이오. 그러나 그대가 다스리는 월나라는 인구가 몇십만밖에 안 되오. 게다가 대다수의 백성은 아직 미개한 상태에 있고, 땅도 척박하오. 그대가 대단한 사람이기는 하나 황제와 어떻게 비교를 하겠소?"

조타는 육가의 대답에 하하 웃으면서 맞장구를 쳤다. 그로서는 충분히 받아들일 수 있는 대답을 육가가 해 준 것이다. 육가는 남월에서 몇 개월 동안이나 머물렀다. 이 기간 그는 항상 조타와 나란히 앉아 얘기를 나누고는 했다. 당연히 그때마다 한나라를 진심으로 잘 따르라는 충고를 아끼지 않았다. 조타는 육가의 충고에 기꺼이 화답했다.

유방은 자신의 생각대로 육가가 남월을 복속시키고 무사히 돌아오자 기쁨을 감추지 못했다. 즉각 그를 승진시키는 등의 인사도 단행했다. 이후 유방의 남월 화친 정책은 더욱 노골화되었다. 나중에는 양측의 변경 근처에 대규모 시장을 설치하기에까지 이르렀다.

덕으로 남월을 복속시킨 유방의 노력은 하지만 유방 사후에 여후가 정권을 탈취하자마자 시련에 봉착했다. 그녀가 남월에 대한 강경책을 실시하기 시작한 것이다. 그러자 조타는 즉각 반기를 들었다. 얼마 후에는 황제를 칭하기도 했다. 그러나 한나라 조정에서는 이런 그를 효과적으로 제어하지 못했다. 남월의 세력은 더욱 커져만 갔다. 그가 다시 한나라의 휘하에 들어온 것은 무제가 증조할아버지의 위무 정책을 다시 실시하기 시작한 때였다. 당시 그는 무제가 유방에 못지않은 친화 정책을 펼치자 "하늘 아래에 두 영웅이 공존할 수 없다. 한 나라에 주인이 둘 있을 수도 없다. 지금부터 나는 영원히 한나라의 신하가 되기를 원한다."라는 말을 한 다음 더 이상 한나라와 반목하지 않았다. 유방의 정책이 완벽하게 옳았다는 사실은 아이러니하게도 그가 사망한 지 한참이 지나 조타와 무제에 의해 증명됐다고 할 수 있을 것 같다.

제6장
애정 없이 서로 이용만 하는 부부

유방은 요즘 말로 하면 당대발복을 했다. 그야말로 아무 가진 것 없는 적수공권의 처지에서 창업, 황제 자리에까지 오르는 기염을 토했다. 이 때문에 부인 여치는 완전히 로또가 맞은, 억세게 운 좋은 여자라고 할 수도 있었다. 그러나 남편의 벼락출세는 여치에게 별로 큰 행복을 가져다주지 못했다. 그녀는 유방과의 결혼 생활 초창기에는 아들, 딸을 데리고 유방을 따라 곳곳을 전전해야 했다. 무지하게 고생을 했다고 할 수 있었다. 또 훗날의 초한 전쟁 때에는 시아버지와 함께 항우에게 붙잡혀 인질이 되는 수모도 겪어야 했다. 그러나 유방은 여치가 자신으로 인해 지불하지 않으면 안 됐던 적지 않은 대가에 대해 크게 의식을 하지 못했다. 미안한 마음에서라도 적당하게 정을 줘야 했건만 별로 그러지를 않았다. 오히려 척희를 총애한 다음부터는 자신과 여치의 소생인 큰아들 유영의 태자 자리를 위협하는 행보에 나서기까지 했다. 이 모든 불공평한 대우는 그녀의 성격을 서서히 변화시켰다. 그녀는 자신도 모르게 수단이 악랄하고 마음이 음흉한 여자로 변해갔다. 그럼에도 여치는 유방과 크게 불화하지는 않았다. 대신 마치 눈빛만 봐도 서로의 의중을 읽을 수 있는 콤비처럼 가능하면 그와 정치적으로 합작을 하는 선택을 했다. 이런 합작을 통해 한신, 팽월, 경포 등의 이성 왕들을 제거할 수도 있었다. 그뿐만 아니었다. 그녀는 이 과정에서 쌓은 정치적 경험을 바탕으로 유씨 왕조를 찬탈할 준비 역시 할 수 있었다. 궁극적으로는 한동안 정권을 장악함으로써 유방에게 한판의 모진 복수극도 전개하게 되었다.

유방, 태자 폐위의 유혹을 떨치지 못하다

여치는 유방의 조강지처였다. 그러나 그녀에 대한 감정은 시간이 갈수록 시들해졌다. 하기야 당시에도 사랑의 유효 기간은 지금처럼 별로 길다고 하기 어려웠을 테니까 말이다. 더구나 그는 황제가 된 다음에는 척희에게 각별한 애정을 쏟았다. 나중에는 애정이 지나쳐 그녀의 아들인 유여의를 태자로 책봉하려는 움직임까지 노골적으로 보였다. 그러나 그가 그렇게 하기 위해서는 태자인 유영을 먼저 폐해야 했다. 이 경우 여치의 운명도 장담하기 어려웠다. 그녀로서는 완전히 절체절명의 순간에 봉착할 가능성이 없지 않았다. 바로 이때 여치는 지푸라기라도 잡는 심정으로 장량을 떠올렸다. 장량은 그녀의 기대를 저버리지 않았다. 당시 성망이 높던 은사들인 상산사호(商山四皓, 당병唐秉, 최광崔廣, 오실吳實, 주술周術 등을 일컬음)를 초빙해 태자의 문객으로 삼도록 하라는 계책을 귀띔해 준 것이다. 이들은 뛰어난 은사답게 장량의 생각을 바로 간파했다. 유영의 문객으로 있으면서 태자를 폐하는 것이 좋지 않다는 입장을 계속 밝혔다. 이에 유방은 자신의 생각을 굽히는 결정을 내렸다. 여치와 유영의 입장에서는 지옥 문턱까지 갔다가 생환했다고 해도 과언이 아닐 것이다.

...

유방으로서는 태자인 큰아들 유영이 마음에 들지 않을 수밖에 없었다. 우선 유영은 유방을 거의 닮지 않았다. 실제로 그는 아버지와 달리 성격이 유약하고 낭만적이었다. 솔직히 유방이 그런 아들을 총애한다는 것이 이상했다. 게다가 큰아들이 자신의 뒤를 이을 경우 더욱 노골적으로 드러날 여치의 권력을 향한 행보도 유방에게는 큰 부담이었다. 여후 역시 남편이 이런 생각을 한다는 사실을 모를 까닭이 없었다. 남편이 황제 자리에 오른 다음 그녀가 거의 매일 전전긍긍한 것은 다 그 때문이었다. 어느 날 누군가가 이런 여치에게 슬쩍 귀띔했다.

"유후(留侯) 장량은 젊은 시절부터 황제를 모셨습니다. 누구보다도 황제를 잘 압니다. 또 황제 역시 그를 매우 신뢰하십니다. 그에게 고민을 얘기하십시오."

여치는 즉각 오빠인 건성후(建成侯) 여석지(呂釋之)를 장량에게 보내 은근하게 물었다.

"황제께서 태자를 폐하려고 하고 있습니다. 이걸 어떻게 수수방관하고 있어야 합니까? 유후께서는 좋은 계책이 없으신지요?"

장량이 서슴지 않고 대답했다.

"황제께서 어려움에 처했을 때에는 제 계책을 들어줬습니다. 그러나 이제 천하는 안정됐습니다. 제가 계책을 많이 올릴 필요도 없습니다. 더구나 태자를 폐하려는 것은 감정의 변화와 관련된 것입니다. 가족 내부의 친소 관계와 관련한 문제는 저 장량 같은 사람이 100명이 있어도 해결이 안 됩니다."

장량은 난색을 표했다. 태자를 폐하겠다는 생각은 황제의 사생활이라는 얘기였다. 여석지는 그러나 끈질기게 장량을 물고 늘어졌다.

"저는 모릅니다. 어쨌든 대책을 꼭 만들어 내십시오. 그렇지 않으면 피바람이 불게 됩니다."

장량은 여석지가 강경하게 나오자 한풀 꺾인 듯한 목소리로 말했다.

"이 일은 내가 말로 해서 될 문제가 아닙니다. 이 세상에 황제께서 마음대로 할 수 없는 사람은 딱 네 사람밖에는 없습니다. 황제의 신하가 되는 것도 마다한 상산사호, 바로 그들 말입니다. 그럼에도 황제께서는 이 네 사람을 대단히 존경하십니다. 그러니 온갖 재물을 아까워하지 말고 투자해 이들을 태자의 스승으로 부르십시오. 내려오지 않겠다면 사람을 보내 산에서 내려오라는 설득을 끝까지 하십시오. 그러면 이들은 틀림없이 산에서 내려올 것입니다. 이들이 태자를 따라 궁에 드나들면 틀림없이 황제의 눈에 띌 수밖에 없습니다. 그러면 태자에게 큰 도움이 될 겁니다."

코너에 몰린 여치는 상산사호를 초빙하기 위해 진짜 지극정성을 다했다. 과연 장량의 말대로 네 노인은 장안으로 내려왔다.

한 고조 11년(기원전 196년)에 경포가 반란을 일으켰다. 공교롭게도 이때 유방은 병을 앓고 있었다. 이 때문에 반란을 평정하는 임무는 태자가 맡을 가능성이 높았다. 문제는 이 경우 태자가 위험에 처할 수도 있다는 것이었다. 이에 상산사호는 머리를 맞대고 대책을 숙의했다.

"우리가 속세로 내려온 것은 태자를 보호하기 위해서가 아닌가. 그러나 태자는 지금 반란군을 토벌하는 군대를 지휘해야 할 위기에 봉착하고 있다. 이렇게 되게 해서는 안 돼."

네 노인의 의견은 일치했다. 결론은 태자를 토벌군의 최고 지휘관으로 보내게 해서는 절대로 안 된다는 것이었다. 그들은 여석지에게 자신들의 생각을 전달했다. 여석지 역시 즉각 이 사실을 여치에게 알렸다. 여치는 체면 불고하고 유방에게 달려갔다. 아들을 전선으로 보내지 말라는 부탁을 울면서 하기 위해서였다. 병석의 유방은 여치가 통곡을 하자 마음이 약해졌다. 그의 입에서는 곧 승낙의 말이 떨어졌.

"좋아, 그러면 내가 가지. 나도 그 녀석을 보내는 것이 영 꺼림칙해. 믿음이 가지를 않아."

유방은 아무 영문도 모른 채 출정 길에 올랐다. 이어 한 고조 12년(기원전 195년) 경포를 평정하고 장안으로 돌아왔다. 하지만 그의 병은 전선에서도 낫지를 않았는지 장안으로 돌아와서는 더 심해졌다. 그러면 그럴수록 태자를 폐해야 하겠다는 그의 생각은 더욱 굳어졌다. 그러던 어느 날이었다. 유방이 식사를 하려고 했을 때였다. 태자가 불쑥 그의 눈앞에 나타났다. 그러나 태자는 혼자가 아니었다. 상산사호와 함께였다. 유방이 이상한 생각이 들어 물었다.

"그대들은 누구십니까?"

상산사호는 차례대로 자신의 이름을 유방에게 말했다. 유방이 깜짝 놀라면서 다시 입을 열었다.

"그대들은 내가 그렇게 모시려고 할 때는 피했습니다. 그런데 지금은 어째서 자발적으로 내 아들을 따르는 겁니까?"

네 사람이 이구동성으로 대답했다.

"폐하께서는 유학자들을 경멸했습니다. 또 욕설도 마구 했습니다. 우리로서는 그 모욕을 도저히 감당하기가 어려웠습니다. 이 때문에 은거하게 된 것이죠. 그런데 요즘에는 태자께서 아주 어질고 너그럽다는 소리가 들리더군요. 게다가 효도도 잘하고 유학자들에게 아주 잘 대해 준다는 소문까지 들렸습니다. 지금 그래서 온 천하의 유학자들이 앞장서서 태자를 위해 힘을 바치려고 하고 있습니다. 우리가 태자를 따르는 것도 그래서라고 할 수 있습니다."

유방은 그저 "태자를 잘 도와주기를 바랍니다."라는 말 이외에는 할 말이 없었다. 상산사호는 말을 마치자마자 바로 유방에게 작별을 고했다. 유방은 네 사람의 뒷모습에서 눈을 떼지 않은 채 척희를 불렀다.

"나는 태자를 바꾸고 싶었어. 그러나 저 네 사람을 보니 안 되겠구려. 태자는 이미 흔들 수 없을 정도로 뿌리를 깊이 박았어."

척희는 졸도할 정도로 실망을 하지 않을 수 없었다. 눈에서는 눈물이 마구 흘러내리고 있었다. 그녀는 곧 몸도 가누지 못하고 흐느꼈다. 그러나 상황은 완전히 끝났다. 모든 게 되돌리기 어렵게 돼 버렸다.

사실 태자 유영에 대한 유방의 우려는 괜한 게 아니었다. 그 자신이 세상을 떠난 후에 심성이 나약한 혜제 유영이 어머니인 여치에게 휘둘려 정권을 거의 내줬다고 할 수 있었으니까. 더구나 혜제가 죽은 다음에는 외척인 여씨 그룹이 진짜 유방의 우려대로 정권을 완전히 농단하기까지 했다. 나중에는 유씨를 완전히 대체하기 직전의 상황에 이르기도 했다. 그런 점에서 보면 태자를 폐하려고 한 유방의 생각은 척희가 마냥 예뻐서만은 아니었던 듯하다. 나름의 선견지명이 있었다고 해도 괜찮을 것 같다.

냉혹한 승부사 여치

중국인들은 참 특이하다. 모든 사람마다 천성적으로 권모술수의 능력을 타고난 것이 아닌가 싶을 정도로 정치적이라는 얘기다. 여치도 어떻게 보면 진짜 이런 특이한 여자가 아닌가 싶다. 그녀는 출신성분이 유방보다는 그래도 나았으나 기본적으로 귀족적인 것과는 거리가 멀었다. 정치적 야심도 크게 보이지 않았다. 그러나 황후가 된 다음에는 지모가 남달랐다. 대신들을 완전히 가지고 놀았다고 해도 좋았다. 심지어 생사를 건 전쟁터에서 무수한 적을 무찔렀던 위풍당당한 장군들까지 쥐락펴락했다. 나중에는 사실상의 황제까지 되었다. 일부 치적은 후세 사람으로부터 좋은 평가도 받고 있다. 정말 탄복할 만한 일이 아닐 수 없다!

• • •

앞서 말했듯 여치의 아버지 여공은 관상을 잘 봤던 것 같다. 또 나름의 정치적 야심도 있었다고 해도 좋을 듯하다. 그렇지 않았다면 유방을 처음 봤을 당시 아마 가진 것이라고는 배짱밖에 없었던 유방에게 마음을 열지 않았을 터였다. 물론 이 과정에서 그는 상당한 반대에 부딪히기도 했다. 여치의 어머니, 즉 그의 부인이 반대를 한 것이다. 당시 여치의 어머니는 하도 기가 막혀 비교적 조신했던 평소의 그녀답지 않게 남편을 정신없이 몰아세웠다고 한다.

"당신은 평소에 우리 딸이 귀하게 생겼다고 항상 말했어요. 수많은 명문대가에서 결혼을 하자고 해도 승낙을 하지 않았을 정도예요. 그런데 지금 이게 뭐예요. 달랑 사수정장이라는 자리에 있는 형편없는 인간을 사위로 삼으려고 하고 있어요. 더구나 나이라도 적나요. 나보다도 많을지 몰라요. 당신 지금 제정신이에요. 딸의 신세를 망치려고 작정한 것은 아닌가요?"

"나는 제정신이오. 우리 딸은 그 친구 아니면 배필이 없을 거요. 내 그래서 그 친구에게 간청을 해서 결혼을 시키려는 것이오."

여공은 신념에 차 있었다. 자신의 눈이 틀림없다는 자신감도 얼굴에 어리고 있었다.

"아니 정말 그렇게 생각하는 거예요. 그 무지렁이가 진짜 나중에 크게 될 거라고 본다는 말이에요?"

"나는 다른 것은 몰라도 관상에 관한 한 천하제일이라고 자부하오. 지금까지 내가 틀린 적은 없었소. 내 딸과 그 사람은 하늘이 내린 관상이오. 지켜보도록 합시다. 우리 딸이 귀하게 되면 우리 여씨도 하늘로 올라가게 되오."

여공의 말은 얼마 후 현실로 나타나는 듯했다. 그러나 팽성의 전투에서 유방이 항우에게 대패해 가족도 내팽개치고 도망을 갈 때에는 많이 달랐다. 그의 말과 예언이 허무맹랑한 것이 아닌가 보이게 만들었다. 더구나 유방은 팽성에서 줄행랑을 치면서 여러 사람의 뒤통수를 쳤다. 아버지와 처자식을 다 버리고 도망간 것에서 그치지 않고 어느 인가에 들어가 웬 여자와 운우지정을 나눈 것이다. 이 여자가 바로 척희였다. 다행히 그는 여공의 예언대로 진짜 크게 되었다. 척희를 궁으로 맞아들일 수도 있었다. 이후 여후를 점점 소원하게 대했고, 당연히 척희를 총애했다.

척희는 젊은 데다 경국지색이라는 말이 과하지 않을 정도의 미인이었다. 여기에 춤도 잘 추고 노래 실력 역시 대단히 뛰어났다. 악기는 기본이었다. 이뿐만이 아니었다. 학식과 교양도 만만치 않아 남자의 마음을 사로잡는 매력이 있었다. 척희는 유방이 황제에 등극한 이후 자신에게 푹 빠진 것을 확신했다. 자신의 밝은 장래를 도모할 수밖에 없었다. 방법은 다른 게 아니었다. 아들 유여의를 태자로 봉하도록 유방을 흔드는 것이었다. 이 방법은 먹혀들었다. 여치는 아들 유영과 함께 온갖 수모와 신분상의 위협을 감수하지 않으면 안 되었다. 척희에게 이를 갈지 않았다면 그게 이상할 일이었다.

결론적으로 운명은 여치 편이었다. 그녀는 유방이 세상을 떠나고 아들 유영이 즉위해 혜제가 되자 뒤에서 대권을 조종하기 시작했다. 이때 천하에 날고 기던 개국공신들도 그녀 앞에서는 어떻게 할 방법이 없었다. 자칫 잘못하다가는 그녀에게 걸려 비명횡사한 한신이나 팽월 꼴이 나지 말라는 법이 없었던 탓이다. 얼마 후 드디어 그녀는 오래전부터 갈고 있던 칼을 뽑았다. 눈엣가시에다 철천지원수라고 해도 과언이 아닌 척희에게 그동안 진 빚을 청산하도록 청구서를 들이민 것이다. 우선 그녀는 척희를 냉궁(冷宮)으로 쫓아냈다. 이어 척희의 아름다운 머리카락을 빡빡 깎아 버렸다. 다음 순서는 중노동이었다. 진짜 척희는 죄수들이나 갈 법한 노역장으로 내몰려 하루 종일 쌀을 찧어야 했다. 척희는 마음속의 분노를 급기야 노래로 토해내지 않으면 안 될 지경에 이르렀다. 다음과 같은 내용의 노래였다.

아들은 왕이나 어머니는 노예가 됐으니
종일 해가 질 때까지 쌀을 찧는구나.
항상 죽음이 가까이 있으나
3,000리나 떨어져 있으니
누가 너에게 이 사실을 알릴 수 있을까?

노래 내용이 말하는 바는 분명했다. 아들이 자신을 빨리 구해야 한다는 얘기였다. 여치는 척희가 이 노래를 부른다는 사실을 알게 되자 미칠 듯 분노했다. 욕설을 섞어 "이 망할 계집이 아직도 그 멍청한 아들을 의지하려고 그러는 거야. 좋아! 내 어떻게 되는지 보여 주지."라는 저주를 퍼부은 것은 크게 이상할 것이 없다. 아니나 다를까 여치는 기원전 194년 그예 의붓아들이자 한때 아들 혜제의 강력한 라이벌이던 조왕 유여의를 독살하고 말았다.

여치는 척희의 유일한 백그라운드인 유여의를 살해한 후에는 거칠 것이 없었다. 실제로도 그녀는 더욱 잔인하게 척희를 박해했다. 급기야는 척희의 손발과 가슴을 베어버린 다음 두 눈마저 칼로 도려냈다. 이어 척희의 귀를 어둡게 했다. 독약을 먹여 벙어리로 만든 것은 자연스러운 순서이었다. 마지막에는 냄새 나는 변소에 방치해 놓았다. 얼마 후 여치는 예상 외로 혜제를 불러 사람 몰골이 완전히 사라진 척희를 구경하도록 했다. 혜제가 놀란 눈을 한 채 주위 사람들에게 누구냐고 물었다. 척희라는 대답이 바로 들려왔다.

마음 약한 혜제는 척희가 비참하게 죽어가는 모습을 보고 가슴을 쳤다. 끝내는 궁에서 목을 놓아 울었다. 이후 그는 병에 걸려 1년 동안 일어나지조차 못했다. 혜제는 그렇다면 그저 끙끙 속을 앓고 어머니의 살벌한 행동을 지켜보기만 했을까. 그렇지는 않았다. 마지막에는 마음 여린 황제답지 않게 사람을 보내 자신의 어머니에게 "척희를 그렇게 죽인 것은 인간으로서 할 짓이 아니었습니다. 저는 모후의 아들입니다. 이 때문에 이제부터는 이 천하를 다스릴 수가 없네요."라는 말을 전하면서 불만을 토로했다고 한다. 그는 진짜 그때부터 종일 술과 육욕에 빠졌다. 국정에 대해서는 아무것도 알려고 하지 않았다. 결국 우울증으로 젊은 나이에 세상을 떠나고 말았다. 어머니 여치의 냉혹한 승부사 기질이 성군이 될 수도 있었을 그를 요절하게 했다고 해도 틀리지는 않을 듯하다.

여씨 그룹에 대권 찬탈을 경고한 유방의 선견지명

 여후가 한나라의 정권을 찬탈한 것은 그녀 개인에 있어서는 대단한 업적이라고 할 수 있다. 또 페미니스트들의 입장에서 볼 때는 여후가 시대를 앞서간 여성이라고 해도 괜찮을지 모른다. 그녀가 있음으로 해서 훗날 당나라의 측천무후(則天武后)와 흔히 서태후로 불리는 자희(慈禧)태후가 등장하는 토대가 만들어졌다고 할 수 있었으니까. 그렇다면 그녀는 어떻게 해서 권력욕이 극도로 팽창한 철의 여인이 될 수 있었을까. 또 유방은 자신의 조강지처가 그토록 대단한 권력욕의 화신이 될 것이라는 사실을 알고 있었을까. 알고 있었다면 그걸 방치했을까, 아니면 적절한 조치를 취했을까.

∙ ∙ ∙

주지하다시피 여치는 유방의 둘도 없는 조강지처였다. 유방이 항우와 벌인 초한 전쟁 시절에는 유방 때문에 숱한 괴로움도 겪었다. 수치를 당한 것은 더 말할 나위도 없었다. 심지어 한동안 시아버지와 자식들과 함께 항우의 포로가 된 적도 있었다. 아차 했다가는 항우의 주특기인 삶아 죽이는 이른바 팽형(烹刑)에 희생도 될 뻔했다. 그녀는 하지만 이런 피비린내 나는 역경을 모두 이겨냈다. 그녀는 이런 역경을 이겨내면서 심리적으로 큰 변화를 겪었다. 냉혹하고 의심 많은 인물이 된 것이다. 물론 그녀는 천성적으로 강인하게 태어나기는 한 것으로 보인다. 그러나 그녀에게 숱한 역경이 없었다면 아마도 그 천성은 잠재된 채 폭발하지 않았을 수도 있었지 않나 싶다.

더구나 유방은 생전에 그녀에게 미안한 마음을 다소 가졌다고 할 수 있다. 유영을 태자에서 폐하려고 하는 등의 뒤통수를 치기는 했지만. 어쨌거나 이런 미안한 마음은 그에게 늘 여후를 방임하게 만들었다. 어느 정도 부인이 권력을 잡고 휘두르는 것을 용인했다는 얘기가 되겠다. 하지만 더욱 중요한 것은 생전에 유방과 여치 두 사람의 이익이 일치한 부분이 많았다는 사실이었다. 바로 이랬기 때문에 둘은 반목하는 듯하면서도 서로의 힘을 충분히 이용하는 협조 관계를 구축할 수 있었다. 조금 심하게 말하면 적과의 동침을 했다고 해도 과언이 아니었다. 『사기』나 『후한서』 등의 사서에 "(여치가) 고조를 도왔다. 고조가 천하를 평정할 수 있었던 것은 여후의 힘이 있었기 때문이었다. 그녀는 자신의 힘으로 반신(叛臣)들을 죽였다."라는 대목이 나오는 것은 다 이유가 있는 것이다.

여후의 경우는 권력을 잡는 데 자신의 집안도 이용했다. 예컨대 그녀의 두 오빠는 모두 유방의 공신이었다. 큰 오빠 주여후(周呂侯) 여택(呂澤)은 전쟁에서 장렬하게 전사하는 전공을 세웠다. 이로 인해 그의 아들 여대(呂臺)는 역후(酈侯)로 봉해질 수 있었다. 또 다른 아들 여택(呂澤)은 교후(交侯)에 봉해졌다. 여후의 작은 오빠 여석지의 경우는 건성후에 봉해졌다. 이로 볼 때 여씨 가족은 비록 외척이라는 프리미엄이 있기는 했으나 유방의 승리를 위해 나름의 공로를 세웠다고 단언해도 크게 틀리지 않는다. 말할 것도 없이 이 과정에서 여후는 주도적인 역할을 했다. 사실상 개국공신들의 힘을 넘어서는 정권 2인자의 자리를 차지하는 것이 가능했다.

그러나 여태까지만 해도 유방은 조강지처와 처가 식구들을 아주 적절하게 통제했고, 여후 역시 야심을 함부로 드러내지는 않았다. 친정 식구들에게 가능하면 자중하라는 입장을 보인 것은 당연한 일이었다.

하지만 유방의 건강이 점점 나빠지면서 상황은 서서히 변하기 시작했다. 여씨 가족의 세력이 점점 커지게 된 것이다. 특히 이 집안의 사위이기도 한 대장 번쾌의 세력이 놀랍도록 커가고 있었다. 특별하게 경계를 하지 않으면 안 될 정도였다.

번쾌는 원래 유방의 오른팔이었다. 또 동서이기도 했다. 여후의 여동생을 일찌감치 아내로 맞아들였다. 관계가 친밀할 수밖에 없었다. 출신은 유방보다 더 미천했다. 개를 잡는 백정이었다. 백정 출신이라고 출세하지 말라는 법이 없다는 진리를 전장에서의 맹활약을 통해 정말 확실하게 보여 준 인물이었다. 그가 얼마나 유방 휘하에서 맹활약했는지는 『사기』, 「번쾌열전」을 보면 잘 알 수 있다.

"그는 10번이나 적의 성을 탈환했고, 11번이나 적장의 목을 벴다. 또

16번이나 작위를 받았다."

번쾌는 유방을 여러 번이나 위기에서 구출해줬다. 대표적으로 홍문의 연회에서 그랬다. 그는 개 잡는 백정 출신이기는 했으나 지모 역시 뛰어났다. 유방이 여색에 빠져 정신을 차리지 못할 때 장량과 함께 따끔한 충고로 약법삼장을 반포하도록 부추긴 인물이 바로 그였다.

그는 이처럼 공로가 컸기 때문에 한나라가 건국된 후 무양후(舞陽侯)로 봉해졌다. 신분이 완전히 수직 상승했다고 할 수 있었다. 그렇다고 그가 현실에 안주한 것은 아니었다. 오히려 신분이 상승한 이후 더 적극적으로 유방을 보필했다. 진평이나 장량이 소극적으로 나올 때는 더욱더 그랬다. 이 결과 그는 한신, 장도, 진희 등을 체포하거나 살해하는 공을 세울 수 있었다. 유방에게 있어 그는 완전히 입안의 혀라고 해도 좋았다.

그러나 유방은 번쾌가 외척 그룹에 속한다는 사실을 한시도 잊지 않았다. 아니 항상 그의 일거수일투족을 감시하는 행보를 보였다. 유방은 이 감시를 통해 자신이 죽을 경우 번쾌가 여후의 확실한 권력 파트너가 될 것이라는 사실을 확신했다. 또 그를 제거할 경우 여씨 그룹의 세력 역시 크게 악화될 것이라는 사실도 믿어 의심치 않았다.

유방이 호시탐탐 갈고 있던 칼을 시험할 날은 드디어 오고야 말았다. 때는 노관이 반란을 일으킬 무렵이었다. 유방은 병권을 주는 것이 조금 부담스럽기는 했으나 대안이 없어 즉각 그에게 연나라를 공격하도록 했다. 그런데 누군가가 번쾌가 여후와 은근하게 결탁하고 있다는 고자질을 했다. 유방은 그 말에 크게 노했다.

"이 자식이 내가 몸이 아프다고 미리 수작을 부리는군. 내가 죽기를 빌고 있는지도 모르지."

유방은 즉각 진평과 주발을 불렀다. 이어 단호하게 명령을 내렸다.

"그대들은 밤낮없이 전선으로 내달려 번쾌를 쫓으시오. 그런 다음 진평 그대는 군영에서 번쾌의 목을 베시오. 또 주발 그대는 번쾌 휘하의 병사들을 지휘하시오."

유방의 의도는 분명했다. 번쾌를 죽여 외척 그룹의 힘을 약화시키겠다는 것이었다. 또 그럴 경우 여후에게 강력한 압박감을 줄 수 있었다. 그녀가 권력을 향해 내달려 가는 것을 어느 정도 제어하는 것이 가능하다고 본 것이다. 그러나 진평 등은 유방이 얼마 있지 않으면 세상을 떠날 것이라는 사실을 너무나 잘 알고 있었다. 번쾌를 죽일 경우 여후가 복수할 것이라는 사실 역시 모르지 않았다. 결국 그들은 번쾌를 죽이지 않고 그저 장안으로 압송하기만 했다. 번쾌는 죽음을 피했으나 불과 얼마 전까지만 해도 형제나 다름없이 친숙한 사이였던 동서 유방의 기세에 크게 놀라지 않을 수 없었다. 그의 기세 역시 상당 부분 수그러들었다. 그 후 6년 동안이나 감히 권력 장악을 위한 어떤 행동도 하지 못한 것은 바로 그 때문이었다. 자연스럽게 여씨 그룹의 행동 역시 제어될 수밖에 없었다.

유방은 자신의 사후에 여씨 그룹이 권력을 농단하는 것을 철저하게 막지는 못했다. 그러나 번쾌에 대한 견제를 통해 어느 정도 제동을 걸었다고는 할 수 있었다. 따라서 그의 의도는 어느 정도 실현됐다고 말해도 좋다. 선견지명이 있었다고 해도 크게 틀리지 않는다.

옛정을 전혀 염두에 두지 않는 야박한 권력자

이 세상에는 이유 없는 사랑이 없다. 이유 없는 미움 역시 없다. 항우의 진나라에 대한 미움이 대표적으로 그랬다. 진나라가 그의 조국인 초나라를 멸망시켰기 때문에 생겨났다고 할 수 있다. 여기에 숙부 항량이 진나라에 의해 죽은 사실 역시 이유로 전혀 부족함이 없었다. 여후의 척희에 대한 미움 역시 다르지 않았다. 척희가 남편을 빼앗고 태자까지 폐하려 한 사실과 깊은 관계가 있었다. 유방의 이성 왕에 대한 미움은 더 말할 것이 없었다. 유씨의 천하를 이성 왕들이 흔들었기 때문에 생겼다고 단언해도 괜찮다.

• • •

진나라가 멸망한 후에 유방은 항우에 의해 사실상 한중으로 추방되었다. 자신의 근거지인 고향과 더욱 멀리 떨어져 있지 않으면 안 되게 되었다. 그러나 유방은 이때에도 고향이나 가족을 그리워한 적이 없었다. 휘하의 일부 병사들이 고향이 그리워 탈영하고는 했던 것과는 완전히 딴판이었다. 다 이유가 있었다. 그에게는 고향이나 가족보다는 천하를 탈취하는 것이 더 중요했던 것이다. 한마디로 야박한 심성을 타고났다고 할 수 있었다.

이 점에서는 여후 역시 남편에 못지않았다. 아니 한 술 더 떴다고 해도 좋았다. 그녀는 척희가 자신의 자리를 노리고 있을 때 당연히 칼을 갈았다. 척희 모자를 당장에 죽이고자 하는 생각도 가졌다. 그러나 그녀는 바람막이 역할을 하는 유방이 결코 간단치 않다는 사실을 너무나 잘 알고 있었다. 훗날을 위해 어떻게 해서든 은인자중해야 했다. 그녀는 "작은 치욕을 참지 못하면 큰일을 그르친다."라는 말을 가슴에 새기고 또 새겼다. 물론 그러면서도 자신과 아들 유영을 위해 곳곳에 방어망을 치는 것도 잊지 않았다. 어린 새끼 독수리를 보호하려는 어미 독수리가 따로 없었다. 우선 그녀는 궁에 첩자를 뒀다. 이 때문에 아무리 사소한 정보라도 그 누구보다도 빠르게 그걸 알 수 있었다. 또 그녀는 동상문(東廂門)에 거주하면서 유방의 일거수일투족을 감청하는 것을 잊지 않았다. 자신과 태자에게 유리한 상주서가 올라오는 경우는 확실히 기억했다. 나중에 상주서를 올린 당사자를 승진시키기 위해서였다. 반대의 경우는 반드시 복수하기 위해 그랬다.

유방에게는 거의 사주팔자가 비슷한 친구가 한 명 있었다. 생년월일이 같은 노관이 바로 주인공이었다. 사서에 따르면 두 사람은 정말 죽마고우였다. 어릴 때부터 같이 놀고 같이 공부한 사이였다. 심지어 유방과 소하, 장량과의 관계도 두 사람의 관계와는 비교하기 어려웠다. 그렇기 때문에 노관은 한나라가 건국된 다음 바로 연왕에 봉해졌다. 두 사람의 관계나 건국과 동시에 왕으로 봉해진 것에서 볼 때 노관의 지위는 아주 탄탄해 보였다. 그러나 노관은 유방이 자꾸 이성 왕들을 살해하는 것을 보자 불안함을 느꼈다. 결국 몰래 흉노와 전략적 제휴를 맺는 단계에까지 이르게 되었다. 유방은 얼마 후 이 사실을 알게 되었다. 당연히 엄청나게 화를 내면서 즉각 친구에게 장안으로 달려와 소문에 대해 해명하라는 명령을 내렸다. 노관은 개죽음을 당하고 싶지 않았다. 급기야 부하들에게 "한신은 삼족이 멸족을 당했어. 팽월은 온 가족이 죽임을 당했고. 이건 황제한테도 책임이 있으나 여후도 나름 한몫을 했어. 이 여자는 이성 왕과 공신을 죽이는 것밖에는 아무것도 몰라. 나는 가지 않겠어."라고 말하면서 대놓고 유방의 명령을 거부하겠다는 입장을 밝혔다.

유방은 노관이 장안으로 달려오지 않자 번쾌를 보냈다. 노관은 번쾌의 공격에 대응하지 않았다. 그저 수천 명의 휘하 병사들을 이끌고 만리장성 부근의 변경으로 도망을 가는 선택을 했을 뿐이었다. 그는 그곳에서 유방의 노기가 가라앉을 때까지 기다렸다. 그러나 얼마 후 그에게 들려온 소식은 유방의 죽음이었다. 그는 더 이상 희망이 없다는 사실을 깨달았다. 모든 것을 포기하고 흉노에게 몸을 의탁한 것은 그래서였다. 그는 그러나 2년도 안 돼 우울증으로 세상을 떠나고 말았다. 부자지간에도 나눌 수 없다는 권력에 집착한 친구와 그 부인에 대한 섭섭함이 아마도 병으로 발전하지 않았나 싶다.

유방과 노관의 죽음으로 두 사람의 인연은 끝난 게 아니었다. 얼마 후 노관의 부인이 흉노에서 탈출, 여후와의 접견을 요청한 것이다. 유방과 노관의 인연은 각별했다. 따라서 둘의 부인들 역시 좋은 관계를 가지고 있었을 가능성이 높다. 그러나 이때 여후는 노관의 부인을 만나는 데 별로 적극성을 보이지 않았다. 게다가 그녀는 와병 중이기도 했다. 남편의 명예회복을 위해 장안까지 달려가려 했던 노관 부인의 노력은 얼마 후 여후가 사망함으로써 빛을 발하지 못했다. 곧이어 그녀 역시 사망하고 말았다.

유방과 여후는 15살이나 나는 나이 차이만큼이나 개성이 남달랐다. 금실 역시 좋았다고 하기 어려웠다. 그러나 권력을 잡은 다음 주변 사람들을 혹독하게 대했다는 점에서는 상당히 비슷했다. 특히 옛정을 나 몰라라 한 것은 거의 약속이나 한 것처럼 똑같았다. 그렇기 때문에 두 사람은 다르면서도 비슷했다고 해도 틀리지 않는다. 싸우면서 닮는다는 말은 이런 경우를 두고 하는 말이 아닐까 싶다.

권력자의 최고 덕목 결단력

지도자나 권력자는 결단력이 있어야 한다. 만약에 그렇지 않고 우물쭈물하거나 타이밍을 놓치면 모든 것이 엉망이 될 수 있다. 자칫하다가는 권력도 놓치게 된다. 최악의 경우에는 목숨을 잃는 횡액도 당하게 된다. 또 결단력은 침착함을 수반해야 한다. 결정적인 순간에 결단을 내리더라도 너무 서두르거나 하면 일을 그르친다. 유방과 여치는 바로 결단력과 침착함에 있어서만큼은 단연 타의 추종을 불허했다. 어떻게 보면 두 사람 모두 이 덕목을 통해 권력을 확실하게 장악했다고 해도 과언이 아닐지 모른다.

・・・

여치는 아버지 여공이 자신을 15살이나 많은 유방에게 시집을 보내려고 했을 때 고민을 했을 것으로 보인다. 하기야 그때 역시 20살 가까이 나이 차이가 나는 부부를 정상적이라고 하기 어려웠으니까 말이다. 게다가 유방은 당시 별 볼 일이 없었다. 시쳇말로 싹수가 노랬다고 해도 틀리지 않았다. 그러나 여치는 유방의 시원스러운 성격과 호방한 스타일에 끌렸다. 결국 아버지와 자신의 눈을 믿는 도박을 했다.

그녀의 결단력은 천하의 용장들인 한신, 팽월, 영포 등을 차례로 제거하는 과정에서도 빛났다. 특히 모략을 동원해 한신을 제거하는 과정에서 보여 준 침착함과 기지는 웬만큼 배포 큰 남자들을 무색하게 만들 정도였다.

여후는 아들 혜제에게 외손녀인 장언(張嫣)을 시집보내던 기원전 192년에도 파격적인 결단력을 보여 줬다. 당시 혜제는 아버지의 3년 상을 치르는 중이었다. 그러나 태자 때 맞이한 부인이 미리 세상을 떠난 탓에 황후를 책봉하지 못하고 있었다. 이에 여후는 놀랍게도 친딸인 노원공주의 딸 장언을 아들에게 시집을 보내려는 기발한 생각을 했다. 자신이 차지한 절대 권력을 더욱 확실히 지키기 위해서였다. 당연히 혜제는 펄쩍 뛰었다.

"그건 말이 안 됩니다. 그 아이는 제 조카가 아닙니까?"

여후는 혜제의 반발에 눈 하나 깜짝하지 않았다. 대신 미리 준비해 둔 말은 술술 잘도 흘러나왔다.

"조카라는 사실은 움직일 수 없는 사실이기는 하지. 그러나 말이 안 되는 것은 아니야."

"말이 어떻게 됩니까?"

"외삼촌과 조카딸의 혼인은 삼강오륜을 어기는 것이 아니야. 황제께서는 진(晉)나라의 문공(文公)이 누나와 매형인 진(秦)나라 목공(穆公)의 딸인 문영(文嬴)과 결혼한 사실을 모른다는 말인가."

"그렇기는 합니다만 주변에 재색을 겸비한 여자들이 없는 것도 아니지 않습니까? 저는 조카딸을 이성으로 생각해 본 적이 없습니다."

"그렇지 않아. 그 아이만큼 용모와 재주가 뛰어난 아이는 우리 한나라에 드물어. 또 그 아이가 황후가 돼야 우리 유씨의 천하가 반석 위에 올라갈 수 있을 거야."

"나이가 너무 어리지 않습니까? 아직 10살밖에 되지 않았는데요."

"그거야 뭐 문제가 될 게 있겠어. 12살이라고 주위에 말하면 되는 것 아니겠어. 또 잘 꾸며 놓으면 12살처럼 보일 수도 있어. 그 아이가 조금 성숙하다는 느낌도 주잖아. 괜찮을 거야."

여후는 망설이는 혜제를 마구 밀어붙였다. 혜제로서는 내키지 않았으나 승낙하는 외에는 방법이 없었다. 그도 어머니가 얼마나 독하고 결단력이 강한 여자인지를 모르지 않았으니까. 사서에 따르면 그는 그러나 어린 조카와는 진짜 부부 관계를 가지지 않았다고 한다. 늘 다른 여자들을 가까이 했다고 한다. 심지어는 동성연애까지 즐겼다. 그가 후사를 남기지 않은 채 요절한 것은 바로 이런 성적 취향과 관계가 있었지 않나 보인다.

여후는 엉뚱한 데에 자신의 결단력을 발휘하기도 했다. 주지하다시피 그녀와 혜제, 노원공주 등은 초한 전쟁 기간 중에 항우의 진영에 포로로 있었다. 그것도 무려 3년 동안이었다. 이 기간 그녀는 유방의 동향인 심이기(審食其)의 극진한 보살핌을 받았다. 황후를 돌보는 최측근의 환관이 따로 없었다. 문제는 이런 생활이 길어지다 보니 여후와 심이기의 사이가 급속도로 가까워졌다는 사실에 있었다. 그녀가 한 고조 6년(기원전 201년)에 아무런 전공도 없는 그를 벽양후(辟陽侯)에 봉하도록 대담하게 간청한 것은 다 이유가 있었던 것이다. 둘은 유방이 세상을 떠난 다음에는 아예 노골적으로 관계를 지속했다. 이왕 이렇게 된 이상 드러내놓고 즐기자는 생각이었던 것이다. 물론 사서는 이에 대해 상세한 기록을 남기고 있지 않다. 그러나 일부 기록으로 둘의 관계를 유추해 볼 수는 있다.

『한서』, 「주건전(朱建傳)」의 "벽양후는 품행이 그다지 방정하지 않았다. 여후로부터 총애를 받았다."라는 내용을 대표적으로 들어도 좋다. 혜제는 급기야 이런 둘의 관계를 간파하게 된다. 『한서』, 「주건전」의 아래와 같은 기록을 다시 한 번 봐도 좋을 듯하다.

"얼마 후 사람들이 벽양후에 대해 좋지 않은 말을 했다. 혜제는 대노했다. 옥리를 시켜 죽이려고 했다. 태후는 이때에는 부끄러웠던지 아무 말도 하지 않았다. 대신들 역시 하나같이 벽양후의 품행이 그다지 방정하지 못하다고 헐뜯었다."

그러나 혜제는 어머니의 정부일 가능성이 농후했던 심이기를 어쩌지 못했다. 둘은 더욱 밀접한 관계를 유지할 수 있게 되었다. 나중에는 아무 거리낌이 없었다고 한다.

여후는 아들 혜제가 세상을 떠난 다음 마음껏 육욕만 불태운 것이 아니었다. 자신이 직접 권력을 쥐기 위해 주발, 왕릉 등의 대신들을 조정에서 몰아내는 전광석화 같은 기민함도 보였다. 또 과감하게 여씨들을 모두 왕으로 봉하고 확실하게 여씨 천하를 만들었다. 그녀가 정권을 잡은 8년 동안 백성들의 부담을 덜어주면서 농사를 장려하는 정책을 호기롭게 실시한 것은 아마도 이런 단호함이 있었기 때문에 가능하지 않았을까. 이뿐만이 아니었다. 그녀는 삼족을 멸하는 죄와 요언령(妖言令, 황제의 잘못을 입에 올리는 백성들을 혹독하게 처벌하는 법령) 등 가혹한 형벌도 일거에 폐지시키는 결단력도 발휘했다. 이로써 한나라는 사회, 경제적으로 한 단계 더 발전하는 기틀을 다지게 되었다.

유방은 중국 역사상 최초로 평민 출신 황제가 되는 기록을 세웠다. 여후 역시 처음으로 여자의 몸으로 사실상의 황제 자리에 올랐다. 둘이 이렇게 된 데에는 피나는 노력과 권력에 대할 열정이 무엇보다 큰 역할을 했다고 할 수 있다. 그러나 최고 권력자에게 없어서는 안 되는 덕목인 결단력이 없었다면 이 노력과 열정도 결실을 보지 못했을 수도 있었지 않나 싶다.

제7장
시세에 따라 변해가는 카멜레온

 전란이 빈번한 시대를 살다 보면 순간순간 변해가는 형세를 어찌기 어렵게 되는 경우가 많다. 그래서 오로지 역사의 조류에 순응하고 시대와 환경의 변화에 따라 변해가는 지도자급 인물만 시대의 맥박을 잡게 된다. 이렇게 할 경우 자연스럽게 시대를 앞서 나갈 수도 있게 된다. 유방은 바로 이런 지도자 유형의 인물이었다. 그의 첫 번째 변신은 백사를 베고 거사를 일으킨 것이었다. 두 번째 변신은 함양을 먼저 점령하는 사람이 한중왕이 된다는 약속을 항우와 함께한 것이었다. 이후 그는 결정적인 순간마다 적절한 변신을 거듭했다. 항우가 자신을 한왕으로 봉할 때 받아들이는 체하는 것이나 초한 전쟁 때에 항우와 체결한 정전 협정을 저버린 것 등은 모두 이런 변신에 해당했다. 한마디로 그는 시국이 한 걸음 나아가면 한 걸음 바짝 더 따라가서 변신을 했다. 그야말로 카멜레온이 따로 없었다. 그러나 결과는 항상 좋았다. 시세에 따라 변해가던 카멜레온이 드디어 온 천하를 다스리는 거룡으로 변신을 거듭해간 것이다.

융통성 있는 용병으로 기적을 만들다

융통성은 어려운 것이 아니다. 구체적인 전황에 따라 작전 계획을 자유자재로 변통하는 것이다. 또 이를 보충하고 수정하는 것도 의미한다. 군대는 백전백승을 하고 싶어 한다. 그러기 위해서는 융통성을 갖춰야 한다. 전략의 제정이나 전투의 실시에 있어서도 마찬가지가 아닐까 싶다. 모두 융통성이 있어야 한다. 만약에 작전 계획 자체가 융통성이 없거나 기계적으로 작전 계획을 관철시키려 한다면 어떻게 될까? 간단하다. 작전 임무를 완수하는 것이 불가능해진다. 오로지 객관적 상황에 근거해 작전 원칙 및 방침을 탄력적으로 적용해야만 적을 물리칠 수 있게 된다.

・・・

유방은 휘하의 병력을 이끌고 효산(崤山) 동쪽에서 서진할 때 직접 함양으로 진군하려 했다. 그러나 의외로 진나라 군의 대응이 완강했다. 진나라 역시 유방 휘하의 병력이 그 길로 진군해 올 것이라는 판단을 내리고 대비하고 있었던 것이다. 유방은 냉정하게 쌍방의 전력과 상황을 분석했다. 어떻게 해서든 진군의 노선을 바꿔야 한다는 결론은 바로 나왔다. 이렇게 해서 서남 방향의 완성(宛城)과 무관(武關)을 빠져나간 다음 함양에서 가까운 효관(崤關)으로 곧장 육박하는 진군 노선이 채택되었다. 유방의 군대는 이로 인해 당초보다 많은 길을 걸어야 했다. 그러나 적군의 수비는 훨씬 약했다. 결과적으로 진군의 속도는 오히려 훨씬 더 빨라졌다. 그래서 겨우 4개월 만에 함양 근교의 패상 지역에 도착할 수 있었다. 이 4개월 동안에 유방의 부대는 큰 전투도 치르지 않은 채 손쉽게 전략적 목적을 달성했다. 짧은 기간에 병력을 원래의 1만 명에서 무려 10만여 명으로 불린 것이다. 이는 유방이 훗날 대대적으로 군사적 행동에 나서는 데 큰 힘이 돼 줬다. 변화를 기꺼이 수용하는 융통성이 얼마나 중요한지 보여 주는 대목이 아닌가 싶다.

유방은 항우가 자신을 한왕으로 봉한 기원전 206년에도 그가 아니면 보여 주지 못할 유연함을 보였다. 당시 항우는 유방이 관중으로 다시 진입하는 것을 막기 위해 진나라 출신 장군인 장한으로 하여금 철통같이 수비를 하도록 했다. 유방은 그러나 이때 그저 항우의 기세에 놀라 한중으로 달려간 것이 아니었다. 그렇다고 항우의 조치가 섭섭해 드러내놓고 앙앙불락한 것도 아니었다. 그가 선택한 것은 다름 아닌 한바탕 쇼였다. 장량의 건의를 받아들여 관중 부근의 수백 리에 이르는 잔도(棧道, 험한 벼랑에 나무로 가설해 놓은 길)를 모두 불태워 버린 것이 바로 그 쇼였다. 그로서는 관중으로 통하는 이 길을 불태움으로써 자신이 관중을 다시 넘볼 생각이 전혀 없다는 뜻을 항우에게 분명하게 전달할 필요성이 있었던 것이다. 이를테면 비굴하지 않게 당신에게 굴복한다는 의사를 융통성 있게 표시했다고 할 수 있었다.

그의 기지 넘치는 임기응변은 얼마 후 빛을 발했다. 계기는 한중에서 은인자중 세력을 키우던 그가 한신을 대장군으로 삼아 동진에 나설 계획을 세웠을 때 찾아왔다. 당시 한신은 군사들에게 유방이 불태워 버린 잔도를 수리하는 척하도록 했다. 그러자 관중을 지키던 초나라 장군 장한은 잔도를 수리할 기간이 오래 걸릴 것이라고 방심했다. 그러면서도 병사들을 잔도로 집결시켰다. 장한이 이처럼 잔도에만 주의를 기울이는 사이 한신은 대군을 이끌고 우회, 진창(陳倉)을 점령했다. 이어 관중을 함락시킨 다음 중원으로 진출하는 발판을 마련했다. 진창에서의 승리는 분명히 한신이 거뒀다. 그러나 엄밀하게 보면 유방의 융통성이 그 승리의 씨를 뿌려놓았다고 해도 그다지 틀리지는 않을 듯하다.

유방의 이런 성향은 독선적이고 상을 내리는 데 인색하기 그지없었던 항우와도 잘 비교가 된다. 항우는 그 자신이 대단히 뛰어난 무장이었다. 또 초나라의 귀족 출신으로 프라이드가 대단했다. 따라서 너무 직선적이고 후퇴를 몰랐다. 변화나 임기응변은 더 말할 것이 없었다. 해하에서 패했을 때 재기를 도모할 수도 있었음에도 결연히 자결을 선택한 것도 다 이런 그의 성격과 무관하지 않았다.

이에 반해 유방은 부하들과의 의사소통이 원활했다. 상에 인색했던 항우와 다르게 시원스럽게 베풀 줄도 알았다. 또 위기에 직면했다 싶으면 가족조차 돌보지 않았다. 이 점은 항우에 패해 도망가면서 자식들을 수레에서 발로 차 떨어뜨린 사실만 봐도 잘 알 수 있다. 더구나 그는 항우처럼 자신이 모든 방면에서 뛰어나다는 고집을 부리지 않았다. 오히려 자신을 낮추고 상대방의 의견과 재주를 높이 평가했다. 사실 당시의 시대상을 감안해 볼 때 이런 융통성 있는 자세는 쉽게 보기 어려운 것이었다.

유방은 의도적이든 아니든 항상 남의 말에 귀를 활짝 열어놓고 끊임없이 변화를 추구했다. 반면 항우는 시종일관 독불장군식의 아집을 버리지 않았다. 기본적으로 유연한 자세를 보여 줄 수가 없었다. 유방이 개별 전투에서는 자주 패하다가 결정적으로 전체 전쟁에서 승리한 것은 이런 사실에 비춰볼 때 아마도 필연이 아니었나 싶다.

형세를 꿰뚫는 통찰력

뛰어난 인물들은 대체로 형세를 꿰뚫는 통찰력이 있다. 그래야 시대를 앞서 갈 수 있다. 또 대업을 성취하는 것도 가능하다. 반면 실패하는 사람은 대부분 형세를 잘 읽지 못한다. 그때그때의 분위기에 따라 목적의식 없이 표류하는 것이 일상이다. 마치 파도가 몰아치는 바다에 뜬 부표처럼 말이다. 이런 사람이 성공한다는 것은 말할 것도 없이 낙타가 바늘구멍을 통과하는 것만큼이나 어렵다. 비참한 결말을 보지 않으면 그나마 다행이다. 유방은 당연히 이 통찰력이 뛰어났다. 또 이런 사람들을 잘 알고 등용했다. 요즘 말로 하면 시너지 효과를 볼 수밖에 없었다.

역사적으로 자신을 둘러싼 주위의 형세를 꿰뚫고 풍운을 일으킨 사람은 그다지 많지 않다. 초한 전쟁을 전후한 시기에는 유방을 제외하고 숙손통 정도가 바로 이런 사람이 아니었을까 싶다. 유방 역시 이런 그를 제대로 알아보고 등용, 자신의 몸에 날개를 확실하게 달았다.

숙손통은 설읍(薛邑) 사람으로 각종 고전에 정통한 탓에 진나라 조정에서 박사로 있었다. 진승이 농민 반란을 일으켰을 때였다. 다급해진 이세(二世)가 급거 박사와 유생들을 불러 모아 자문을 구했다. 이에 박사와 유생들이 이구동성으로 말했다.

"반란은 죽음으로 다스려야 하는 죄입니다. 빨리 병력을 일으켜 그들을 진압해야 합니다. 그렇지 않으면 우리 조정이 위험에 빠지게 됩니다."

이세는 기분이 나빴다. 감히 황제에게 반기를 드는 농민들이 있을 수 있다는 사실에 자존심이 무척 상했던 것이다. 안색이 바뀐 것도 그래서였다. 이때 숙손통이 의연하게 입을 열었다.

"지금 박사와 유생들이 한 말은 다 옳지 않습니다. 지금은 천하가 통일돼 있습니다. 군과 현의 성벽들이 무너졌습니다. 각 지방의 무기들도 모두 폐기됐습니다. 천하에 이런 것들은 더 이상 필요가 없습니다. 게다가 진나라에는 폐하 같은 영명한 군주가 계시고 완벽한 법률도 있습니다. 법률을 지키는 청렴한 관리들은 더 말할 필요도 없습니다. 반란을 일으킬 사람이 도대체 어디에 있겠습니까? 그 천민들은 그저 보잘것없는 것을 훔치는 좀도둑들일 뿐입니다. 절대 걱정할 만한 대상이 아닙니다. 또 그곳 지방 관원들이 그들에게 잘 대처하고 있습니다. 걱정할 것 없습니다."

이세는 숙손통의 말에 흐뭇한 표정을 숨기지 못했다. 그의 눈이 다른 유생들에게 향했다. 숙손통의 말을 어떻게 생각하느냐는 말 없는 질문이었다. 이에 어떤 유생은 반란이 일어났다고 했다. 또 어떤 유생은 숙손통의 말대로 반란군이 좀도둑이라고 했다. 그러자 이세가 장내의 분분한 의견을 정리했다.

"옥리들은 밖에 있는가? 반란이 일어났다고 하는 자들을 모조리 잡아 투옥하도록 하라. 유언비어를 함부로 내뱉는 못 된 것들이다."

이세는 이어 결정적으로 자신에게 듣기 좋은 말을 해 준 숙손통에게 20필과 옷 한 벌을 상으로 내렸다. 숙손통은 상을 받자마자 황급히 궁전을 빠져나왔다. 주위의 유생들이 그런 그를 향해 조소를 보냈다.

"박사가 돼가지고 어떻게 그럴 수가 있습니까? 아첨이나 하고. 너무 비굴한 것 아닙니까?"

숙손통은 기다렸다는 듯 대답했다.

"자네들은 잘 모르는 것 같소. 나도 방금 목숨을 잃을 뻔했소. 이제 일이 이렇게 된 이상 내빼는 것이 최선이오."

숙손통은 말을 마치자마자 바로 고향인 설읍으로 도망을 갔다. 이때 설읍은 이미 초나라의 수중에 들어가 있었다.

얼마 후 항량이 설읍에 모습을 나타냈다. 숙손통은 기다렸다는 듯 그를 따랐다. 그는 그러나 항량이 전사한 다음에는 초나라 회왕을 섬겼다. 하지만 그것도 잠시였다. 회왕이 항우에 의해 의제(義帝)로 받들어진 다음 사실상 유배를 가게 되자 서슴없이 항우에게 몸을 의탁했다. 한 고조 2년(기원전 205년) 유방은 제후 5명과 연합해 항우의 도읍지 팽성을 공격했다. 숙손통은 이번에는 다시 유방을 따르는 결정을 과감하게 내렸다.

숙손통은 유방 앞에 나타날 때 유생의 옷차림을 했다. 유생을 본능적으로 싫어했던 유방은 즉각 얼굴에 반감을 나타냈다. 숙손통은 바로 옷을 갈아입었다. 그제야 유방은 기쁜 얼굴로 그를 맞았다.

숙손통이 유방을 따르기로 했을 때 그의 휘하에는 제자가 100여 명쯤 있었다. 그러나 그는 유방에게 자신의 제자를 한 명도 추천하지 않았다. 그저 자신이 알고 있던 무장들만 소개했을 뿐이었다. 제자들은 당연히 그를 원망했다.

"우리는 선생님을 몇 년 동안이나 섬겼다. 이제 다행히도 선생님 덕분에 한왕을 따르게 됐어. 그런데 선생님은 어째서 우리를 추천하지 않고 무식하기 이를 데 없는 싸움패들만 추천하지?"

숙손통은 제자들의 불만을 모르지 않았다. 그럼에도 아무 일 없다는 듯 제자들에게 말했다.

"한왕은 지금 피비린내 나는 전장에서 천하를 다투고 있어. 평생 글만 읽은 너희들이 한왕을 따라 전장을 누빌 수 있을 것 같아. 잠깐만 기다려. 내가 그대들을 잊지 않을 거야."

숙손통의 말은 정곡을 찔렀다. 제자들은 입을 다물 수밖에 없었다.

숙손통은 유방이 황제 자리에 오른 다음 유교의 예의에 입각한 국가의 제도를 확립하는 임무를 부여받았다. 그는 제자들을 발탁할 때가 왔다는 생각에 노나라로 향했다. 그러나 웬일인지 30여 명의 제자 중 두 명은 그와 함께 행동하려고 하지 않고 마치 작심한 듯 비난을 퍼부었다.

"선생님은 그동안 섬긴 주군이 10여 명 가깝지 않습니까? 완전히 비굴하게 아첨하는 방법으로 지금의 자리에 오르게 된 것입니다. 이제 천하가 평정됐습니다. 죽은 사람은 매장도 채 되지 않았습니다. 그런데 선생님은 예의의 제도를 먼저 제정하려고 합니다. 제도의 제정은 적어도 인정(仁政)을 실행한지 100년 후에나 가능한 것 아닐까요? 우리는 차마 선생님이 하시는 일을 같이하지 못하겠습니다. 선생님의 행위는 이치에 맞지 않아요. 이제 그만 가시고 우리를 욕되게 하지 마십시오."

숙손통은 제자들의 비난을 예상한 듯 빙그레 웃었다. 이어 조용한 어조로 비난을 맞받았다.

"참으로 견식이 천박한 유생이 아닐 수 없군. 이토록 시세의 변화를 모르다니!"

한 고조 7년(기원전 200년) 숙손통은 조정의 조회를 총 지휘해 그야말로 기가 막히게 치러냈다. 유방은 "이제야 내가 황제가 됐다는 사실을 절감하겠군!"이라고 하면서 숙손통의 노고를 치하했다. 이에 숙손통은 유방에게 그동안 마음에 두고 있던 말을 입에 올렸다.

"지금 저를 따라 예의의 제도를 제정한 이들은 보통 사람들이 아닙니다. 오랫동안 저를 따르기도 했습니다. 폐하께서는 이들에게 작은 벼슬이라도 주시기를 감히 부탁드리는 바입니다."

유방이 숙손통의 제안을 거부할 까닭이 없었다. 한 치의 주저도 없이 바로 모든 유생들을 낭관(郎官)으로 임명했다. 또 500근의 황금을 상금으로 내렸다. 이에 숙손통의 제자들은 비로소 이구동성으로 스승의 혜안에 경의를 표했다.

"선생님이야말로 가장 시세를 잘 아는 성인이시구나!"

숙손통은 어떻게 보면 기회주의적인 성격이 강했다고 할 수 있다. 제자들의 말대로 진시황에서부터 시작해 이세, 항량, 의제, 항우, 유방의 인물들까지 두루 주군으로 모셨으니 이렇게 말해도 크게 무리하지 않다. 어떻게 보면 자신이 공부한 유학의 기본 원칙에 어긋나는 행보를 보였다고 해도 크게 틀리지 않았다. 나중에는 유방의 아들 혜제까지 섬겼으니 더욱 그렇다고 해야 한다. 그러나 그는 변화를 누구보다도 갈구하고 제대로 파악했다. 또 적극적으로 받아들였다. 그게 대세이고 백성의 편에 서서 불의하지 않다고 판단됐으면 흔쾌히 그렇게 했다. 나름 유교의 또 다른 원칙은 지키려고 노력했던 셈이다. 유방 역시 그의 이런 점을 높이 샀다. 결코 혼자만 먹고살겠다는 생각을 하지 않은 그의 생각을 간파했다는 얘기다. 난형난제의 통찰력이라고 해야 할 것 같다.

전쟁에서는 속임수를 꺼려서는 안 된다

전쟁에서 왕성한 사기를 유지시키는 것은 승리를 얻는 근본이라고 해야 한다. 하지만 전쟁이라는 것은 변화무쌍함을 특징으로 하고 있다. 지금의 전황이 순조롭고 사기가 왕성하더라도 내일은 어떻게 될지 모른다. 완전히 180도로 변할 수 있다. 그 때문에 전쟁에서는 승기를 잡았을 때 수단과 방법을 가려서는 안 된다. 심지어 속임수를 쓰는 것도 꺼려서는 안 된다. 유방은 수많은 전투를 치르면서 이렇게 했다. 결국 전체적인 전적에서는 뒤졌으면서도 최종적으로는 승리를 거머쥘 수 있었다.

• • •

유방과 항우가 전개한 이른바 초한 전쟁은 5년 동안이나 이어졌다.

짧지 않은 기간이었다. 게다가 이 기간에 쌍방은 전력을 기울인 전투도 많이 벌였다. 항우의 주장만 봐도 70여 회에 이른다. 병사들이 모두 지칠 대로 지칠 수밖에 없었다. 특히 항우 쪽은 더욱 그랬다. 이에 따라 군량미의 보급이 점점 어려워졌고 병력도 눈에 띄게 줄어들었다. 천하의 항우가 서서히 지쳐가는 것도 크게 이상할 것이 없었다. 급기야 전쟁 4년째 가을에 양측은 협상을 통해 정전 협정을 체결하게 되었다. 쌍방이 홍구(鴻溝)를 경계로 삼아 천하를 이등분하기로 한 것이다. 이로써 홍구 동쪽은 서초패왕 항우, 서쪽은 한왕 유방의 땅이 되었다.

항우는 평소의 성격대로 협정을 성실하게 준수했다. 우선 포로로 사로잡은 유방의 아버지, 부인 여치 등 가족들을 송환해줬다. 또 대군을 동쪽으로 철수시켰다. 유방 역시 처음에는 대군을 끌고 관중 지역으로 철수하려고 했다. 그러나 모사 장량과 진평은 달랐다. 약속이나 한 듯 그에게 엉뚱한 건의를 했다.

"지금 초나라 대군은 피로에 지쳐 있습니다. 군량미도 모두 끊긴 상태입니다. 반면 우리는 군량미도 충분하고 사기도 아직 왕성합니다. 각 제후들도 우리에게 귀순했습니다. 모든 조건은 다 우리에게 유리합니다. 왜 구태여 철군을 해야 합니까? 철군은커녕 이 절호의 기회를 이용해야 합니다. 초나라 대군을 바짝 추격해 일거에 섬멸해야 합니다. 항우를 그냥 내버려두는 것은 사나운 호랑이를 산으로 보내는 것과 같습니다. 나중에 큰 후환이 될 것입니다."

유방은 안 그래도 협정을 위반하고 싶은 생각이 간절하던 차였다. 정전 협정 파기가 필생의 라이벌 항우를 속이고 천하를 거머쥘 절호의 기회가 될 것이라는 사실을 모를 까닭이 없었다. 그런 차에 두 모사의 말을 듣게 됐으니 귀가 솔깃하지 않았으면 오히려 그게 이상할 일이었다. 유방은 항우가 철군하는 기회를 틈타 바로 정전 협정문을 찢어버렸다. 곧 대군을 몰고 바짝 뒤쫓는 추격전이 전개되었다. 초한 전쟁의 결정적인 해하 전투는 바로 이렇게 해서 발발하게 되었다. 양측의 대군은 우선 고릉에서 대격전을 치렀다. 유방은 이 전투에서 전략적인 후퇴를 선택했다. 양군은 얼마 후 회양(淮陽) 지역에서 대치 상태에 들어갔다. 이때 한신은 대군을 몰고 남하하고 있었다. 그러면서 일부의 병력으로 초군을 유인해 구리산(九里山) 일대에서 전투를 벌였다. 한신의 기병대는 이 기회를 틈타 초나라의 근거지인 팽성을 공격했다. 팽성은 일거에 함락되고 말았다. 이후 한나라 대군은 강소 북부, 안휘 북부, 하남 동부의 드넓은 지역을 모두 탈취했다. 한신은 항우의 군대가 이미 궤멸의 위기에 빠져들어가고 있다는 사실을 분명히 알고 있었다. 이에 쉬지 않고 계속해서 팽성 남동쪽으로 항우를 추격해 갔다. 항우는 도리 없이 10만 대군을 이끌고 해하 지역까지 철군했다. 그는 해하에 도착하자 바로 지형을 살폈다. 지형이 험해 수비하기가 쉬울 것이라는 생각이 그의 뇌리에 떠올랐다. 그는 즉각 전열을 재정비, 대회전에 나설 결심을 했다. 한신 역시 지형을 살폈다. 그런 다음 저 유명한 이른바 십면매복(十面埋伏, 겹겹이 둘러싼다는 의미)의 전술을 채택했다. 완전히 포위 전략을 구사해 전의를 꺾는다는 전략이었다. 그의 전략은 효과적이었으나 2퍼센트 부족했다. 항우의 대군을 완전히 와해시키지는 못했다. 한신은 이에 최후의 카드를 빼들었다. 항우 군영에서 귀순하거나 포로로 사로잡힌 병사들을 소집, 밤마다 초나라의 노래를 부르게 한 것이다. 이 전략은 기가 막히게 효과가 있었다. 대부분 초나라가 고향인 항우 휘하의 병사들이 전의를 점점 잃어가기 시작한 것이다. 심지어 탈영하는 병사들까지 생겨났다. 한때 하늘을 찌를 정도로 막강했던 항우의 전투력은 졸지에 급전직하하게 되었다. 항우는 어쩔 수 없이 휘하에 기병 800명만을 거느리고 포위를 뚫고 나가는 모험을 감행했다. 그러나 그건 경극 『패왕별희』의 애절한 이별 장면을 만들어 내는 항우의 결정적인 패착이었다.

속이는 것은 좋지 않다. 그러나 그게 이기는 것을 목적으로 하는 전쟁에서라면 얘기는 달라진다. 오죽했으면 손자가 병이사립(兵以詐立, 전쟁은 속임수를 기본으로 한다는 말), 병불염사(兵不厭詐, 전쟁에서는 속임수 쓰는 것을 싫어하지 말아야 한다는 의미)라는 말을 했을까. 유방은 손자의 이 말에 너무나도 충실했다. 또 다른 사례를 들어도 좋다. 항우와 전선에서 대치하다 활을 맞았을 때를 대표적으로 꼽을 수 있다. 이때 항우는 자신의 활에 맞아 유방이 그대로 즉사했을 것으로 믿어 의심치 않았다. 실제로도 유방은 나중에 피를 흘리고 쓰러졌을 정도로 치명상을 입었다. 그러나 그는 항우 앞에서는 짐짓 아무렇지도 않다는 듯 거짓말을 했다.

"하하! 그대의 화살은 엉뚱하게 내 발가락에 맞았어. 그런 실력으로 어떻게 나를 꺾고 천하를 차지할 수 있겠는가?"

항우는 화살을 맞고도 멀쩡한 유방을 보고 기가 죽었다. 유방이 거짓말을 하고 있다는 사실을 감조차 잡지 못했다. 그저 자신의 활 실력을 자책하면서 철군을 하는 수밖에 없었.

유방은 항우가 자신의 아버지를 삶아 죽이겠다는 협박을 했을 때도 이 전략을 써먹었다. 전혀 속이 타들어 가는 내색 없이 항우가 협박을 포기하도록 마음에도 없는 말을 한 것이다.

"좋아! 마음대로 하라고. 내 아버지를 삶아 죽이든 말든 그건 그대의 자유니까. 그 대신 내 아버지가 잘 익었거든 그 국 한 사발만 보내주게. 맛이나 좀 보게."

항우는 유방의 허풍을 진짜로 믿었다. 곧 유방의 아버지를 삶아 죽이려는 계획을 포기했다.

유방은 이처럼 전쟁터에서는 시도 때도 없이 항우를 속이는 거짓말과 행동을 서슴지 않았다. 전쟁에서는 이기는 것이 선이고 거짓말을 하는 것도 전략이라는 사실을 너무나도 깊이 깨닫고 있었던 것이다. 이 점에서 보면 그가 정전 협정문을 휴짓조각처럼 여긴 것이나 한신이 십면매복이나 사면초가의 전략을 쓴 것은 하등 이상할 것이 없었다. 그의 승리는 필연이었던 것이다.

적의 이성을 잃게 하는 격장법의 달인

싸움에서 이기는 가장 손쉬운 방법 중에는 적을 흥분시키는 전략이 있다. 이 경우 적은 이성적인 판단을 하지 못하고 충동적인 행동을 하게 된다. 자연스럽게 앞뒤 가리지 않게 되고 승리를 거머쥐는 쪽과는 다른 방향으로 흐르게 된다. 이런 전략을 격장법(激將法)이라고 한다. 현명한 전략가는 진짜 이런 전략을 사용할 줄 알아야 한다. 반면 자신은 스스로를 수양하고 냉정하게 지휘하는 능력을 키워 적의 격장법에 넘어가지 않도록 해야 한다. 이 정도로 할 수 있다면 최소한 지지 않는 싸움을 할 수 있다. 유방은 이 방면에서도 달인이었다. 냉정하게 형세를 분석하고 항우의 성격적인 약점을 이용하고, 흥분하게 하였다.

· · ·

　치욕을 참는다는 것은 난세의 영웅이 취해야 할 덕목이다. 또 가장 바람직한 처세 방법이기도 하다. 유방은 어릴 때부터 주변의 다른 사람들로부터 날건달로 간주되었다. 심지어 가족들로부터도 좋은 얘기를 듣지 못했다. 그러나 유방은 이런 말에 눈 하나 깜짝하지 않았다. 마치 한신이 치욕을 참고 동네 불량배들의 다리 밑으로 기어들어갔듯 말이다. 아니 어쩌면 부인으로부터 천하의 무능한 인간이라는 말을 들으면서도 은인자중한 강태공이 가진 것 같은 DNA가 그에게는 있었는지도 모를 일이다. 그 정도로 그는 치욕을 아주 잘 견뎠다.
　그가 기병해 처음 함양으로 갔다가 머물러 있었을 때에도 크게 다르지 않았다. 홍문의 연회에 불려가는 것 같은 느낌을 받았으면 안 가겠다고 버텼을 수도 있었겠으나 그는 흔쾌히 호랑이 입으로 걸어 들어가는 치욕을 감수했다. 성고에서 항우에게 포위를 당했을 때도 상황은 비슷했다. 당시 한신은 유방을 구원하러 오겠다는 약속을 했다. 그러나 오지 않았다. 대신 백척간두의 위기에 내몰린 유방에게 자신을 제왕으로 봉해달라는 떼를 쓰면서 그에게 치욕을 안겨줬다. 유방은 이때 약간 흥분을 하기는 했으나 결국에는 참았다. 한신을 달래 자신의 편에 확실하게 서도록 다독였다. 아마 항우 같았으면 일이 모두 뻐드러지더라도 투정을 부리는 장군의 목을 바로 베었을 것이다.
　유방의 이런 은인자중의 성향은 상대를 흥분시켜 제압하는 전략인 이른바 격장법으로 자연스럽게 연결되기도 했다. 항우 역시 몇 번이나 이런 횡액을 당했다고 사서들은 기록하고 있다. 그러나 가장 절묘했던 것은 아무래도 항우의 대사마 조구(曹咎)를 격파했을 때 사용한 격장법이 아닌가 싶다.

한 고조 4년(기원전 203년) 항우는 대군을 휘몰아 성고를 포위했다. 유방은 항우 대군의 기세에 눌려 바로 도주하기 시작했다. 항우는 가볍게 성고를 점령했다. 당시 유방은 모사인 원생(轅生)의 건의를 받아들여 무관을 나가 완(宛)과 엽(葉) 땅에 이르렀다. 항우는 유방의 부대를 완전히 격파하기 위해 병력을 이끌고 남하했다. 그러나 유방은 성벽을 높게 쌓은 채 나와 교전을 하려고 하지 않았다. 아무리 전투를 피하는 비겁한 인간이라고 욕을 해도 소용이 없었다. 바로 이때 양나라에서 활동하던 팽월이 초나라 후방의 하비(下邳)를 점령한 다음 장군 설공을 살해했다. 이렇게 되자 팽성이 위협을 받게 되었다. 항우는 도리 없이 군사를 돌려 팽월을 공격했다. 팽월은 목적을 달성한 탓에 유유히 달아나는 선택을 했다. 유방은 이 틈을 노려 다시 진군에 나서 성고를 수복했다. 얼마 후 항우는 형양과 성고에 대한 2차 공세에 나섰다. 전과는 대단했다. 한나라 장군 주가(周苛) 등을 죽이고 다시 형양과 성고를 점령한 것이다. 유방은 다시 황하 북쪽으로 패퇴하지 않으면 안 되었다. 그러나 전세는 곧 다시 뒤집히게 된다. 팽월이 양(梁)을 공략한 다음 다시 휴양(睢陽), 외황(外黃) 등 17개의 성을 탈취하자 초나라 후방이 대혼란에 빠지는 상황이 벌어진 것이다. 항우는 다시 후방을 평정하는 결정을 내리지 않으면 안 되었다. 그는 출병에 오르기 전에 대사마 조구를 불러 단단히 이르는 것을 잊지 않았다.

"그대는 성고를 절대로 잃어서는 안 된다. 한나라 군대가 아무리 도발을 해도 절대로 출전하지 마라. 내가 늦어도 15일 이내에 양을 수복하고 돌아올 테니 내가 돌아온 후에 출전하도록 하자!"

항우는 말을 마치자마자 바로 동진에 나섰다. 유방은 이 기회를 놓치지 않았다. 바로 황하를 건너 성고를 포위했다. 대사마 조구는 생각 같아서는 출전하고 싶었으나 꾹 참았다. 처음에는 항우가 일러준 말이 귓속을 그래도 맴돌았던 것이다. 이후 한나라 병사들이 아무리 욕을 해도 그는 꿈쩍도 하지 않았다. 그저 수세만 취할 뿐이었다. 하지만 참는 데도 한계가 있는 법이었다. 한나라 병사들이 끊임없이 성 앞에서 욕설을 퍼붓고 모욕을 가하자 드디어 그의 인내는 한계에 도달하게 되었다. 그는 유방의 병사들이 격장법을 썼다는 사실도 돌아보지 않은 채 불같은 기세로 응전에 나섰다. 이에 한나라 병사들은 초나라 군대가 사수(汜水)를 건너고 있을 때 예정했던 속전속결에 나섰다. 조구의 부대는 대패하고 말았다. 유방은 내친김에 대군을 몰아 성고를 다시 공략했다.

이 승리로 유방은 초한 전쟁의 최후 승리를 위한 유리한 조건을 확실하게 마련할 수 있었다. 치욕을 당할 때는 참고 반대로 적을 확실하게 공략할 때는 격장법을 적절하게 구사한 덕분이었다.

"필부는 모욕을 당하면 검을 뽑고 벌떡 일어나 싸움에 임한다."라는 말이 있다. 조구는 바로 이런 치욕을 참지 못한 필부였다. 만약 그가 유방이 격장법으로 자신을 유인했을 때 조금만 참았다면 아마 초한 전쟁의 판도는 다소 달라질 수도 있었을 것이다. 그러나 그는 그렇게 하지 못했다. 급기야는 항우에게 엄청난 폐를 끼치고 말았다.

사람마다 자존심은 있다. 그러나 자존심이 지나치게 강하면 일종의 허영심이 돼 버린다. 이런 사람은 분노하기 쉽고 충동적인 짓을 저지르기 쉽다. 이런 성향으로 전투에 임할 경우 적의 유인에 빠지기 쉽다. 유방은 이 방면에서는 정말 탁월한 사람이었다. 늘 "갑작스러운 위험 앞에서 놀라지 않고 터무니없는 비난에 노하지 않는다."라는 말을 실천으로 옮겼다. 따라서 간혹 작전에서 실패하더라도 크게 횡액을 당하지는 않았다. 반면 상대는 철저하게 유인해 개가를 올리고는 했다.

막무가내의 적을 화친(和親)으로 감화시키다

고대로부터 적을 상대하는 전략에는 두 가지가 있다. 하나는 인정사정 봐주지 않고 잔인하게 섬멸하는 것이다. 다른 하나는 설득하고 위무하는 것이다. 이 경우는 화친의 방법으로 적을 친구로 바꾸기도 한다. 유방은 그렇다면 적들에 대해 어떤 전략을 실시했을까? 자신의 첫 번째 적, 다시 말해 항우에게는 전자의 전략을 채택했다. 반면 자신의 두 번째 적인 흉노에 대해서는 후자의 전략을 선택했다. 당연히 이런 선택에는 나름의 역사적인 원인과 배경이 다 깔려 있다.

∴

서한 초기에 한왕 신은 흉노의 모돈(冒頓) 선우(單于, 왕을 의미함)와 결탁해 모반을 도모했다. 유방은 친히 정벌 길에 올랐다. 그러나 도중에 모돈의 꾀에 넘어가 그만 평성(平城)의 백등산(白登山)에서 포위를 당하고 말았다. 유방은 몇 번이나 포위를 뚫으려고 했다. 하지만 뚫리지 않았다. 그는 초조해졌다. 군량미만 소모되고 날씨도 땅이 얼 정도로 엄청나게 추웠으니 오죽했겠는가. 유방은 머리를 굴렸다. 그래도 계책은 나오지 않았다. 그는 "설마 내가 여기에서 죽는 것은 아니겠지?"라는 탄식을 토할 수밖에 없었다.

이럭저럭 포위를 당한 지 7일이 지났을 때였다. 모사 진평이 그의 군영으로 찾아와 말했다.

"제가 들어보니 모돈이 평소에 알씨(閼氏)를 제일 총애한다고 합니다. 그런데 이 알씨는 재물을 가장 탐냅니다. 모돈이 미녀를 가장 탐내는 것과 같은 탐욕이겠죠. 제 수하 중에는 이주(李周)라는 화가가 있습니다. 이 사람은 미녀를 잘 그리는 것으로 유명합니다. 제가 봐도 혹할 정도의 미녀를 그리더라고요. 그래서 그에게 그림 한 장을 그리도록 했습니다. 또 금은보석도 많이 준비해뒀습니다. 이것들을 모돈의 군영으로 보내 손을 쓰면 살 길이 생길 수 있을 것이라고 생각하는데요."

유방은 진평의 말에 쾌재를 불렀다. 즉각 사자를 모돈의 군영으로 보냈다. 사자는 우선 알씨를 만나 금은보석들을 바쳤다. 일단 알씨의 환심을 산 것이다. 그는 이어 모돈을 만나 미인도를 바치면서 말했다.

"우리 군영에서는 이런 미인들을 준비할 능력이 있습니다. 왕께서 원하신다면 바로 조치를 취하겠습니다."

모돈 선우는 침을 삼켰다. 미인도에 나타난 정도의 여자라면 유방이 당한 포위를 풀어주는 것도 나쁘지는 않다는 생각이 든 것이다. 게다가 옆에서 자신이 총애하는 알씨도 뇌물 값을 했다. 그는 고개를 끄덕였다.

한왕 신은 엉뚱한 소식이 날아들자 당황했다. 즉시 모돈 선우에게 달려가 말했다.

"유방은 지금 포위를 당하고 있습니다. 그런 사람이 어디에서 미인을 거둬 보낼 수 있다는 말입니까? 이건 틀림없이 그 사람이 곤경을 벗어나기 위해 하는 거짓말입니다. 왕께서는 속지 마십시오."

모돈 선우는 한왕 신의 말도 일리가 있다고 생각했다. 바로 사자를 보내 유방에게 물었다.

"진짜 미인이 있다면 성문 위에 세우도록 하시오. 우리 왕께서 확인을 해야만 포위를 풀겠습니다."

유방은 사자의 말에 다시 낙담에 빠졌다. 성 안에 미인이 있을 까닭이 없었으니 그의 걱정은 당연했다. 그때 진평이 다시 입을 열었다.

"폐하께서는 걱정할 필요가 없습니다. 신에게 다 생각이 있습니다."

진평은 일찌감치 상황이 어떻게 흘러갈 것인지를 예측하고 있었던 모양이었다. 유방의 말을 듣자 즉각 다음 행동으로 들어갔다. 우선 병사들에게 나무 인형 몇 개를 만들도록 했다. 이어 화가 이주에게 나무 인형을 선녀같이 아름답게 그리도록 했다. 그는 나무 인형에 화려한 옷을 입힌 다음 그것들을 그날 밤 성 위에 놓아뒀다. 당연히 인형들은 병사들이 실로 움직였다. 멀리서 보면 인형들은 진짜 영락없이 교태를 부리고 아양을 떠는 모습일 수밖에 없었다.

모돈 선우는 미인들을 보자 좋아 어쩔 줄 몰랐다. 스스로 참으로 염복(艶福)이 많구나 하는 생각도 그의 머리를 스치고 있었다. 그는 유방의 포위를 바로 풀어줬다.

유방은 백등산에서 호되게 고생을 한 이후 가능하면 흉노를 공격하지 않는 게 좋다는 사실을 깨달았다. 하지만 모돈 선우는 유방이 그러면 그럴수록 더 귀찮게 나왔다. 잊힐 만하면 북쪽 변경을 침범하고는 했다. 유방은 걱정도 되고 화가 나 유경에게 자문을 구했다. 이에 유경이 대답했다.

"지금 천하는 안정됐습니다. 병사들은 모두 전쟁에 지칠 대로 지쳐 있습니다. 이런 상황에서 무력으로 흉노를 굴복시키면 안 됩니다. 모돈은 아버지를 죽이고 왕위를 찬탈한 자입니다. 또 아버지의 많은 처첩들을 자신의 아내로 만들기도 했습니다. 이런 사람은 인의, 도덕으로 감화시킬 수 없습니다. 유일한 방법은 절묘한 책략을 써서 그를 비롯한 흉노의 자자손손을 영원히 한 왕조의 신하가 되게 하는 것입니다. 다만 우려되는 것은 폐하께서 과연 그렇게 할 수 있는가 하는 것입니다."

유방이 반문했다.

"그렇게 좋은 방법이 있는데 못할 이유가 어디 있는가? 어떻게 하면 되는가?"

유경이 한참을 생각하다 신중하게 입을 열었다.

"폐하께서 우선 공주를 모돈에게 시집을 보내면 됩니다. 또 혼수를 후하게 해서 보내면 모돈이 폐하의 딸을 아낄 것입니다. 아마 왕후로 삼지 않을까 싶습니다. 이후에는 그림이 분명히 그려집니다. 공주께서는 아들을 낳고 그 아들은 틀림없이 태자가 될 것입니다. 다음에는 별로 어렵지 않습니다. 우리가 쓰고 남는 물건 중에서 그들에게 부족한 물건을 보내 위로하면 됩니다. 또 가끔가다 유세객을 보내 그들을 말로 교화시키면 됩니다. 모돈은 살아서는 폐하의 사위가 됩니다. 또 그가 죽어도 폐하의 외손자가 선우 자리를 물려받게 됩니다. 생각해 보십시오. 외손자가 감히 외할아버지를 공격해올 리가 있겠습니까? 이렇게 되면 우리는 굳이 전쟁을 하지 않아도 흉노를 굴복시킬 수 있게 됩니다."

"좋아! 그렇게 하도록 하지."

유방은 역시 시원스러웠다. 다음에는 거칠 것이 없었다. 궁녀 한 명을 공주로 가장시켜 모돈 선우에게 시집을 보냈다. 동시에 유경을 보내 흉노와 화친의 맹약을 체결하도록 했다.

유경의 화친 정책은 후세의 많은 비판을 받았다. 그러나 유경이 화친 정책을 제안한 배경을 상기할 경우 이런 비판은 조금 곤란할 것 같다. 지금은 흔적조차 찾기 어려운 흉노는 중국 대륙의 북방에서 살던 유목민족이었다. 기본적으로 병사들이 말을 타고 활을 쏘는 등 전투력이 뛰어났다. 특히 모돈 선우의 시기에 이르러서는 국력이 대단히 강성해졌다. 활을 자유자재로 다루는 궁노수만 40여만 명에 달할 정도였다. 이에 반해 당시 유방은 등극한 지 얼마 되지 않았다. 게다가 기원전 200년 수십만 명의 대군을 동원한 정벌에서 호된 시련을 겪었다. 완벽하게 굴복시키려면 엄청난 국력을 낭비해야 할 터였다. 그 경우 한나라는 후일을 장담하기 어려웠을 게 분명했다. 차라리 그럴 바에야 공존을 모색하는 것이 나을 수 있었다. 실제로 훗날의 사실에서 보듯 유방이 채택한 화친 정책은 흉노를 일정 부분 감화시켰다. 수십 년 동안 한나라 북부 변경을 대규모로 침범하거나 소란을 피우지 않았던 것이다. 이 덕분에 한나라는 국력을 빠르게 회복하는 동시에 이후에 일어날지 모를 불의의 사태에 대비할 수 있었다. 유방의 선택은 비록 차선책이기는 했으나 탁월한 결정이었다고 할 수 있을 듯하다.

마오쩌둥도 감탄한 절묘한 인사

인문학 수준이 대단했던 마오쩌둥(毛澤東)은 자신의 글이나 작품에서 유방을 많

이 언급했다. 당연히 그를 뛰어난 정치가라고 극찬했다. 또 그가 무식하기 이를 데 없는 사람이기는 했으나 정확한 결정과 절묘한 인사 능력을 발휘해 천하를 얻었다고 평가했다.

유방은 미관말직에 있었던 탓에 인사 능력을 발휘할 기회를 전혀 잡지 못했다. 하지만 최종적으로는 항우를 필두로 하는 군웅을 격파하고 천하를 한 손에 거머쥐었다. 이 과정에서 그는 마오쩌둥이 그토록 칭찬한 인사의 능력을 마음껏 발휘했다. 반면 항우는 완전히 그와는 반대로 달려갔다. 인재를 잘 쓸 줄 몰랐던 것이 항우의 가장 중요한 실패의 원인이었다는 단정은 크게 틀리다고 하기 어려울 것 같다.

・・・

유방과 항우의 차이는 한둘이 아니었다. 모든 부분에서 하나같이 극단적인 차이가 났다. 그중에서 가장 두드러진 차이를 찾으라면 아무래도 사람을 쓰는 스타일이 아니었다 싶다. 우선 항우를 보자. 당시의 인재들인 한신, 진평, 팽월 등은 하나같이 그의 밑에 들어가서 자신들의 능력을 발휘하고 싶어 했다. 그러나 나중에는 약속이나 한 듯 다 떠났다. 왜 그랬을까 하는 의문이 들지 않을 수 없다. 이유는 있었다. 항우는 외면적으로는 인재를 상당히 존중했다. 하지만 내심으로는 신뢰하지 않았다. 게다가 사람을 쓰는 것이 엉망이었다. 그는 적과 내통하는 항백 같은 한심한 인간도 과감하게 내칠 줄 몰랐다. 진짜 인재들이 떠나지 않으면 안 되는 상황을 만든 것이다. 반면 유방은 달랐다. 그는 인재를 불러 모으기 위해 우선 구체적인 정책을 내놓았다. 또 출신 성분을 전혀 가리지 않았다. 능력만 있으면 어떻게 해서든 중용한 것이다. 정말 그런지는 그의 휘하에서 능력을 마음껏 발휘한 인재들의 출신 성분을 보면 잘 알 수 있다.

우선 장량이 그렇다. 허울뿐인 몰락한 귀족이었다. 천성적으로 자유 분방한 유방으로서는 거부 반응을 보일 수도 있었다. 하지만 그렇게 하지 않았다. 능력을 발휘할 수 있도록 언제나 귀를 활짝 열고 그의 말을 들었다.

주발도 만만치 않았다. 결혼식이나 장례식에서 음악을 연주하는 사람이었다. 농번기 때에는 양잠 기구를 만들어 팔기도 했던 장사치이기도 했다. 어떻게 보면 농민 출신인 유방보다도 훨씬 더 출신 성분이 좋지 않았다. 그러나 유방의 눈에 들어 초창기부터 따르는 최측근이 되었다. 다른 측근들처럼 나중 제거되는 운명에도 처하지 않았다. 오히려 여후가 세상을 떠난 다음 여씨 일족을 처단함으로써 이미 세상을 떠난 유방에게 충성을 다하는 행보를 보였다. 유방은 죽어서도 주발의 확실한 보좌를 받은 셈이었다.

번쾌는 두 말이 필요 없다. 개를 잡는 백정 출신이었다. 그럼에도 유방은 그의 출신 성분을 따지지 않고 처제를 시집보내는 용단을 내렸다. 번쾌도 이에 충성을 다하는 것으로 보답했다. 홍문의 연회에서 유방을 확실하게 지켜준 것이나 반란을 일으킨 장도를 살해하고 한신을 사로잡은 것은 이런 충성심의 발로였다.

유경도 크게 내세울 것이 없는 사람이었다. 마부 출신에다 유방을 만났을 때는 변방을 지키러 떠나는 일개 병사에 지나지 않았다. 그러나 그는 감히 병사의 신분으로 과감하게 도성을 낙양이 아닌 장안으로 정해야 한다고 주장, 유방의 눈도장을 확실하게 받았다. 이후 승진을 거듭,

흉노와의 파격적인 화친 정책을 제안하는 위치에까지 설 수 있었다. 유방의 사람 보는 눈썰미와 인재를 적재적소에 발탁하는 능력이 없었다면 불가능했을 인생 역전이었다.

이외에 관영과 한신, 역이기 등은 시장의 장사치, 밥을 빌어먹는 거지, 가난한 서생이었으나 유방의 눈에 띄어 인생이 달라지게 되었다. 백수였던 진평, 하후영과 강도 출신인 팽월, 경포 등 역시 크게 다르지 않았다. 유방이 이들이 장점을 보이는 부분에서는 자신을 능가한다는 후한 평가를 해 주고 등용한 탓에 능력을 마음껏 발휘할 수 있었다. 궁극적으로 이들은 유방이 항우를 격파하는 데 결정적인 도움을 줬다.

사람을 적재적소에 등용하는 유방의 재주는 죽음을 앞두고도 발휘되었다. 유방이 경포의 난을 평정하러 나섰다가 화살에 맞는 횡액을 당했을 때였다. 당초 별것 아닌 것 같았던 그의 부상은 치료시기를 놓친 탓에 갑자기 심각해졌다. 그러자 여후가 유명한 의사를 불러 그의 병을 치료하도록 했다. 의사는 자신 있게 말했다.

"충분히 고칠 수 있습니다. 폐하께서는 걱정하지 마십시오."

그러나 유방의 생각은 달랐다. 그는 최악의 상황이라도 받아들이겠다는 담담한 어조로 말했다.

"내가 3척의 보검을 들고 천하를 얻은 것은 천명이 아니던가? 병도 마찬가지 아닌가. 하늘이 나를 죽이고 살리는 것이다. 그러니 지금 하늘이 내 목숨을 달라고 하면 편작을 찾아낸들 무슨 소용이 있겠는가?"

유방은 말을 마치기 무섭게 의사에게 황금 50근을 상금으로 하사한 다음 치료를 하지 말라는 당부를 했다. 그러자 여후가 찾아와 그에게 물었다.

"폐하께서 돌아가신 다음에 소하 승상도 세상을 떠나면 누가 그를 대체할 수 있겠습니까?"

유방이 대답했다.

"조참이 그럴 수 있을 거요."

여후가 다시 물었다.

"조참을 대체할 수 있는 사람은 누가 될까요?"

"왕릉이 충분히 그럴 능력이 있을 거요. 그러나 그 사람은 때로는 멍청해서 진평으로 하여금 그를 돕도록 하면 될 거요. 진평은 그러나 총명은 한데 기백이 없소. 그에 반해 주발은 배운 것은 별로 없으나 천하를 안정시킬 수 있을 거요. 그를 태위에 앉히는 것이 좋겠소."

여후는 그래도 안심이 되지 않는지 계속 인재들에 대해 물었다. 이에 유방이 냉정하게 잘라 말했다.

"더 나중의 일은 그대도 알 수 없을 거요."

유방의 말은 사실 정치적 유언이었다. 자신의 말대로 소하 다음에 조참, 왕릉, 진평, 주발을 차례로 승상으로 임명하라는 명령이라고 할 수 있었다. 여후는 대신들의 눈도 있었기 때문에 남편의 뜻을 공공연히 어길 수 없었다. 유방의 사후에도 진짜 인사를 그의 유언대로 했다.

유방의 사후 예상대로 여후는 여씨 집안을 앞에 내세워 정권을 마음대로 농단했다. 하지만 유방이 죽어가면서까지 구축해 놓은 인사의 틀을 깨지 못한 탓에 그녀가 세상을 떠나자마자 여씨 천하는 진평과 주발에 의해 단박에 박살이 나고 말았다.

여기까지 읽게 되면 유방의 고명한 정치적 수완과 거의 입신의 경지에 이른 인사에 탄복하지 않을 수가 없다. 그는 그렇다면 어떻게 이처럼 사람의 능력을 잘 간파하고 절묘한 인사를 했을까? 간단하다. 그는 우선 신하들을 신뢰했다. 그들에게 자신들의 능력을 충분히 발휘하는 조건도 마련해 줬다. 게다가 대사를 맡기는 동시에 권력도 아낌없이 부여했다. 이외에 유언비어가 분분해도 끝까지 믿고 맡긴 것 역시 그의 인사를 입신의 경지에 들어갈 수 있도록 만들어 준 요인이라고 할 수 있을 것 같다.

제8장
천명을 받은 천자

고대 중국에서 왕이 되는 사람은 모두 자신들이 천명을 받은 사람이라고 주장했다. 하늘의 아들이 인간 세상에 내려온 것이라는 얘기였다. 심지어 태어날 때부터 용의 자손이라고 자칭하기도 했다. 진시황이 대표적으로 그랬다. 유방도 예외일 수 없었다. 진승, 오광에 이어 패현에서 봉기의 깃발을 높이 든 이후에는 백사를 베는 볼거리를 연출하기도 했다. 이는 그와 그의 추종자들에게 할 수 있다는 무한한 자신감을 가져다줬다. 그는 생을 마감하는 순간에도 여전히 자신이 천명을 받은 사람이라는 굳센 확신을 내려놓지 않았다. 사망할지도 모르는 상황에서 의사의 치료를 포기한 것은 이런 사실을 잘 말해 준다.

진평과의 의기투합은 하늘의 뜻

"사물은 무리대로 모이고 사람은 무리 지어 나뉜다."라는 말이 있다. 유방과 그의 추종자 진평은 이런 말에 딱 들어맞는 경우라고 해도 좋았다. 둘 다 농사일을 싫어하고 빈둥거리면서 게으름만 부렸으니까. 둘은 또 무뢰한의 기질은 있었으나 머리 회전만큼은 빨랐다. 특히 진평은 더 그랬다.

진평은 그럼에도 처음에는 크게 두각을 나타내지 못했다. 그러나 유방을 만나고부터는 많이 달라졌다. 나중에는 유방의 지지와 신뢰를 바탕으로 자신의 재주를 발휘하게 되었다. 결정적인 순간에는 유방을 곤경에서 구해 주기도 했다. 유방의 사후에는 그를 대신해 한나라 왕조를 공고히 하고 발전시키는 데 큰 공헌을 했다. 두 사람의 의기투합은 유방의 말마따나 하늘의 뜻이었다고 해도 좋을지 모르겠다.

· · ·

　진평은 아무것도 내세울 것이 없었다. 그 때문에 장가갈 나이가 됐어도 마땅한 혼처를 구하지 못하고 있었다. 그럴 수밖에 없었다. 부자 집은 아무도 딸을 진평 같은 사람에게 시집보내려 하지 않았고 그는 가난한 집 딸은 눈에 차지도 않아 했으니까. 그러다 결국 그는 노총각이 돼버렸다. 그래도 그는 가난한 집 여자는 쳐다보지도 않았다. 정말 지극히 현실적인 사람이었던 모양이다. 진평이 사는 호유(戶牖)라는 곳에는 장부(張負)라는 부자가 살고 있었다. 이 장부에게는 손녀가 한 명 있었다. 그것도 무려 다섯 번이나 시집을 간 여자였다. 문제는 다섯 명의 남편이 그녀와 결혼하고 난 다음 다 비명횡사했다는 사실이었다. 이를테면 그녀는 백호성(白虎星, 남에게 재앙을 가져다주는 사람)이라고 할 수 있었다. 당연히 아무도 그녀와 감히 결혼하고 싶어 하지 않았다. 그래도 돈보다는 생명이 소중하다고 생각한 남자들이 많았던 모양이었다.
　진평은 너무 가난했던 탓에 일을 가려 할 처지가 아니었다. 수시로 집을 나가 여기저기에서 적은 돈이나마 벌어야 했다. 그가 장부의 손녀사위 장례식에 일을 도와주러 갔을 때였다. 그곳에서 장부는 진평과 조우했다. 그는 첫눈에 진평이 마음에 들었다. 진평 역시 장부의 생각을 모르지 않았다. 그래서 그의 환심을 사기 위해 일부러 온갖 허드렛일을 더 열심히 도와준 다음 늦게 집으로 돌아가는 척을 했다. 장부 역시 손님을 배웅한다는 핑계를 대고 진평의 집까지 따라갔다. 그의 눈에 들어온 진평의 집은 정말 초라했다. 성에서 가장 초라한 골목에 자리 잡은 것은 그렇다 칠 수 있었다. 발을 문으로 삼은 것은 정말 목불인견이었다. 그러나 놀랍게도 진평의 집 밖에는 한다 하는 인물들의 수레가 정차했던 흔적들이 눈에 띄었다. 장부는 진평이 비범한 인물이라는 결론을 서둘러 내렸다. 이어 집에 돌아와 아들 장중(張仲)에게 말했다.

"나는 손녀를 진평이라는 사람에게 시집을 보내고 싶구나. 지금까지는 그 아이가 인연이 없어 그랬으나 앞으로는 달라질 거야. 나는 내 눈을 믿는다고."

장중은 아버지의 말에 크게 놀랐다. 당연히 펄펄 뛰었다.

"진평이라는 놈은 아무것도 없는 가난뱅이에요. 게다가 게으르기가 이를 데 없어요. 농사지을 땅이 없으면 소작이라도 붙여 먹어야 하는데 전혀 그렇게 하지를 않아요. 이 일대의 사람들은 모두 그 녀석을 비웃고 있다고요. 아무리 내 딸이 다섯 번이나 남편을 죽게 한 백호성이지만 그런 녀석한테 시집을 보내고 싶지 않아요. 아버지 지금 제정신이세요?"

장부는 지지 않았다. 여섯 번째는 뭔가 일이 될 것 같은 예감도 그의 머릿속에서는 감돌고 있었다.

"그 녀석은 내가 보니까 생김새가 비범해. 게다가 사귀는 사람들도 보통이 아닌 것 같아. 지금은 비록 빌어먹는 신세이기는 하나 앞으로는 잘될 거야."

장중은 아버지를 설득할 자신이 없었다. 딸이 다섯 번이나 결혼에 실패했다는 사실 역시 감안해야 했다. 가만히 고개를 끄덕일 수밖에 없었다. 장부는 즉각 사람을 보내 진평을 불러왔다.

"너는 지금은 너무 가난해. 그러나 언제까지 가난하지는 않을 거야. 그래서 우선은 내가 너를 도우려고 한다. 너에게 목돈을 조금 줄 테니 그걸로 결혼식 잔치를 치르는 데 쓰도록 해라."

진평은 못 이기는 척하고 돈을 받았다. 그러나 태도는 아주 당당했다. 평소 자신의 생각이 실현됐다는 생각이 그를 그렇게 만드는 듯했다. 장부는 이어 손녀를 불러 조용히 타일렀다.

"너는 이제 제대로 남편을 만났다고 할 수 있어. 그 녀석은 크게 될 재목이야. 하지만 네 신랑이 될 녀석은 가난해. 그렇다고 대충대충 집안일을 해서는 안 된다. 남편의 부모와 형을 네 부모처럼 섬겨야 해. 또 동서는 어머니처럼 섬기도록 해라."

이렇게 해서 진평은 장부의 손녀와 결혼에 골인할 수 있었다. 신기하게도 이후 진평은 불귀의 객이 되지 않았다. 액이 장부의 손녀에게서 떠나간 것이다. 둘의 경제 사정 역시 점점 좋아졌다.

진평은 생활 형편이 나아지자 항우의 진영에 투신하는 선택을 했다. 그러나 항우는 천하를 거머쥘 천명을 타고난 사람이 아니었다. 그는 유방의 진영으로 가야 하겠다는 생각을 하지 않을 수 없었다. 하지만 기회가 없었다. 그의 고민은 깊어지기 시작했다. 그러던 어느 날 마침내 기회가 찾아왔다. 그건 유방과 항우 양 대군이 황하의 양쪽 기슭에서 대치하고 있던 때였다. 황하만 넘으면 유방의 진영으로 투항하는 것은 일도 아니었던 것이다. 그는 즉각 자신의 생각을 실행에 옮겼다.

그는 배로 황하를 건넜다. 그런데 뱃사공의 행동이 영 이상했다. 배를 저으면서 자꾸 눈으로는 진평을 살펴보는 것이었다. 진평은 뱃사공이 무엇을 생각하고 있는지를 바로 간파했다. 그는 거기에까지 생각이 미치자 가지고 있던 보따리를 풀었다. 이어 아무것도 들어 있지 않은 옷들을 펼쳐 보여 줬다. 뱃사공은 당초 품었던 흑심을 버릴 수밖에 없었다.

유방은 첫눈에 진평의 비범함을 바로 알아봤다. 바로 자신의 참승(驂乘

乘)으로 삼았다. 자신과 각지의 장군들을 연락하는 일을 맡긴 것이다. 진평은 대단히 기뻐했다. 그러나 기쁨은 오래가지 않았다. 처음 출전한 전투에서 대패하고 돌아왔기 때문이었다. 그러자 주변에서 험담이 들려오기 시작했다. 특히 진평의 능력을 의심하고 있던 주발, 관영 등의 비난은 더욱 노골적이었다.

"진평이 미남이라는 것은 사실입니다. 그러나 그는 모자를 장식하는 아름다운 옥에 불과합니다. 그의 머릿속에 과연 진짜 생각이 있는지 모르겠습니다. 우리가 듣기로는 진평은 집에 있을 때 형수와 통간을 했다고 합니다. 또 항우를 섬기기 전에도 위왕을 섬기기도 했습니다. 그러다 다시 대왕에게 귀순한 겁니다. 대왕께서는 그럼에도 그에게 각지의 장군들과 연락을 하는 중책을 줬습니다. 그런데 그는 일을 잘 처리하기는 커녕 장군들에게 뇌물을 달라고 한답니다. 돈을 많이 바치면 좋은 말을 해 주고 그렇지 않으면 험담을 한다는 소문이 파다합니다. 대왕께서는 그 사람을 다시 봐야 할 겁니다."

유방도 측근들의 말을 듣자 진평에 대한 의심이 들기 시작했다. 이에 진평을 극력 천거했던 위무지(魏無知)를 불러 은근히 책망을 했다. 위무지는 그러나 전혀 기죽지 않고 입을 열었다.

"제가 말했던 것은 진평의 재능이었습니다. 반면 대왕께서 말하는 것은 그의 인품입니다. 이는 별개의 일입니다. 비록 미생(尾生)이나 효이(孝已) 같은 사람처럼 인품은 있어도 전쟁의 승패에 전혀 영향을 미치지 못하는 사람이 있다면 대왕께서는 그를 쓰겠습니까? 현재 초와 한은 대치 상태에 있습니다. 지략이 뛰어난 사람을 필요로 하고 있습니다. 그 때문에 제가 진평을 추천한 겁니다. 저는 오로지 그 사람이 나라에 공헌을 할 수 있을 것인지만 생각했습니다. 그가 형수와 통간을 했는지 뇌물을 받았는지는 본질과는 전혀 무관하다고 생각합니다."

유방은 위무지의 말이 나름의 논리가 있다고 생각했다. 한참을 생각한 다음 진평을 부른 것은 바로 그 때문이었다. 그가 단도직입적으로 입을 열었다.

"그대는 위왕을 따르다가 항우를 따랐어. 그러다 지금 나에게 왔어. 이후에는 어디로 갈지 궁금하기 그지없네."

진평은 유방의 힐책에 서슴없이 대답했다.

"저는 확실히 위왕을 따랐습니다. 그러나 그는 제 건의를 받아들이지 않았습니다. 그래서 항왕에게로 갔습니다. 그런데 항왕도 사람을 신뢰하지 않더군요. 그가 신뢰하고 총애하는 사람은 항씨 성을 쓰는 가족이나 부인의 오빠밖에는 없었습니다. 아무리 지략이 많더라도 중용을 받지 못한다면 결과는 뻔합니다. 게다가 저는 대왕께서 사람의 말을 잘 받아들인다는 말을 들었습니다. 그래서 일부러 찾아온 것입니다. 만약에 저의 지략을 받아들일 수 있다면 받아들이십시오. 그렇지 않다면 저는 다시 발길을 돌리겠습니다."

유방은 진평의 당당한 말에 바로 사과의 말을 꺼냈다. 이어 그가 능력을 마음대로 발휘할 수 있게 했다. 이렇게 해서 유방은 결정적인 순간마다 자신을 위기에서 구해 주는 최측근을 옆에 둘 수 있게 되었다.

유방은 한나라가 건국된 다음 진평을 호유후(戶牖侯)로 봉하려 했다. 그러나 이때 진평은 정중하게 사절했다.

"이는 저의 공로가 아닙니다."

유방은 이상한 생각이 들어 물었다.

"내가 그대의 지략을 많이 채용해 적을 물리치고 종종 위험에서 벗어났소. 어떻게 이게 그대의 공이 아니라는 말이오."

"위무지가 아니었다면 오늘의 제가 있을 수 있었을까요?"

유방은 그제야 진평의 뜻을 간파했다. 바로 위무지에게도 두둑한 포상을 하는 것을 잊지 않았다.

진평에게는 위기의 순간이 많았다. 그러나 위기들을 모조리 다 극복하고 건국 공신이 되었다. 또 다른 건국 공신들의 상당수가 이런저런 죄목으로 다 제거됐음에도 끝까지 살아남았다. 나중에는 승상에까지 올라 유방의 한나라를 끝까지 지켰다. 따라서 두 사람의 의기투합은 천명이라고밖에는 말할 수 없을 것 같다.

도살자 항우와 대비되는 너그러운 장자(長者)

유방과 항우의 차이점은 많다. 그러나 가장 큰 차이는 아마도 유방이 살인을 별로 좋아하지 않았다는 사실이 아닐까 싶다. 항우는 젊은 시절 혈기가 왕성했다. 이 혈기는 잔혹함으로 이어졌다. 그가 항복한 진나라 병사 20만 명을 산 채로 파묻은 것은 이 사실을 무엇보다 확실하게 증명한다. 그러나 유방은 이런 극단적인 선택을 가능하면 자제했다. 그저 시대의 조류에 순응하면서 기회를 노렸을 뿐이다. 또 남의 의견을 받아들이면서 성공을 모색했다.

• • •

항우는 살인을 정말 좋아했다. 요즘 말로 하면 끔찍한 킬링필드를 진짜 많이도 만들어 냈다. 조금 심하게 말할 경우 가는 곳마다 피비린내 나는 학살을 벌였다고 해도 괜찮다. 규모가 큰 학살을 대충 거론해도 열 손가락이 모자랄 지경이다. 대표적인 학살로는 양성(襄城) 학살을 꼽을 수 있다. 온 성의 백성들을 남김없이 모조리 생매장한 학살이었다. 신안(新安)에서는 투항한 진나라 병사 20만 명을 산 채로 그냥 묻어버렸다. 항우가 벌인 학살은 진나라에 대한 원한 때문이었다고 할 수 있다. 그러나 그가 숙부인 항량을 죽인 진나라 장군 장한을 받아들인 것은 아무래도 이해하기 힘들다. 그가 학살에도 원칙을 가지고 있지 않았다는 사실을 말해 주는 증거가 아닌가 싶다.

물론 그가 학살을 벌이지 않은 케이스가 전혀 없는 것은 아니었다. 초한 전쟁이 한참 고조되고 있을 때였다. 유방의 부하인 팽월은 줄곧 항우의 후방에서 소동을 피우고 있었다. 팽월은 이 과정에서 나름의 전과도 상당히 올렸다. 외황(外黃)의 십몇 개에 이르는 성을 점령하기도 했다. 전선에서 유방과 싸우고 있던 항우는 이 소식을 듣자마자 황급히 말머리를 돌렸다. 얼마 후 그는 가볍게 외황 성을 탈환했다. 화가 머리끝까지 난 항우는 성을 빼앗은 것으로도 모자랐는지 온 성에 있는 15세 이상의 남자를 모조리 생매장하라는 명령을 내렸다. 성 안의 모든 백성들은 극도의 두려움에 빠질 수밖에 없었다. 이때 현령의 문객 중 한 명인 13세 소년이 항우를 만나겠다고 요청했다. 그로서는 죽음을 무릅쓴 용기를 냈다고 할 수 있었다. 소년은 아무 거리낌 없이 항우에게 말했다.

"팽월은 무력으로 외황을 점령했습니다. 백성들은 그가 무서워서 어쩔 수 없이 투항했습니다. 그러나 이것은 진정으로 투항한 것이 아니었습니다. 대왕이 구원을 하러 올 것이라는 사실을 알았기 때문에 투항한 것입니다. 그런데 이제 대왕께서 이들 백성을 강제로 생매장하면 누가 대왕을 따르겠습니까? 더구나 이 일대에는 십몇 개에 이르는 성이 더 있습니다. 그곳 백성들이 대왕께서 외황 백성들을 생매장했다는 얘기를 들으면 과연 귀순하겠습니까?"

항우는 소년의 말이 상당히 논리가 있다고 생각했다. 학살 명령을 취소하고 군대를 철수시키는 지시가 곧 내려졌다. 이로써 외황의 성인 남자들은 겨우 목숨을 건질 수 있었다. 곧 인근 성의 백성들 역시 항우에게 귀순했다.

그러나 항우가 민심을 얻은 것은 이때가 유일했다. 그는 살인을 좋아하는 본성을 어쩌지 못했다. 그의 마음속에는 백성들은 마치 지푸라기처럼 전혀 아낄만한 대상이 아니었던 것이다. 그가 천하를 얻지 못한 것은 당연할 수밖에 없었다.

그럼에도 그는 천하를 얻고자 관중으로 가장 먼저 진공하려고 했다. 하지만 초 회왕 주위의 장군들은 항우의 이런 욕심에 제동을 걸려고 했다. 관중을 유방이 공략하도록 하고 항우는 북쪽에서 진나라 주력 부대와 결전을 벌이도록 하라는 주장을 펼친 것이다. 이에 초 회왕은 주변 장군들에게 "먼저 관중에 들어간 사람이 왕이 되도록 하겠다."라는 약속을 했다. 사실상 관중을 유방에게 주겠다는 결정을 내린 셈이었다.

그렇다고 유방의 진나라 공략이 쉬운 것은 아니었다. 무수한 좌절을 겪은 다음 천신만고 끝에 함양에 입성, 겨우 진나라를 멸망시킨 것이다. 이 과정에서 그는 항우와는 다른 너그러운 장자의 이미지를 확실하게 각인시켰다. 진왕 자영을 죽이지 않았을 뿐 아니라 대살육도 자행하지 않았다. 대신 쇼든 아니든 백성들을 위무하려는 노력을 많이 기울였다. 약법삼장을 반포할 때가 대표적이라고 하겠다.

그러나 항우는 달랐다. 유방의 뒤를 따라 40만 명의 대군을 몰고 들어온 다음 함양에서 대살육을 자행했다. 게다가 유방이 살려준 진영을 비롯해 진나라의 고위 관료와 귀족, 백성들 할 것 없이 닥치는 대로 죽였다. 그다음에는 진나라 황궁을 3개월 동안이나 타도록 불을 질러버렸다. 모든 재물과 미녀들을 약탈한 것은 기본이었다. 장자의 풍모를 보였던 유방과는 달라도 너무 다른 행보였다. 관중의 백성들은 크게 실망해 유방을 더욱 그리워할 수밖에 없었다. 5년 동안이나 끌었던 초한 전쟁은 사실상 이때 어느 정도 승부가 결정됐다고 할 수 있었다.

유방은 분명 뛰어난 인물이었다고 할 수 있다. 하지만 그는 모든 방면에서 남을 압도할 능력을 가진 것은 아니었다. 항우처럼 군사적인 방면에서 타의 추종을 불허하지도 않았다. 그럼에도 마지막에 항우를 물리치고 패권을 차지했다. 그건 아무래도 장량과 소하 같은 인재들의 건의를 받아들여 너그러운 마음으로 민심을 산 행보와 깊은 관련이 있다고 해야 할 것 같다. 각종 사서를 보면 그는 항우와는 달리 진짜 이유 없는 살인은 단 한 번도 하지 않은 것으로 나타나고 있다.

충의만이 하늘을 감동시킨다

유방은 항우와는 달리 이해타산이 뛰어났다. 교묘한 계략을 잘 썼다. 어떻게 보면 다소 야비했다고 해도 괜찮다. 그러나 그는 천하를 탈취하기 위해 충의의 기치를 내세우는 것도 잊지 않았다. 농민군을 모아 기의한 것이나 약법삼장의 반포 등도 사실은 다 이 충의를 명분으로 하고 있었다. 그는 천하를 얻은 후에도 초지일관 이 충의의 정신을 잊지 않았다. 충의를 지키는 휘하의 장군이나 대신들에게는 많은 상을 주기도 했다. 충의만이 하늘을 감동시킨다는 사실을 알았다고 단언해도 괜찮지 않나 싶다.

· · ·

항우는 뛰어난 영웅이었다고 할 수 있다. 실제로 그는 자신이 영웅이라는 사실을 증명하기 위해 무지한 노력을 했다. 하지만 그는 다른 꿈이 없었다. 천하를 경략하겠다는 원대한 포부가 없었다는 얘기다. 반면 유방은 항우와 달랐다. 자신이 영웅이라는 사실을 증명하고 싶었던 것이 아니라 세상을 변화시키려 했다. 바로 이 때문에 항우는 서초패왕이 되자 뭔가 이루려고 하는 원동력을 잃고 말았다. 유방은 그러나 확실히 달랐다. 한왕에 만족하지 않고 착실히 자신의 꿈을 향해 부단히 달렸다. 그것도 충의라는 절대 화두를 가슴에 안은 채.

한 고조 원년(기원전 206년) 10월 유방은 대군을 몰고 패상에 이르렀다. 진왕 자영은 흰 수레를 타고 황제의 옥새와 부절(符節, 황제가 다스리는 조정을 상징하는 신표信標)을 가지고 유방에게 투항했다. 목숨은 살려달라는 신호였다. 그러나 장군들 중에는 자영을 죽여 버리자는 주장을 적극적으로 하는 이가 많았다. 이에 유방이 말했다.

"당초에 초 회왕께서 나를 먼저 이곳에 보낸 이유가 다른 게 아니오. 내가 사람을 너그럽게 대하기 때문이오. 또 내가 충의를 중하게 여긴다는 사실을 알았던 것도 이유가 될 거요. 더구나 그는 이미 투항했소. 그를 죽이는 것은 말이 안 되오."

한 고조 4년(기원전 203년) 한신은 제나라 대군을 격파했다. 이 와중에 제왕 전광(田廣)도 사로잡았다. 그러자 제나라의 장수 전횡(田橫)이 스스로를 제왕으로 봉했다. 그러나 그는 바로 유방 휘하의 장군 관영에게 대패, 양(梁)나라로 도망갔다. 팽월에게 몸을 의탁한 것이다. 이듬해 정월 유방은 팽월을 양왕으로 봉했다. 전횡은 죽임을 당할 것이 두려워 500여 명의 부하들을 데리고 바다의 한 섬으로 이주했다. 유방은 이에 귀순을 권유했다. 그러나 전횡은 완곡하게 거절했다.

"저는 대왕의 사신 역이기를 죽였습니다. 이로 인해 역이기의 동생 역상(酈商)의 원수가 됐습니다. 그는 지금 한나라의 장군이 돼 있다고 들었습니다. 그 사람이 무서워서 저는 차라리 이곳에서 평민으로 조용히 살겠습니다. 허락해 주십시오."

사자는 전횡의 말을 유방에게 보고했다. 이에 유방이 당시 위위(衛尉) 자리에 있던 역상에게 말했다.

"제왕 전횡은 곧 귀순을 해올 것이네. 그대는 그를 절대로 죽이면 안 되네. 만약 그랬다가는 자네의 집안도 멸족을 면치 못할 거야."

유방은 다시 사자를 전횡에게 보내 귀순을 종용했다. 전횡은 어쩔 수 없이 자신의 두 문객을 데리고 낙양으로 향했다. 낙양에서 30리쯤 떨어졌을 때였다. 갑자기 전횡이 사자에게 미안한 어조로 말했다.

"신하는 천자를 뵙기 전에 마땅히 목욕을 해야 하오. 잠시 여관에 묵어가도록 해 주시오."

사자는 전횡의 말이 맞는다고 생각했다. 그가 잠시 여관에 묵도록 배려하지 않을 수 없었다. 여관으로 들어간 전횡은 자신의 문객들에게 비통한 어조로 입을 열었다.

"나는 당초에 한왕과 같이 왕을 칭했소. 그러나 이제 한왕은 천자가 됐고 나는 패망한 도적이 됐소. 이제 나보고 그를 섬기라고 하는 것은 나한테는 큰 치욕이오. 더구나 나는 역이기를 삶아 죽였소. 그의 동생과 함께 한왕을 섬기지 않으면 안 되게 됐소. 한왕은 천자의 위엄으로 역상에게 나를 손대지 못하게 하겠지만 나로서는 어찌 부끄러움을 느끼지 않을 수 있겠소. 대왕께서 나를 보자는 것은 딴 뜻이 있는 것이 아니오. 그저 내 얼굴을 보려는 것이오. 이제 그대들은 내 머리를 잘라 말을 타고 달려가시오. 빨리 달리면 내 얼굴이 변하지 않을 것이오."

전횡은 말을 마치기 무섭게 자결을 했다. 그의 문객들은 할 수 없이 그의 머리를 가지고 사자를 따라 낙양으로 달렸다.

"아, 그 사람은 참으로 현명한 선비 같은 사람이었구나! 내가 너무 그 사람을 핍박한 것은 아닌지 모르겠구나."

유방은 사자로부터 그동안의 일을 보고 받고 찬탄을 금치 못했다. 이어 굵은 눈물을 흘렸다. 얼마 후 그는 전횡에 대한 애도의 표시로 두 문객에게 도위라는 직위를 내렸다. 사병 2,000명을 통솔하는 자리였다. 또 전횡에게는 제후의 예로 성대한 장례를 치러주라는 지시를 내렸다. 그러나 두 문객은 유방의 뜻밖의 호의에 전혀 기뻐하지 않았다. 대신 얼마 후 전횡의 무덤 옆에 구덩이를 파고 자살하는 것으로 자신들의 생각을 보여 줬다. 유방은 문객들의 충성심에 다시 한 번 더 놀랐다. 그러나 그를 놀라게 한 것은 그게 마지막이 아니었다. 전횡이 섬에 데리고 갔던 부하 500여 명이 주군이 이미 이 세상 사람이 아니라는 소식을 듣고 모두 단체로 자결했다는 보고는 그를 더욱 비통하게 만들었다.

이처럼 유방을 감동시킨 비슷한 케이스는 이외에도 또 있었다. 때는 한 고조 8년(기원전 199년) 겨울이었다. 유방은 동원(東垣)에서 한신의 잔여 부대를 공격하고 있었다. 이 무렵 그는 백인(栢人)현이라는 곳을 지나고 있었다. 조나라 국상(國相) 관고(貫高) 등은 이 기회를 이용해 유방을 암살하려는 모의를 했다. 유방은 백인현에 묵고 싶었으나 자꾸만 불길한 예감이 드는 것을 어쩌지 못했다. 그는 이상한 생각에 주변의 수하들에게 물었다.

"이 현의 이름이 무엇인가?"

"백인입니다, 폐하."

"백인이라고……. 가만 있자, 그게 무슨 뜻이야? 그건 남한테 박해(백인의 백과 박迫은 발음이 같음)를 당한다는 뜻이 아닌가. 여기에 머물러서는 안 되겠구나. 빨리 떠나도록 하자."

이듬해 12월 뒤늦게 관고의 음모는 백일하에 드러났다. 그의 원수들이 어떻게 당시의 모의를 알아낸 다음 한나라 중앙 조정에 신고를 한 것이다. 유방은 사위인 조왕 장오와 음모에 가담했던 사람들을 모조리 체포하라는 명령을 내렸다. 그러자 장오의 부하 조오(趙午) 등을 비롯한 십몇 명은 하나같이 자결로 모든 것을 끝내려 했다. 그러나 관고만은 달랐다. 올 것이 왔다고 생각했는지 아무것도 두렵지 않다는 당당한 표정으로 그들을 꾸짖었다.

"자살을 하면 만사가 끝나는 것인가? 조왕께서는 우리가 꾸민 모반과는 전혀 무관하셔, 그러나 우리로 인해 체포되는 운명에 처하게 됐어. 그대들이 다 죽으면 누가 조왕을 위해 진상을 밝혀주겠는가?"

관고는 말을 마치기 무섭게 죄수 호송 수레에 조왕과 함께 올라탔다. 수레는 바로 장안으로 향했다.

관고는 장안의 옥에서도 전혀 기가 죽지 않았다. 서슬 퍼런 옥리에게 자신의 할 말도 다했다.

"모반에는 우리 몇 사람만 가담했소. 조왕은 진짜 전혀 몰랐소. 나는 아닌 것을 아니라고 할 뿐이오. 추호의 거짓말도 없소."

옥리는 어떻게든 자백을 받아내야만 했다. 곧 지독한 고문이 가해졌다. 그러나 관고는 아무 말도 하지 않았다.

여후는 그래도 사위인 장오가 잘못 되기를 원치 않았다. 유방에게 은근하게 사위를 풀어주라고 권유하기도 했다.

"조왕은 우리의 사위 아닙니까? 공주를 봐서라도 그 사람이 모반을 할 까닭이 없잖아요?"

유방은 하지만 강경했다.

"그 녀석이 천하를 얻어 봐. 우리 딸을 쳐다나 보겠어? 이 기회에 단단히 혼을 내야 해."

얼마 후 옥리가 관고에 대한 심문 상황과 그의 자백을 유방에게 보고했다. 유방은 상당한 감동을 받았다. 그의 입에서는 저절로 찬탄의 말이 흘러나왔다.

"참 괜찮은 사람이로군. 관고 그자와 사이가 좋은 사람이 어디 있는가? 모반의 진상을 좀 확실하게 알아보도록 해야 하겠군."

유방의 말에 중대부 설공(渫公)이 반응을 보였다.

"저는 관고와 동향입니다. 어릴 때부터 봐 와서 그의 사람됨을 너무나 잘 알고 있습니다. 그는 대의를 근본으로 삼고 부귀영화의 유혹을 받지 않는 사람입니다. 또 신용도 잘 지켰습니다."

유방은 내친김에 설공을 관고에게 보내 보다 자세한 내용을 알아보도록 하는 결정을 내렸다. 설공은 바로 친구에게 달려가 물었다.

"자네 솔직하게 말해 보게. 조왕은 모반할 생각이 있었나? 바른말을 하면 자네의 목숨은 내가 책임지겠네."

관고가 대답했다.

"사람은 자신의 부모나 부인과 자식을 가장 사랑해. 그런데 내가 죄를 지었기 때문에 이 사랑하는 삼족이 다 죽음을 당할 처지가 됐어. 그럼에도 나는 조왕이 무고하다는 주장을 하고 있어. 자네는 설마 내가 내 가족보다 조왕을 더 사랑한다고 생각하는가? 조왕은 정말로 모반에 가담하지 않았네. 우리 몇 사람만 그렇게 했을 따름이야."

설공은 유방에게 관고와의 대화 내용을 그대로 보고했다. 유방은 관고의 말을 믿기로 했다. 이어 조왕 장오의 작위를 선평후(宣平侯)로 강등시켰으나 죄는 사면해 줬다. 그는 또 설공을 다시 관고에게 보내 석방해 주겠다는 제의를 했다. 그러자 관고가 비감한 어조로 말했다.

"내가 자살하지 않고 버틴 것은 조왕이 무고하다는 사실을 증명하기 위해서였어. 이제 조왕이 석방됐으니 나로서는 책임을 다한 거야. 이제 죽어도 유감스럽지 않아. 더구나 나는 신하로서 황제를 암살하려 했어. 무슨 염치로 황제를 다시 섬길 수 있겠나? 황제께서는 나를 용서하겠다고 하나 나는 내 자신을 용납하지 못하겠네."

관고는 말을 마치자마자 바로 자결했다. 유방은 관고의 소식을 듣고 다시 한 번 감탄했다. 곧 관고와 함께 장안으로 들어온 휘하의 관리들에 대해서도 모든 죄를 사해 주는 등의 온정을 베풀었다. 심지어 이들 중 일부는 제후왕의 상국으로 임명하기도 했다. 그가 얼마나 충의를 중요한 덕목으로 생각했는지를 알 수 있는 대목이 아닌가 싶다.

진정한 왕자(王者)는 버티기와 양동 작전에 능하다

전투에서는 대체로 강한 쪽이 이긴다. 그러나 실력이 팽팽한 상황에서는 종종 마지막까지 버티는 쪽이 이기는 경우가 많다. 다시 말해 마지막 순간에 두려움과 어려움에 봉착해 물러나거나 움츠리면 실패한다는 얘기다. 유방은 바로 이런 진리를 잘 깨달았다. 항우에게 결정적으로 이기는 전투는 드물었으나 결코 싸움을 두려워하지를 않았다. 또 어려움에 처해서도 그다지 위축되지 않았다. 오히려 그러면 그럴수록 끝까지 버텼다. 그러고는 싸울수록 용감해졌다. 더불어 갈수록 강해졌다. 또 항상 싸우면서도 후방이나 전체적인 정세에도 신경을 썼다. 할 수 있다면 양동 작전도 펼쳤다. 승리는 그의 것이 될 수밖에 없었다.

· · ·

전투의 형세는 언제나 변화무쌍하다. 유리할 때가 있으면 불리할 때도 있다. 그러나 유리하다고 자만하면 안 된다. 마찬가지로 불리하다고 낙담해서도 안 된다. 유리하면 그 판세를 이어가도록 노력해야 하고 불리하면 악착같이 버티면서 전세를 뒤집을 기회를 노려야 한다. 유방은 형양과 성고의 전투에서 항우의 공세에 속절없이 밀리고 있었다. 공(鞏)현과 낙(洛)현 일대로 철수를 하는 것이 최선의 길인 것처럼 보였다. 최악의 경우에는 철수를 생각하지 않을 수도 없었다. 그는 그러나 밀리기 시작하면 한없이 밀릴 수 있다는 사실을 걱정하고 있었다. 어떻게든 버티는 것이 최선이었다. 그는 급기야 역이기에게 어떻게 하면 이 곤경을 타개할 수 있을 것인지를 물었다. 역이기가 대답했다.

"지금 항우는 겉으로만 강해 보입니다. 충분히 그에게 대적할 수 있습니다. 이런 상황에서 대왕께서 철수를 하는 것은 기회를 놓치는 선택이 될 수 있습니다. 잘못된 전략입니다. 한나라와 초나라는 오랫동안 대치 상태에 빠져 있습니다. 온 천하가 혼란스럽기 그지없습니다. 백성은 술렁이고 있습니다. 이럴 때 대왕께서는 형양을 공략해 곳간이 꽉 차 있는 오창(敖倉)을 차지해야 합니다. 또 성고의 험한 지형을 이용해 태행산(太行山)으로 통하는 길을 가로막아야 합니다. 비호구(飛狐口)와 백마진(白馬津)을 지켜야 합니다. 이렇게 하면 제후들에게 대왕이 유리한 형국에 처해 있다는 사실을 보여 줄 수 있습니다. 자연스럽게 천하의 민심도 대왕에게 돌아올 것입니다. 이제 연과 조나라는 평정됐습니다. 오로지 제(齊)나라만 귀순하지 않았습니다. 그러니 지금 저를 제나라 사신으로 보내 대왕에게 귀순하라고 설득할 수 있도록 하십시오."

한 번 밀리면 형세가 점점 항우에게 유리해질 것이라는 역이기의 건의는 상당히 논리적이었다. 유방은 자신의 생각과도 거의 일치하는 역이기의 건의를 즉각 받아들였다. 역이기는 곧 제나라로 달려갔다. 그는 도착하자마자 제왕 전광에게 물었다.

"대왕께서는 누가 천하를 통일할 것으로 보십니까?"

전광이 대답했다.

"내가 그걸 어찌 알겠소? 한왕과 초왕이 아직 치열하게 전투를 벌이고 있지 않소."

"대왕께서 만약 누가 천하를 통일할지 예측할 수 있다면 제나라를 계속 소유할 수 있습니다. 그러나 예측하지 못하면 제나라는 대왕의 손에서 떠나가게 됩니다."

"공은 누구에게 돌아갈 것으로 보고 있소?"

"한왕에게 돌아갈 것이 분명합니다."

"어떻게 그걸 알 수 있소?"

"한왕과 초왕은 당초에 진나라를 협공해 들어갈 때 약속한 것이 있었습니다. 먼저 관중에 들어간 사람은 관중왕이 된다는 사실을 말입니다. 그러나 초왕은 한왕이 먼저 관중에 들어갔음에도 약속을 저버렸습니다. 한왕을 관중왕이 아닌 한왕으로 봉했습니다. 또 초왕은 천하가 함께 섬기자고 약속한 의제를 죽여 버렸습니다. 한왕은 이 소식을 들은 다음 군대를 동원해 삼진을 공격했습니다. 동시에 항우의 죄를 묻는다고 선언하기도 했습니다. 이후 한왕은 천하의 병사들을 모집하고 제후들의 후예를 각지에 봉했습니다. 나아가 장군들이 성을 공격해 취하면 이를 그대로 나눠줬습니다. 재물을 획득하면 선비들에게 나눠줬습니다. 자신의 이익을 천하의 사람들과 함께했습니다. 그 때문에 천하의 호걸과 영웅들이 다 기꺼이 한왕의 수하로 들어왔습니다."

전광은 역이기의 말이 상당히 조리가 있다고 생각했다. 유방에게 귀순하겠다는 결정은 그리 어렵지 않게 내려졌다. 그는 즉각 역하(歷下)에 주둔 중이던 제나라 병사들에게 내린 경계 상태 진입 명령을 철회했다. 얼마 후 제나라의 70여 개에 이르는 성은 병사 한 명 동원하지 않았는데도 유방의 손에 떨어졌다.

항우는 이미지에서 알 수 있듯 강했다. 후퇴라는 것을 몰랐다. 부러질지언정 무릎을 꿇지는 않았다. 그러나 유연하지 못했다. 아마 그래서 해하의 싸움에서 패한 다음 다른 선택의 여지가 많았음에도 자결을 했는지도 모른다. 이에 반해 유방은 강하지는 않았다. 그렇더라도 부러지지는 않았다. 게다가 버티는 힘도 좋았다. 최악의 경우에 몰리게 될 때는 다른 선택의 여지가 없는지도 생각했다. 무력뿐만 아니라 항상 외교적 수단을 모색한 것이다. 나쁘게 말하면 양다리 걸치기라고 하겠으나 좋게 말하면 성동격서, 양동작전에도 상당한 신경을 기울였다고 할 수 있다. 한마디로 유연했다. 그가 전반적인 판세에서는 늘 밀리는 모습을 보였으면서도 마지막 승부에서 이긴 것은 바로 이런 버티기와 유연함이 있었기 때문이 아닐까 싶다.

말 위에서는 천하를 다스리지 못한다

천하를 얻기 위해서는 마지막에는 무력에 의지해야 한다. 이것은 어쩔 수 없는 진리이다. 그러나 천하를 통치하는 데에도 무력에 의지하면 큰일이 난다. 진시황 꼴을 면치 못한다. 그렇다면 어떻게 해야 하는가? 문치(文治)에 의지하는 것이 옳다. 옛말에도 "무력으로 천하를 얻을 수는 있으나 천하를 통치할 수는 없다."라는 말이 있지 않은가. 천하를 통치하려면 필요한 덕목도 있다. 누가 도움이 되는지를 알아야 하는 것이 바로 이 덕목이다. 이런 혜안은 사람을 관리하는 기술과도 연관이 된다. 유방은 나라를 세웠던 초창기에는 선비에 대해 대단한 편견을 가지고 있었다. 특히 유학을 공부하는 이들의 주장은 엄청나게 싫어했다. 그러나 천하를 얻은 다음부터는 유연해졌다. 관용으로 사람을 관리해야 하는 법을 알았다. 그가 이렇게 되는 데에는 무엇보다 서생 출신인 육가의 힘이 컸다.

• • •

어느 날이었다. 육가가 유방을 만난 김에 기회를 놓치지 않고 유가 경전의 에센스에 대해 역설했다. 유방은 예의 병이 도졌다. 도저히 참을 수가 없는지 마구 욕설을 퍼부었다.

"나는 말 위에서 천하를 얻은 사람이야. 무력으로 천하를 얻은 사람이라고. 그런데 이제 『상서』나 『시경』 따위가 무슨 쓸모가 있겠어. 그것들은 모두 다 쓰레기야. 오죽했으면 진시황이 그것들을 다 불 질러 버렸겠어. 나는 그런 허접한 내용들은 알 필요가 없어."

그러나 육가도 이번에는 물러서지 않겠다는 각오로 말했다.

"무력으로 탈취하기는 합니다. 그러나 무력으로 과연 천하를 다스릴 수가 있겠습니까? 말 위에서 천하를 얻었다고 해서 말 위에서 통치하는 것은 곤란합니다."

육가는 초나라 사람이었다. 지식이 해박했을 뿐 아니라 머리가 아주 영민했다. 유방이 함곡관에서 진나라 대군과 맞닥뜨렸을 때는 뇌물로 진나라 장군을 매수해 성공적인 작전을 펼치도록 하는 공훈을 세우기도 했다. 심지어 그는 단신으로 초나라 군영으로 달려가 항우에게 인질로 잡혀 있는 유방의 아버지와 여치를 구해내려는 과감한 시도를 한 적이 있었다. 유방에게는 고마운 신하였던 셈이다. 그가 계속 말을 이었다.

"옛날에 상나라 탕왕과 주나라 무왕은 무력으로 천하를 탈취하기는 했습니다. 그러나 그다음에는 어떻게 했나요. 창과 칼을 녹여 보습으로 삼았습니다. 문치로 천하를 다스리려고 한 것이죠. 그래서 그들의 통치는 성공했습니다. 나라가 길이 후손에게 전해졌습니다."

"천하를 손아귀에 넣은 다음에도 패도(覇道)를 추구한 왕도 없지 않은 것으로 나는 알고 있어? 그렇지 않은가?"

유방 역시 지지 않았다. 육가의 말이 틀린 것은 아니라는 생각이 들기는 했으나 오기가 도진 것이다.

"없지는 않았습니다. 오나라 왕 부차(夫差)와 진(晉)나라의 지백(智伯)이 그랬습니다. 하지만 그들은 너무 무력만 숭상한 탓에 자신의 정권을 잃어버렸습니다."

"계속해 보게."

"진나라는 또 어땠습니까? 황제들이 가혹한 법률과 형벌만 맹신한 탓에 바닷가의 신기루처럼 멸망하지 않았습니까. 형벌만으로 백성들을 다스리면 마음으로 따르지 않게 됩니다. 그러나 인의로 폭력을 대신하면 진정한 권위를 세울 수 있습니다. 백성들이 아마 감격할 것입니다. 한나라의 천하가 길이 유지되도록 하려면 반드시 진나라의 폐정과는 반대되는 방향으로 가야 합니다. 백성들을 쉬게 하고 인의로 복종을 시켜야 합니다."

"……"

"제왕은 절대로 사치하거나 방종해서는 안 됩니다. 문치를 도외시하고 무력에 의지하는 제왕은 이렇게 되기 쉽습니다. 노나라의 장공(莊公)이 대표적입니다. 사치하고 음란한 삶을 누리려다 나라를 망쳤습니다. 가까운 교훈은 앞서 망한 진나라에서도 찾을 수 있습니다. 진시황과 진

이세의 사치스러운 삶은 왜 그렇게 되었겠습니까? 만약 문치로 나라를 다스리려고 했다면 그렇게까지는 하지 않았을 겁니다. 결국에는 사회의 풍기를 문란하게 했습니다. 백성들의 고통도 극에 달했습니다. 그 때문에 진나라의 멸망은 아주 자연스러운 일이라고 할 수 있습니다. 역사의 이런 교훈들을 거울삼아 군주와 대신들은 자신의 욕심을 절제하고 청렴한 풍기를 만들어가야 합니다."

유방은 제위에 오르고 나서도 남을 욕하는 버릇을 고치지 못했다. 특히 이 버릇은 유생들을 만났을 때는 더 심했다. 차마 입에 담기 어려운 모욕을 주는 것이 다반사였다. 상산사호가 굳이 유방의 강권에도 불구하고 출사하지 않은 것은 다 이유가 있었다. 그러나 그는 잘못을 알면 고치는 장점이 있었다. 그게 유생의 지적이라고 해도 다를 까닭이 없었다. 그는 육가의 장광설이 틀리지 않는다고 생각했다. 진나라의 비극이 말 위에서 얻은 국가를 말 위에서 다스리려 했기 때문에 생긴 것이라는 사실을. 그는 즉각 육가의 주장을 전부 받아들였다. 이후 그는 문치에 힘을 써 백성들을 편안하게 쉬도록 했다. 이어 한 고조 11년 2월에는 조서를 발표해 문치의 확대를 위해 천하의 인재들을 모집하는 노력을 기울였다. 문경지치의 서막은 바로 이렇게 올랐다.

제9장
남과 자신을 분명히 아는 군주

고대로부터 다른 사람의 장점과 자신의 결점을 정확하게 파악할 수 있는 지도자는 흔하지 않았다. 유방은 그런 흔하지 않은 사람 중의 한 명이었다. 초한 전쟁 초기에 한신이 유방에게 물었다.
"대왕은 자신이 항우에 비할 수 있다고 생각합니까?"
이에 유방이 대답했다.
"나는 항우에 비할 수가 없어."
유방의 대답은 시원스러웠다. 자신을 알아도 너무나 잘 알았다. 훗날 한신이 유방에게 자신을 제왕(齊王)으로 봉해 달라고 할 때였다. 좌우의 부하들은 하나같이 분노했다. 모두들 군대를 일으켜 한신을 공격하라고 권했다. 이에 누군가가 유방에게 물었다.
"만약에 대왕께서 한신과 싸우면 누구에게 승산이 많을까요? 대왕에게 많을까요? 아니면 한신에게 많을까요?"
유방이 대답했다.
"내가 한신에게 미치지 못할 거야."
유방은 자신의 약점을 분명하게 알고 있었다. 그러나 그에게는 확실한 장점이 있었다. 그건 남의 장점과 재능을 발휘하게 하는 것이었다. 이로 볼 때 유방이야말로 자신의 적들보다는 한 수위에 있다고 할 수 있었다. 이런 사람이 천하의 주인이 되지 않을 수가 있었을까?

너그러운 아량으로 천하를 품다

천지는 만물을 용납할 수 있는 도량이 있다. 이런 것처럼 큰 공을 이루려는 사람도 넓은 도량이 있어야 한다. 항우는 산을 뽑을 수 있는 엄청난 힘과 세상을 뒤덮는 기개를 가지고 있었다. 그래서 진나라를 타도할 수 있었다. 그러나 유방과 쟁패를 한 결과는 의외로 패배였다. 항우가 실패한 원인은 어디에 있었을까? 사람을 용납할 수 있는 도량이 없었기 때문에 그랬다. 그는 심지어 범증처럼 세상에 필적할 사람이 없는 뛰어난 인물조차 용납하지 않았다. 반면 유방은 무뢰한에 지나지 않았으나 범증에 필적할 만한 인재들을 무수히 용납할 수 있었다. 천하를 용납할 수 있는 도량이 있어야 그 어떤 조건에 직면해서도 언제 어디서나 천하를 용납하게 된다. 지도자의 아량이 진짜 이토록 넓으면 당연히 천지와 같은 광대함을 누리게 된다. 태양이나 달과 같은 역할을 하는 것도 어렵지 않게 된다.

· · ·

 큰일을 이룩한 사람 중에 넓은 도량이 없는 사람은 거의 없다. 성인 같은 기량이 있어야 천지를 용납할 수 있고 사람을 용납하는 능력이 있어야 인재를 용납할 수 있기 때문이다. 친소나 호오(好惡)에 불구하고 일률적으로 넓은 도량으로 인재를 용납한다면 누가 복종하지 않을 수가 있겠는가?
 유방이 처음 역이기를 접견할 때였다. 이때 그는 침대에 앉은 채 시녀 두 명이 그의 발을 씻기고 있었다. 역이기로서는 모욕적인 모습이 아닐 수 없었다. 그러나 역이기는 성질을 꾹 참고 물었다.
 "귀하는 진나라를 도와 제후들을 공격할 계획입니까? 아니면 제후들을 데리고 진나라를 공격할 계획입니까? 정확하게 말씀을 해 주셔야 저도 귀하를 위한 제 생각을 말씀드릴 수 있겠습니다."
 유방이 역이기의 엉뚱한 질문에 화가 나서 말했다.
 "지금 온 천하가 진나라로 인해 시달려 왔소. 그것도 아주 오랫동안 말이오. 당연히 지금 제후들은 진나라를 쳐부수려고 하고 있소. 그런 마당에 진나라를 도와 제후들을 공격하겠느냐는 말을 하니 그게 도대체 무슨 소리요? 몰라서 묻는 거요? 아니면 나를 모욕하려고 묻는 거요?"
 역이기가 말을 이었다.
 "귀하는 병력을 모집하고 의로운 기치를 들었습니다. 그러면서 천도(天道)에 거역하는 진나라를 쳐부수려고도 하고 있습니다. 그런데 이런 태도로 어떻게 장자(長者)를 상대할 수 있겠습니까? 이렇게 하면 천하의 인재들이 다 도망갈 것이라는 사실을 모르지는 않겠죠?"

유방은 역이기의 말에 깨닫는 바가 있었다. 즉시 발 씻기를 그만두고 일어나 의관을 정제했다. 이어 역이기를 상좌에 앉히면서 사과했다. 그제서야 역이기는 유방에게 천하의 제후들과 연합해 포악한 진나라를 전복시킬 수 있는 전략을 내놓았다.

이 얘기에서 알 수 있듯 유방의 도량은 분명히 대단히 넓었다. 그는 겸손하고 예의 바르게 사람을 대해야 인재를 얻을 수 있다는 사실을 너무나 잘 알았다. 또 추대를 받을 수 있다는 사실 역시 알았다.

옛사람들은 "장군의 이마에서는 말이 달릴 수 있다. 또 재상의 뱃속에서는 배가 다닐 수 있다."라는 말을 했다. 이 말은 큰일을 하는 사람은 넓은 도량이 있어야 한다는 얘기다. 부하들의 작은 실수를 두고 마구 꾸짖지 말라는 뜻도 가지고 있다. 사실 부하가 잘못을 저지른다면 지도자 역시 피할 수 없는 책임이 있다. 이럴 때에는 부하를 용서해야 한다. 또 회개하고 공로를 세우는 기회를 줘야 한다. 이렇게 하면 비로소 부하들은 두 마음 없이 충성을 다하게 된다.

그렇다면 유방은 진짜 그랬을까? 『사기』를 비롯한 각종 사서를 보면 정말 그랬다고 한다. 우선 그는 남의 단점을 충분히 이해했다. 받아들이기도 했다. "세상에 100퍼센트 순도의 금은 없다. 완벽한 사람은 없다."라는 사실을 분명히 알고 있었던 것이다.

유방은 남의 개성도 존중했다. 그의 부하들이 다양한 경력을 가진 사람들이었다는 사실은 무엇보다 이런 사실을 잘 말해 준다. 남의 잘못 역시 통 크게 받아들였다. "사람은 성현이 아니다. 어느 누가 잘못이 없겠는가?"라는 생각을 했다고 볼 수 있다. 배반을 했던 위표를 흔쾌히 받아들인 것이 이런 사실을 분명히 보여 준다. 그는 남의 공로 역시 흔쾌히 받아들였다. 부하의 공로가 자신의 공로라는 점을 확실하게 인식한 탓이었다. 공로가 있는 이들에게는 가능한 한 후한 상을 내린 것도 이런 그의 성격과 밀접한 관련이 있었다. 이 점에서 그는 상에 관한 한 무척이나 인색했던 항우와는 극도로 차별화된 사람이었다고 할 수 있다.

토사구팽은 어쩔 수 없는 선택이다

토사구팽이라는 말이 있다. 이 말은 불후의 진리라고 해야 한다. 중국 역사를 보면 진짜 그렇구나 하는 찬탄이 절로 나온다. 유방이라고 다를 까닭이 없었다. 정권의 공고함을 위해 천하를 통일한 후 토사구팽을 염두에 두고 있었다. 그렇다면 한나라의 개국 공신들은 유방의 이런 생각에 어떻게 대응했을까? 장량은 가장 먼저 현실을 직시하고 미련 없이 은퇴해 목숨을 보전했다. 소하는 장량보다는 한발 늦었다. 하지만 그 역시 스스로 명예를 훼손함으로써 목숨을 건졌다. 반면 한신은 현실을 직시하지 못했다. 급기야는 비참하게 살해를 당했다.

・・・

유방은 천하를 탈취한 후에 환호작약해야 했다. 하지만 그는 그러지를 못했다. 주변의 공신들이 너무 막강한 권력을 틀어쥐고 있었기 때문이다. 우선 한신은 막강한 권력을 가지고 있었을 뿐 아니라 주변 제후나 장군들로부터 굉장한 신망을 얻고 있었다. 유방으로서는 입맛도 나지 않고 잠도 이루지 못할 상황일 수밖에 없었다. 눈치 빠른 장량은 당연히 그의 속마음을 헤아리고 있었다. 이에 사적인 자리에서 한신에게 은근하게 말했다.

"왕께서는 혹시 춘추전국 시대의 월나라 왕 구천(勾踐)이 측근인 문종(文種)을 죽인 얘기를 알고 있습니까? 고대로부터 공신은 군주와 환난을 같이 할 수는 있습니다. 그러나 같이 복락을 누릴 수는 없는 법이에요. 날아다니는 새를 쏜 다음에는 활은 숨겨야 합니다. 영리한 토끼를 잡은 후에는 사냥개를 삶아 먹는 것이 인지상정이고요. 우리는 이런 옛사람의 교훈을 받아들여야 하겠습니다. 내 말 알겠습니까?"

그러나 한신은 장량의 충고를 무시했다. 자신은 사냥개가 아니라는 생각이 강했던 것이다. 더구나 그도 한때는 유방과 어깨를 나란히 하는 영웅이 아니던가. 하지만 그의 이런 생각은 그를 불귀의 객으로 만들고 말았다. 영웅답지 않은 최후를 맞이하도록 강요했다. 반면 장량은 자신의 말에 충실했다. 그는 이때 인생의 최고 전성기에 접어들고 있었다. 잘하면 곧 만인지상, 일인지하의 자리에 오를 가능성도 높았다. 그러나 그는 미련 없이 은퇴하기로 마음을 굳혔다. 곧 유방을 알현, 자신의 생각을 밝혔다.

"이제 제 할 일을 다 했습니다. 고향으로 돌아가 음풍농월하면서 살고 싶습니다. 허락해 주십시오."

유방은 짐짓 아쉬워하는 표정을 지으면서 말했다.

"아직 때가 아니오. 나를 위해 더 힘을 써 주시오. 이 나라를 반석 위에 올리려면 그대 같은 인재들의 조력이 필요하오."

장량은 자신의 고집을 꺾지 않았다. 유방은 못 이기는 척하고 그의 간청을 들어줬다.

그렇다면 소하는 어떻게 했을까? 일련의 과정을 봐야 이해가 쉬울 것 같다. 유방은 항우를 격파하고 천하를 통일한 다음 각자의 공로에 따라 포상을 하기 시작했다. 당연히 모든 공신들은 다 자신의 공로가 가장 크다고 주장하면서 많은 포상을 요구했다. 이렇게 다툰 탓에 1년이 지났어도 공신들의 순위를 매기는 것은 불가능했다. 할 수 없이 유방이 나섰다.

"나는 소하의 공로가 제일 크다고 생각하오. 그를 찬후(鄼侯)로 봉하고 제일 많은 식읍을 주도록 하겠소."

그러자 공신들이 일제히 반박했다.

"우리는 전쟁터에서 피와 땀을 흘려 전공을 세웠습니다. 많으면 100여 번이나 작전에 나섰습니다. 적어도 몇십 번은 출병을 했습니다. 수없이 성이나 땅도 빼앗았습니다. 모두 크고 작은 공로를 세웠습니다. 그러나 소하는 전투에 직접 참여한 적도 없습니다. 아무 전공도 세우지 못했습니다. 그저 글만 쓸 줄 알뿐입니다. 한마디로 말만 멋지게 하면서 직접 작전한 적이 없습니다. 폐하께서는 그런데도 오히려 그의 공로를 우리보다 높게 매겼습니다. 이게 도대체 어쩐 일입니까?"

유방이 지체 없이 말했다.

"그대들은 사냥을 할 줄 알겠지?"

공신들이 대답했다.

"압니다."

"사냥할 때 사냥감을 추격하는 것은 사냥개야. 그러나 사냥감의 흔적을 발견하고 추격하는 것은 사냥개에게 어디로 가라고 지시하는 사냥꾼이야. 그대들도 사냥개처럼 사냥감만 얻을 수 있는 사람이야. 그러나 소하는 사냥감의 흔적을 발견하고 가야 할 방향을 지시했어. 사냥꾼이라는 얘기지. 더구나 그대들 대부분은 모두 혼자 나를 따랐어. 그렇지 않은 일부도 많아야 두세 명의 가족만 데리고 나를 따랐다고. 그러나 소하는 자신의 가족 모두를 데리고 나를 따랐어. 나로서는 그의 공로를 잊을 수 없어."

공신들은 유방의 말에 감히 계속 반대 의견을 내놓지 못했다. 소하는 유방의 이런 평가에 감격했다. 자신에 대한 생각이 시종여일하다고 생각하기도 했다. 더욱 충성스럽게 국정을 돌본 것도 자신에 대한 유방의 확고한 믿음과 밀접한 관계가 있었다. 또 한신을 제거하는 계획의 추진에도 적극적으로 협력했다. 그러나 그는 한신을 제거하는 과정에서 유방이 공신들의 제거에 혈안이 돼 있다는 사실을 알게 모르게 깨달았다. 자신에 대한 생각도 변했을 것이라는 판단을 하는 것은 이상할 게 없었다. 급기야 그는 유방의 변심에 대비해야겠다는 생각을 하기에 이르렀다. 그리고 계획을 바로 행동으로 옮겼다.

유방이 경포의 난을 평정하고 대군을 몰고 장안으로 돌아올 때였다. 웬일로 백성들이 경쟁적으로 그의 길을 막았다. 유방이 물었다.

"그대들은 왜 내 앞길을 막는 것인가?"

백성들이 대답했다.

"소하 상국께서 강제로 토짓값을 낮췄습니다. 이어 자신이 막대한 규모의 토지를 사들여 강점했습니다."

유빙이 조정에 돌아오자 소하가 바로 모습을 드러냈다. 유방은 웃음 어린 얼굴로 소하에게 말했다.

"당당한 한나라의 상국이 어떻게 백성들의 토지를 강탈할 수 있는 거요? 알량한 이익을 취하려고 그랬다는 말이오?"

유방은 소하를 비웃으면서 백성들이 그에게 올린 소송 서류를 건넸다. 이어 준엄하게 명령했다.

"상국은 백성들에게 사죄를 하시오!"

소하는 스스로 명예를 떨어뜨리는 자신의 행동에 유방이 걸려들었다는 사실을 분명히 느꼈다. 이제 유방의 의심은 어느 정도 피할 수 있다는 생각도 들었다. 그러나 그는 내친김에 유방의 명령에 엉뚱한 말로 대답을 대신했다. 자신을 더욱 속물로 보도록 해야 한다는 생각이 들었던 것이다.

"장안 일대에는 경지가 적습니다. 그러나 상림원(上林苑, 황제의 동산. 새나 동물을 길렀음)에는 사용하지 않는 땅이 많습니다. 청컨대 이 땅을 개방해 백성들에게 개간하도록 해 주십시오. 농사를 지어 수확을 하게 되면 백성들이 가져가도록 해야 합니다."

유방은 화가 치밀었다. 백성의 고혈을 짠 소하가 이제는 자신의 재산까지 노린다고 생각한 것이다. 그예 험한 말이 튀어나오고 말았다.

"상국은 상인들의 뇌물을 받고 그들을 위해 내 상림원을 개방하라는 것이 아니오! 백성을 핑계로 대기는."

유방은 바로 정위에게 소하를 투옥시키도록 했다. 며칠 후 왕씨 성을 가진 위위(王衛尉)가 유방에게 물었다.

"소상국은 도대체 무슨 심각한 죄를 저질렀습니까? 폐하께서 갑자기 그를 투옥하신 게 이해가 되지 않습니다."

유방이 대답했다.

"내가 듣기로는 이사가 진나라 승상이 될 때 모든 공로를 다 진시황에게 돌렸다고 하오. 대신 악명은 다 자신에게 오게 했소. 그러나 소상국은 전혀 그렇지 않아. 오히려 한편으로는 상인들의 뇌물을 받으면서 한편으로는 백성들을 위해 청원하는 식으로 민심을 산다고. 그래서 내가 그를 투옥시켰지."

왕위위가 다시 말했다.

"백성들에게 유익한 것을 황제에게 간청하는 것은 원래 승상이 해야 할 일입니다. 그리고 폐하께서는 어떻게 소상국이 상인들의 뇌물을 받았다고 생각하십니까? 폐하께서는 과거 초나라와 싸울 때나 진희, 경포의 난을 평정할 때 다 직접 출정하셨습니다. 그동안에 소상국은 폐하를 위해 관중을 지켰습니다. 조금만 손을 쓰면 관중 서쪽의 땅을 폐하의 손에서 빼앗아갈 수 있었을 것입니다. 소상국은 그렇게 좋은 기회에 자신의 사욕을 챙기지 않았습니다. 그런데 설마 이제 상인들의 뇌물을 탐내겠습니까? 또 이사의 행동은 바람직한 것이 아닙니다. 그는 줄곧 황제를 방임했습니다. 황제에게 자신의 잘못을 모르게 했습니다. 그래서 진나라가 멸망했던 것 아닙니까? 소상국은 그렇게 천박한 사람이 아닙니다."

유방은 왕위위의 말에 기분이 언짢았다. 그러나 가만히 생각해 보니 틀린 말은 아니었다. 그는 소하를 석방하는 조치를 단행했다. 소하는 즉각 유방에게 사죄를 하러 갔다. 이에 유방이 말했다.

"상국은 이렇게 하지 마시오. 상국은 백성을 위해 청원한 것이오. 내가 허락하지 않으면 걸왕이나 주왕이 되지 않을 거요."

유방은 소하의 쇼와 트릭에 완전히 넘어갔다. 소하가 대권보다는 재물에 눈이 어두운 탐관오리에다 자신의 자리에 충실한 현실주의자일 것이라는 쪽으로 생각을 굳힌 것이다. 이렇게 해서 소하는 장량과 같은 선택을 하지 않고도 한신이 당한 횡액을 피할 수 있었다. 토사구팽이 어쩔 수 없는 선택이라는 사실을 몰랐다면 아마도 그 역시 이런 쇼는 못했을 것이다. 정권의 공고화를 위해 토사구팽에 나서려고 했던 유방도 만만치 않은 인물이었으나 소하는 그보다 한 수는 위였다고 해도 좋을 듯하다.

인재의 장점을 개발하다

유방은 평민 출신으로 천하를 제패하는 기적을 일궈냈으나 실상 본인의 재주는 보잘것없었다. 그러나 인력 자원의 관리에 있어서는 거의 신의 경지에 진입했다고 할 수 있었다. 그는 휘하의 인재들을 적절한 자리에 배치할 줄 알았다. 예컨대 그는 한신에게 자신의 군대를 총 지휘하도록 했다. 또 장량은 모사로 썼다. 소하에게는 나라를 다스리도록 했다. 각 인재들로 하여금 자신의 역할을 발휘하게 만드는 재주가 있었던 것이다. 사실 인재는 얻기 어렵다. 이런 인재들을 유방은 어떻게 발탁했을까?

・・・

유방은 어떻게 해서든 천하를 탈취하고 싶었다. 하지만 그는 많은 부분에 있어서 항우에 크게 못 미쳤다. 꿈을 현실로 만들기는 사실상 거의 불가능한 것처럼 보였다. 그러나 그에게는 인재를 잘 식별하는 장점이 있었다. 또 발굴한 인재의 장점을 잘 살리고 쓰면 의심하지 않는 것도 항우에게는 없는 탁월한 장점이었다. 심지어 그는 적 진영에서 홀대를 받는 인재를 스카우트해 적재적소에 등용하고는 했다. 예컨대 한신이 이 경우에 해당했다. 한신은 비슷한 스타일인 항우 밑에서 능력을 발휘할 기회가 없었다. 그러나 소하의 추천으로 유방의 그늘로 들어오자마자 중용을 받았다. 진평도 그랬다. 원래 항우 아래에서 도위로 있었으나 단 한 번의 과실로 죽음의 위협에 직면하자 유방에게 투항, 꿈을 펼칠 수 있었다. 유방은 극단적으로 자신과 마찰이 있었던 사람도 원한을 품지 않고 적절하게 등용했다. 주발과 관영이 대표적으로 꼽힐 수 있다. 둘은 유방을 비난한 적이 있었다. 유방은 그러나 이들에게 칼을 들이대지 않았다. 오히려 장군들을 감독하는 직책을 맡겨 능력을 발휘하도록 했다.

유방은 항우와의 전쟁에서 승리한 다음 자신의 공신 및 장군들과 함께 승리의 원인에 대한 토론을 벌인 적이 있었다. 이때 그는 이렇게 운을 뗐다.

"그대들은 한번 말해보시오. 나는 항우와 천하를 놓고 다퉜소. 그런데 뛰어난 무인인 그는 실패했소. 반면 나는 성공했소. 이유가 뭐겠소?"

대신과 장군들은 경쟁하듯 대답을 내놓았다. 모두가 제각각이었다. 유방은 조용히 듣고만 있다 한참 후에 입을 열었다.

"그대들은 하나만 알고 둘은 모르오. '군막 안에서 전략, 전술을 세워 천리 밖에서 승리한다.'라는 기준에서 보면 나는 장량에 훨씬 미치지 못하오. 백성을 안정시키고 나라를 잘 다스리면서 군량미를 적절하게 공급하는 재주는 내가 소하에 미치지 못하오. 백만 명의 대군을 지휘해 백전백승하는 능력은 한신이 나보다 훨씬 위에 있소. 이 세 사람은 지금 천하의 인걸이오. 그러나 나는 이 인걸들을 등용할 줄 알았소. 그래서 천하를 얻게 된 것이오. 그러나 항우는 어땠소? 옆에 유일하게 남아 있던 범증조차 쓸 줄 몰랐소. 그 사람만 제대로 썼어도 나는 항우에게 이기지 못했을 수도 있었소. 결국에는 천하를 잃어버렸소."

유방의 말에 주변의 대신, 장군들은 가만히 고개를 끄덕일 수밖에 없었다. 정말 정확한 지적이었던 것이다.

한번은 유방이 한신에게 물었다.

"그대는 얼마의 병사를 지휘할 수 있소?"

한신이 자신감 넘치는 어조로 대답했다.

"많으면 많을수록 좋습니다."

"그렇다면 나는 얼마의 병사를 지휘할 수 있을 것 같소?"

"폐하께서는 많아야 10만 명의 대군을 지휘할 수 있습니다."

"그러면 그대는 왜 나를 위해 힘을 바치는 것이오?"

"폐하께서는 많은 병사들을 다루지는 못하나 장군은 지휘할 수가 있기 때문입니다."

한신의 말은 정곡을 찔렀다. 그렇다. 유방은 마치 물건을 사용하듯 각 인재들의 장점을 살려 등용을 했다. 실제로 인재의 장점에 초점을 두면 인재를 발견하는 것이 어렵지 않다. 또 등용할 수 있고 소유할 수도 있다. 만약에 그렇지 않고 까다로운 기준으로 인재를 구하고 단점만 보면 인재의 마음을 얻는 것은 불가능하다.

그렇다면 유방은 어떻게 이런 장점을 몸에 익히게 됐을까. 이유는 여러 가지가 있을 수 있다. 우선 차이점을 인정했다. 이 세상의 만물은 원래 천차만별이다. 쌍둥이도 차이가 있다. 유방은 이 진리를 본능적으로 알았다. 같은 점에 초점을 두고 다른 점을 마음에 두지 않았다는 것도 이유가 될 수 있다. 같음을 추구했으니 주변 사람들의 단점보다는 장점이 보일 수밖에 없는 것이다. 다른 사람을 알려고 노력을 했다는 사실 역시 무시하기 어렵다. 남에 대한 배려를 했다는 얘기다. 단점이 보일 가능성이 적을 수밖에 없다.

유방의 일생을 보면 그는 인재를 아끼는 마음을 누구보다 더 철저하게 가지고 있었다. 인재를 식별하는 능력 역시 뛰어났다. 인재를 등용하는 것에는 거의 동물적 감각이 있었다. 게다가 인재를 용납하는 도량이나 인재를 키우는 방법 등에서도 항우가 가지고 있지 못한 뛰어난 능력을 보유하고 있었다. 그리고 이런 장점을 바탕으로 온 천하의 인재를 자신의 곁에 두고 최적의 조합을 일궈냈다. 항우에게 진다는 것이 이상할 수 있었다.

현대의 지도자 역시 다르지 않다. 유방이 가졌던 인재관과 용인관을 가지고 일을 해 나갈 경우 유방과 같은 성공을 할 가능성이 높다. 유방의 인재를 아끼는 용인술은 지금에도 유용한 것이다.

지식인을 존중하고 등용한 무뢰한

유방에게는 무뢰한의 이미지가 강하다. 오늘날로 따지면 조폭 정도로 불려도 크게 틀리지 않을지 모른다. 이는 그가 지식인을 멸시한 것과도 연관이 있다. 그래서 후세 사람들로부터 책을 한 자도 읽지 않은 무식한 사람으로 각인돼 있는지 모를 일이다. 그러나 그건 어디까지나 그의 외면적인 형상이다. 그의 실제 모습은 다소 달랐다. 지식을 존중했을 뿐 아니라 천재를 잘 등용했다. 그렇지 않았다면 그가 어떻게 대업을 성취했겠는가? 설사 대업을 성취했더라도 어떻게 왕조의 기틀을 확고히 잡았겠는가? 이런 편견에서 벗어나야 유방을 제대로 이해할 수 있지 않을까 생각된다.

• • •

유방은 일자무식한 사람이 아니었다. 어린 시절에는 학교도 다녔다. 심지어 유방의 남동생 초원왕(楚元王) 유교(劉交)는 몇 명의 대유(大儒)와 동문수학했을 뿐 아니라 친분도 두터웠다. 따라서 유방이 받은 교육이 일반인이 생각하는 것보다는 높은 수준이었을 수도 있었다. 물론 기록으로는 더 이상의 내용은 전해오고 있지 않다. 그저 유방과 노관이 동창이었다는 기록만 남아 있을 뿐이다.

유방은 심지어 지식인을 중요하게 생각하는 정도가 항우보다 한 수위에 있었다. 두 사람의 일화를 살펴보면 바로 증명이 된다. 항우와 유방은 자신들의 정통성을 확보하기 위해 초나라 마지막 왕의 손자인 웅심(熊心)을 수소문 끝에 찾아 회왕으로 옹립했다. 이어 외관상으로는 회왕을 섬기면서 진나라를 멸망시켰다. 이때 항우는 회왕에 대해 전혀 인정하지 않았다. 상징적인 면에서도 나름의 공헌이 없지는 않았는데도 말이다. 그의 말을 들어볼 필요가 있을 것 같다.

"우리는 3년 동안 싸움터에서 풍찬노숙하면서 혈전을 벌였다. 진나라를 멸망시키고 천하를 평정한 것은 절대로 회왕이 아니다. 그것은 제후들과 장군들의 공로에서 비롯된 것이다."

이처럼 항우는 외견적으로 드러난 공훈에 천착했다. 반면 유방은 달랐다. 단적으로 항우를 물리치고 논공행상을 할 때 그랬다. 전투에는 참전조차 하지 않은 소하를 최고의 공신으로 지목한 것이다. 항우와는 완전히 수준이 달랐다.

낙양의 현자로 불린 원생(袁生)의 계책을 들어준 것도 그의 지식인에 대한 존중이 어느 정도였는지 말해 주는 것 같다. 유방의 대군이 형양에서 항우의 대군과 대치하고 있을 때였다. 항우는 이때 한나라 대군에 대한 포위 전략으로 군량미 수송을 완전히 차단하려고 했다. 자칫하면 한나라 대군이 군량미 부족에 시달릴 수도 있는 전황이 전개될 상황이었다. 유방은 그러나 당황하지 않고 성동격서의 전략으로 초나라 대군의 포위망 중에서 가장 허술한 곳을 뚫었다. 다행히 유방은 형양을 무사히 탈출할 수 있었다.

유방은 형양에서 탈출한 후 관중에서 군대를 정돈했다. 이어 다시 동진에 나서려 했다. 이때 원생이 계책을 올렸다.

"우리 한나라와 초나라는 형양에서 대치한 지가 벌써 수년이 됐습니다. 서로 팽팽하게 대치하다 보니 한나라 병사들은 자주 곤경에 처했습니다. 부디 바라건대 대왕께서는 무관에서 출병을 하십시오, 그러면 항우는 틀림없이 병사를 이끌고 남하할 것입니다. 그때 대왕께서는 깊은 웅덩이를 파고 고루(高壘, 높은 보루를 의미)를 세우십시오. 그런 다음 지키기만 하고 나가 싸우지 마십시오. 그러면 형양과 성고 일대의 한나라 병사들은 휴식을 취하고 전열을 재정비할 것입니다. 그렇다고 가만히 있어서도 안 됩니다. 우선 한신 등을 보내 황하 이북의 조나라 땅을 위무해야 합니다. 또 연나라와 제나라와 연합을 한 다음 다시 형양으로 진군하면 됩니다. 그래도 절대 늦지 않습니다. 이렇게 하면 초나라 군은 여러 방면에서 시비를 걸어올 것입니다. 자연스레 병력이 분산됩니다. 그러나 우리 한나라는 계속 전열을 재정비할 수 있습니다. 이후 결정적일 때 작전을 벌이면 승리할 수 있습니다."

유방은 원생의 건의가 나름 합리적이라는 생각이 들었다. 이후 철저하게 버티기로 일관했다. 결과는 좋았다. 항우의 부대는 지쳐만 갔고 유방의 군대는 결정적인 순간에 반격할 기회를 얻게 되었다.

유방이 자신보다 낫다고 판단해 건의를 받아준 경우는 이외에도 많다. 이를테면 진평의 계략은 늘 별 의심 없이 받아들였고 장량이나 역이기의 건의 역시 언제나 한 귀로 흘려버리지 않았다. 그는 심지어 유경이 도성을 낙양에서 장안으로 옮기자는 건의도 흔쾌히 받아들이는 파격을 과시하기도 했다. 자신이 가장 경멸했던 유학자인 육가에게는 더 말할 필요조차 없다. 『신어(新語)』라는 고전을 올리자 평소에 반발하던 그답지 않게 친히 읽어보고 칭찬을 아끼지 않은 것이다. 이외에 태자를 폐하려 했을 때 반대 의견을 개진한 주창을 칭찬해 마지않은 것 역시 지식인에 대한 존중의 마음이 없었다면 쉽게 하기 어려운 행동이 아니었을까 싶다.

후세에 유전된 청렴

유방은 처음 기의할 때 그야말로 적수공권이었다. 이런 사람들은 나중에 성공하면 정확하게 두 부류로 나뉜다. 한 부류는 돈을 물처럼 쓰는 사람들이다. 당연히 또 다른 부류는 아끼는 사람들이다. 그러나 대부분의 사람은 대체로 전자에 가깝게 행동을 한다. 개구리 올챙이 적 시절을 모르는 것이다. 그러나 유방은 그렇게 하지 않았다. 가능하면 절약을 했다. 좋은 말로 청렴했다는 얘기가 되겠다. 물론 그는 휘하의 대신들에게는 상을 아끼지 않았다. 그러나 사실은 그것도 청렴한 풍조를 권장하기 위해 그랬다. 그의 인생은 한마디로 청렴으로 시작해 청렴으로 끝났다고 해도 좋았다.

· · ·

유방이 얼마나 청렴한 수하를 좋아했는지는 소하를 끝까지 믿었던 것에서도 잘 알 수 있다. 그렇다면 소하는 어느 정도로 청렴했을까? 우선 그는 생활에서 절제가 있었다. 잘 먹고 잘 입는 것과는 거리가 멀었다. 또 유방의 의심을 피하기 위해 쇼를 했을 때를 제외하고는 땅을 사야 할 때는 언제나 장안 변두리의 척박한 땅만 샀다. 절대로 백성들의 토지를 넘보지 않았다. 집을 지을 때라고 다르지 않았다. 목재를 비롯한 재료들을 좋은 것으로 하지 않았다. 심지어 그는 가족들에게 아예 다음과 같이 말했다고 한다.

"내 자손은 나를 본받아 절약을 하라. 재물이 있더라도 현명하지 않으면 원수에게 빼앗길 것이니 그게 무슨 소용이냐."

유방이 좋아할 수밖에 없는 성향의 사람이 아니었을까. 이 점에서는 진평도 소하에 크게 뒤지지 않을 성 싶다. 그는 유방의 수하에 들어가기 전에 고향에서 중요한 행사를 주재하고는 했다. 성향이 워낙 청렴한 탓이었다. 한번은 그가 행사에 쓰고 남은 고기를 고향 사람들에게 나눠준 적이 있었다. 그런데 전혀 개인적인 감정을 개입시키지 않은 채 공평하게 나눠줬다. 당연히 이 과정에서 착복도 하지 않았다. 그러자 고향 사람들이 그에게 말했다.

"아주 잘했어. 정말 자네는 청렴결백한 사람일세."

이때 진평은 다음과 같이 말했다.

"이건 당연한 것 아닌가? 앞으로 만약 내가 천하를 위해 일할 기회가 있다면 이 고기를 나누듯 하겠어."

그의 청렴결백함은 항우 진영에 대한 반간계(反間計, 이간책을 의미함)를 쓸 때도 여실히 발휘되었다. 그는 유방이 항우와 형양의 대전에서 대치할 때 고착 상태를 타개하기 위해 이렇게 건의했다.

"지금 항우의 휘하에는 인재들이 많지 않습니다. 하지만 그중에서도 범증은 우리 진영의 장량이나 소하를 합쳐 놓은 것과 같습니다. 이 사람만 제거하면 대왕께서 항우를 이기는 것은 손바닥을 뒤집는 것처럼 쉬울 것입니다."

"그건 그렇소만 무슨 수로 그를 제거한다는 말이오?"

"이렇게 하십시오. 저에게 충분한 자금을 주십시오. 제가 항우 진영에 이간책을 쓰겠습니다. 서로 의심하게 하는 것이죠. 그러면 항우는 틀림없이 범증을 내칠 것입니다. 그다음부터는 볼 것도 없습니다. 인재가 없는 항우가 어떻게 대왕을 당해내겠습니까?"

유방은 진평의 건의를 흔쾌히 받아들였다. 그에게 자금을 어떻게 쓸지를 묻지도 않고 황금 4만 근을 선뜻 내준 것이다. 진평은 유방의 기대를 저버리지 않았다. 첩자를 중간에 집어넣어 범증을 코너에 몰아넣은 것이다. 과연 항우는 범증이 유방의 진영과 내통한다고 의심하고 그를 멀리하기 시작했다. 범증은 변명을 할 기회조차 없었다. 급기야 항우의 곁을 떠나지 않으면 안 되었다. 유방은 반간계가 성공한 후에도 진평에게 자신이 준 공작금의 사용처를 묻지 않았다. 진평이 청렴하다는 사실을 굳게 믿어 의심치 않았던 것이다.

유방은 그 자신도 청렴했다. 그가 관중에서 약법삼장을 선포했을 때였다. 백성들은 그에 대한 보답을 유방의 병사들을 대대적으로 대접하는 것으로 하려고 했다. 그러나 유방은 그 대접을 한사코 마다했다. 평소 탐욕이 몸에 밴 사람이었다면 거부하기 어려웠을 제안이었으나 그는 가볍게 물리칠 수 있었다.

유방이 세상을 떠난 다음 그의 자손들은 청렴이라는 덕목을 보다 잘 실천하고 발전시켰다. 예컨대 아들인 문제 유항(劉恒)은 청렴한 관리를 우선적으로 등용하는 등 아버지의 뜻을 비교적 잘 따랐다. 무제는 아예 한술 더 떴다. 동중서(董仲舒) 같은 인재를 등용하면서 청렴을 국정의 지표로 삼았을 정도였다. 한나라가 진나라와는 달리 수세기 동안이나 굳건하게 버틴 것은 결코 우연이 아니었던 것 같다.

문화 경쟁력을 위해 교육을 국책으로 삼은 군주

강성한 왕조의 창시자가 되려면 많은 것을 배워야 한다. 무수한 제도 역시 마련하지 않으면 안 된다. 당사자가 무식한 군주라면 더욱 그래야 한다. 유방은 더 말할 것이 없었다. 실제와는 다소 다르게 무식하다는 소리를 들었던 농민군의 영수가 아니었던가? 더구나 한나라는 진나라의 기초 위에서 세워진 왕조였다. 그 때문에 진나라의 성공한 경험은 물려받아야 했다. 하지만 옛 통치자의 실패한 교훈

역시 받아들여야 했다. 전철을 밟지 말아야 했던 것이다. 유방은 이 사실을 잘 알고 있었다. 특히 진나라가 문화 및 교육을 중시하지 않은 것이 나라를 망친 실책이었다는 점에 대해서는 늘 잊지 않고 있었다. 그 때문에 그는 교육을 대단히 중시했다. 자신이 세운 정권의 생사존망이 걸린 문제라고까지 생각했다. 급기야 그는 이에 베팅을 했다. 군사력 못지않은 문화의 경쟁력을 위해 교육을 기본 국책으로 삼는다는 원칙을 확정한 것이다. 한나라의 장수는 바로 그의 이런 생각이 결실을 맺은 결과였다고 해도 과언이 아닐 듯하다.

・・・

유방은 자유분방한 성격답게 분명히 공부하기를 그다지 좋아하지는 않았다. 입에서 나왔다 하면 욕인 것은 다 이런 그의 기질과 관계가 있었다. 이로 인해 그는 적지 않은 개국 공신들을 적으로도 만드는 과오를 저질렀다. 그러나 그는 아이러니하게도 배우기를 크게 싫어하지도 않았다. 끊임없는 노력도 했다. 물론 책을 통하지는 않았다. 실천을 통해 배우고 노력했다. 그는 하지만 이런 자신의 노력과 실천도 교육과 합쳐지면 시너지 효과가 생긴다는 사실을 알았다. 한마디로 정신이 깨어 있었던 군주였다.

이런 생각을 가지고 있었기 때문에 그는 당대의 뛰어난 정치가이자 사상가인 육가의 권고를 받아들일 수 있었다. 그건 다름 아닌 "무력으로 천하를 얻었으나 이후부터는 무력으로 다스릴 수는 없습니다. 무위지치의 사상으로 나라를 다스려야 합니다."라는 권고였다. 유방은 이후 육가의 사상을 가능하면 실행에 옮기려고 노력했다. 제대로 그 뜻을 완벽하게 이해하지 못하면서도 자식들이나 신하들에게 늘 이 말을 입에 올린 것도 다 그래서였다고 할 수 있다. 급기야 그의 생각은 후대의 황제들에게도 자연스럽게 이어졌다. 문화와 교육이 치국의 덕목이 된 것이다.

물론 이에 대한 부작용이 없었던 것은 아니었다. 무위치국을 강조하다 보니 중앙집권 정치의 약화라는 엉뚱한 결과도 나타나게 된 것이다. 오(吳)나라와 초(楚)나라를 필두로 하는 이른바 7국의 난은 바로 이런 부작용의 소산이라고 해도 과언이 아니었다. 그러자 무제는 증조할아버지의 유지를 계승하고 부작용을 최소화하기 위해 동중서를 등용해 '모든 사상을 배척하고 오로지 유학 사상만 받드는' 문화 교육 정책을 실시하기에 이르게 되었다. 이른바 '파출백가, 독존유술(罷黜百家, 獨尊儒術)'을 국시로 삼은 것이다. 이후 거의 2,000년 동안 중국은 유교를 교육의 근본으로 삼게 되었다. 또 오늘날 한국에도 엄청난 영향을 미쳤다. 얼핏 보면 수확은 무제가 거뒀다고 할 수 있겠으나 씨는 유방이 뿌렸다고 해야 옳을 듯하다.

교육을 중시한 유방의 생각은 관학 제도로도 구현되었다. 이 역시 무제가 깃발을 들었다. 기원전 124년에 태학(太學)을 설립한 것이다. 중국 최초의 관립 학교인 이 태학은 선제(宣帝) 때에는 그야말로 전성기를 맞이하게 되었다. 재학생과 교수를 의미하는 박사의 수가 무려 200여 명에 이르게 됐으니 말이다. 그러나 극성기는 동한(東漢)의 순제(順帝) 때라고 해야 하겠다. 태학의 건물이 무려 240채에 교실이 1,850개에 이를 정도였다. 태학의 학생 수 역시 많을 때는 3만여 명에 이르게 되었다. 이런 상황은 한나라가 완전히 망할 때까지 이어졌다. 그러나 역사에서 한나라가 사라졌어도 관학 제도는 청(淸)나라가 멸망한 1911년까지 그대로 명맥을 유지했다. 또 이웃인 한국과 일본에도 적지 않은 영향을 미쳤다. 한마디로 동양 3국의 교육에 가장 영향을 많이 미친 사람이 유방이라고 해도 그리 틀린 말은 아닌 듯하다.

제10장
유연한 대장부

유방과 항우는 기네스북에 오를 정도로 많은 전투를 했다. 그때마다 유방은 예외 없이 졌다고 하기는 어려웠으나 사실상 이긴 전투도 거의 없었다. 심지어 부녀자들을 병사들로 변장시켜 성 밖으로 내보낸 다음 항우의 포위를 뚫고 나간 적도 있었을 정도였다. 주변에 병사 100명 정도밖에 없었던 때는 그야말로 부지기수였다. 그러나 그는 유연했다. 도망갈 때는 수단과 방법을 가리지 않고 도망을 갔고 버틸 때는 악착같이 버텼다. 끈기 하나만큼은 항우 저리 가라였다. 또 언젠가는 좋은 날이 온다는 희망의 끈도 버리지 않았다. 결국에는 최후의 승리를 거머쥐었다.

실패는 성공의 어머니

주지하다시피 실패는 성공의 어머니다. 진짜 그렇다고 할 수 있다. 옛날부터 순조롭게 큰일을 이룬 사람은 별로 없으니까 말이다. 실제로 그렇다. 좌구명(左丘明)은 실명을 한 다음 불후의 고전『국어(國語)』를 남겼고 사마천은 궁형을 당한 다음에야『사기』를 완성해야겠다는 의지를 다졌다. 유방이 바로 이런 사람이었다. 무수한 실패의 시련을 겪은 다음 비로소 성공을 거뒀다. 그는 아무리 비참한 지경에 내몰렸어도 좌절하지 않았다. 도저히 재기 불능일 정도의 상황에 직면해서도 늘 장밋빛 미래를 그렸다. 진드기가 따로 없었다. 천하장사 항우도 이런 유방에 혹 지치지는 않았을까.

. . .

유방과 항우의 초한 전쟁을 잘 살펴보면 재미있는 사실을 알 수 있다. 그게 바로 유방이 싸우면서 점차 강해졌다는 사실이 아닐까 싶다. 실제로 처음에는 유방이 일방적으로 밀렸다. 싸웠다 하면 패했다. 그다음에는 어느 정도 버티는 정도가 되었다. 그러다 마지막에는 대역전극이 일어났다. 한 방에 항우를 물리쳐 최종 승리를 거머쥐었다.

정말 그런지는 유방과 항우의 총 6번에 걸친 치열한 전투를 살펴보면 알 수 있다. 유방과 항우의 첫 번째 전투는 홍문의 연회가 열리기 직전에 있었던 함곡관의 전투였다. 당시 관중에 먼저 진입한 유방은 대군을 보내 함곡관을 지켰다. 제후들의 군대를 들어오지 못하게 하기 위해서였다. 그건 관중을 독점하겠다는 의지의 표현이기도 했다. 이에 항우는 격분했다. 즉각 경포에게 함곡관을 탈환하라고 명령했다. 전투가 벌어지자 유병의 군대는 항우의 군대를 당해내지 못했다. 그대로 도주를 하지 않으면 안 되었다. 유방은 이 전투를 통해 자신이 항우와는 게임이 안 된다는 사실을 알았다. 홍문의 연회는 바로 이렇게 해서 열리게 되었다. 유방으로서는 비굴한 선택이었으나 어쩔 수 없었다.

둘이 두 번째 맞선 전투는 팽성의 싸움이었다. 이때 유방은 우선 삼진의 장한 등을 격파하고 관중을 빼앗았다. 이어 무려 56만 명의 대군을 휘몰아 항우의 도읍지 팽성에 대한 총공격을 퍼부었다. 이때 유방의 성동격서에 속아 제나라 정벌에 나섰던 항우는 크게 놀라 즉각 3만 명의 정예 기병을 거느리고 급속히 남하했다. 이때는 병력의 수에서도 양 군대는 비교가 되지 않았다. 유방이 유리한 것처럼 보일 수밖에 없었다. 그러나 결과는 엉뚱하게 나왔다. 유방이 팽성 근처에서 항우와 두 번이나 전투를 벌여 처참하게 패한 것이다. 그것도 무려 20-30만 명의 병력을 잃고 당한 패배였다. 더구나 그는 이때 초나라에 포로가 될 뻔한 횡액도 당했다.

형양 대전은 유방과 항우가 맞붙은 세 번째 큰 전투였다. 이때에는 항우가 유방을 형양성 안에 가둬놓고 완전히 포위했다. 완전히 독 안에 든 쥐가 따로 없었다. 실제로도 유방은 몇 개월 동안 쉬지 않고 공격을 당했다. 당연히 형세가 대단히 위태로웠다. 이에 장군 기신(紀信)이 묘안을 짜냈다.

"대왕, 이대로 있다가는 전멸을 당할 수밖에 없습니다. 이제 다른 방법이 없습니다. 제가 하자는 대로 해 주시기 바랍니다."

유방이 다급하게 물었다.

"그게 무슨 방법인가?"

"제가 대왕으로 변장을 하고 초나라 군사들을 속이겠습니다. 저는 용모가 대왕과 비교적 비슷합니다. 그러니 저에게 부녀자 2,000명을 주십시오. 이들을 병사들로 변장시키고 투항을 하는 척하겠습니다. 그러면 그때 대왕께서는 다른 쪽 문을 통해 성을 빠져나가십시오. 아마 항우는 저에게 속아 대왕께서 탈출하는 것을 알지 못할 것입니다."

유방은 한참을 고민하다 기신의 뜻에 따랐다. 기신은 곧 성문을 열고 항복하는 척을 했다. 항우의 대군은 그 모습을 보고 만세를 불렀다. 그러나 기쁨도 잠시였다. 그들은 항복해온 2,000명의 병사들이 갑옷과 투구를 벗어던지고 슬피 울어대는 광경을 보고 깜짝 놀랐다. 항우는 기가 막힌 말을 전해 듣자 화가 머리끝까지 났다.

"이게 도대체 어떤 일이냐?"

항우는 짚이는 바가 있었으나 내색을 하지 않고 물었다. 그러자 초나라 병사들에게 끌려온 기신이 느긋한 어조로 대답했다.

"저 불쌍한 아녀자들에 대해 물으시는 것이오? 내가 저들을 병사들처럼 꾸민 다음 성 밖으로 데리고 온 것은 대왕의 눈을 속임과 동시에 먹을 것이 모자라는 성 안의 입을 줄이기 위해서였소."

"한왕 그자는 어디로 갔느냐?"

"이미 성을 벗어나셨을 것이오. 추격해 봐야 소용없을 거요."

항우는 더 이상 참을 수가 없었다. 더구나 기신은 진심으로 투항하라는 그의 말을 일언지하에 거절했다. 그는 기신을 불로 태워 죽이는 것으로 분을 풀 수밖에 없었다.

유방과 항우의 네 번째 전투는 성고 대전이었다. 그러나 이 전투에 대해서는 자세한 사서의 기록이 없다. 그저 유방이 다시 참패해 등공(滕公)과 탈출함으로써 겨우 목숨을 건졌다는 기록이 있을 뿐이다.

다섯 번째 전투는 고릉의 대전이었다. 양측이 휴전 협정을 체결한 바로 그 전투였다. 하지만 유방은 이 협정을 깨고 항우의 뒤통수를 후려쳤다. 그럼에도 결과는 또다시 그의 패배였다. 다행히 전투에 지친 초나라 대군은 한나라 대군을 추격하지 않았다. 유방으로서는 그야말로 불행 중 다행이었다.

유방과 항우의 여섯 번째 맞싸움은 해하 대전이었다. 이 전투는 고릉 대전에 뒤이어 벌어졌다. 놀랍게도 이 전투에서는 유방이 완승을 거뒀다. 왕으로 봉하겠다는 유방의 승낙을 받은 한신, 팽월이 대군을 이끌고 드디어 해하에서 유방과 합류한 탓이었다. 천하의 항우로서도 쉽지 않은 상황이었다. 결과적으로 막판에 패해, 오강에서 성급한 자살을 하고 말았다. 너무나 허무한 결말이었다.

여섯 번의 큰 전투에서 알 수 있듯 유방은 마지막 전투 외에는 큰 재미를 보지 못했다. 그럼에도 그는 용기를 잃지 않았다. 무수하게 겪은 위급한 상황이나 사경에서도 그랬다. 시종 의기양양한 투지로 항우와 맞섰다. 반면 항우는 해하에서 딱 한 번 크게 졌을 뿐이었다. 유방을 벤치마킹했다면 그 역시 용기를 잃지 말았어야 했다. 오강을 건너 훗날을 도모하거나 유방의 눈에 띄지 않는 곳으로 도주를 해야 했다. 하지만 그는 그렇게 하지 않았다. 실패는 성공의 어머니라는 말보다 잘못된 영웅적인 죽음을 선택했다. 만약 그가 진짜 유방처럼 그렇게 했다면 초한 전쟁의 전체 판세는 어떻게 됐을까? 역사에 만약은 없지만 아마도 유방도 고생깨나 하지 않았을까 싶다. 아니 어쩌면 최후의 승리자는 항우가 됐을 가능성이 컸을지도 모른다.

후흑(厚黑)으로 일궈낸 대업

역사는 코미디를 방불케 하는 위대한 인류의 스승이다. 항상 세상 사람들에게 웃음거리를 선사한다. 그 깊이도 헤아릴 길이 없다. 때로는 변덕스럽게까지 느껴진다. 유방은 재주가 크게 뛰어난 사람이 아니었다. 글이나 말을 놓고 따지면 조리가 전혀 없었다. 그야말로 가당치도 않다는 말이 그에게는 적당했다. 또 무공을 따져도 별로 볼 것이 없었다. 손오공처럼 자신 같은 사람을 10명이나 만들어 항우에게 달려들어도 안 될 정도였다. 그러나 그는 마지막에 성공했다. 그는 정말로 독특한 개성의 군주라고 해도 과언이 아니었다. 큰 잘못은 저지르지 않았으나 작은 잘못은 끊임없이 저지른 사람이었다. 그럼에도 뻔뻔했다. 전문 용어로 말하면 후흑,

즉 얼굴 두꺼운 포커페이스에 시커먼 심보를 가진 인간이라고 해도 좋았다. 예를 들어 남의 술을 마시고도 돈을 낼 줄 모르는 사람이었다. 그러나 이런 사람이 진시황의 웅장한 순유 대열을 보고서는 "사나이로 태어났다면 저 정도는 돼야 하지 않나!" 하는 감탄사를 연발했다. 이때부터 새로운 인생을 살기로 작정을 했다는 얘기가 될까?

...

유방이 일개 무명소졸의 신분에서 거사를 일으키게 되는 과정은 진승이나 오광(吳廣)과 비슷했다. 여산으로 가던 죄수들을 풀어줬다가 얼떨결에 기의를 하게 되었다. 당연히 성공할 가능성이 대단히 낮았다. 더구나 그는 가방끈도 너무 짧았다. 군대를 지휘해 본 경험 역시 없었다. 초창기의 전투에서 거의 이긴 적이 없는 것은 모두 그 때문이었다고 할 수 있었다. 사실 병력을 지휘하는 것은 저잣거리에서 행패를 부리는 것과는 기본적으로 다르다. 천양지차라는 말로도 부족하다. 그러나 그는 운이 너무나 좋았다. 여러 번 포로로 잡힐 뻔했으나 그때마다 하늘이 보살폈는지 늘 위기에서 벗어나고는 했다. 이어 우여곡절 끝에 항우에게 승리하는 기적을 일궈냈다. 유방은 전투에 능하지 못했어도 이처럼 성공했다. 그렇다면 한심하기 이를 데 없는 이런 능력의 유방이 성공한 이유는 어디에 있었을까? 놀랍게도 이유는 많다.

우선 그는 "너 자신을 알라."는 소크라테스의 교훈처럼 자신을 너무나도 정확하게 알고 있었다. 자신의 재주가 신통치 않았기 때문에 능력이 뛰어난 주위의 사람들을 잘 활용할 수 있었던 것이다. 실제로 그는 장량을 비롯해 한신, 팽월, 경포 등 유능한 인재들에게 파격적으로 대권을 부여해 능력을 발휘하도록 했다. 특히 한신을 과감하게 기용해 천하를 탈취하는 기초를 닦게 했다. 이처럼 그는 자신에게 도움이 되는 사람에게는 기꺼이 "할아버지!"라고까지 부르면서 무릎을 꿇었다. 그러나 대업을 이룬 다음에는 완전히 표변했다. 무능한 자신에게 위협이 될 것이라고 보고 뛰어난 주변의 측근들을 거의 모조리 제거한 것이다. 심지어 자신을 도와 한나라를 건국하는 데 으뜸가는 공훈을 세운 한신, 장량, 소하까지 철저하게 무장해제를 시켰다. 이 중 가장 비참한 최후를 맞이한 사람은 한신이었다. 모반을 획책했다는 이유로 살해를 당했다. 장량은 자칫하다가는 목숨을 잃을 것 같다는 생각에 깊은 산중으로 도주, 겨우 목숨을 건졌다. 소하 역시 유방의 끊임없는 견제와 시기, 질투를 못 이긴 나머지 모든 가산을 내놓아 군비로 충당했다. 이쯤 되면 거의 죽은 목숨이나 매한가지였다고 해도 과언이 아니었다.

그는 또 무식하기는 했으나 언제나 배우는 자세를 잃지 않았다. 젊었을 때에는 완전 건달이나 다를 바 없이 살았으나 황제가 돼서는 확 달라졌다. 심지어 육가가 "천하를 무력으로 탈취하기는 했으나 어찌 계속 무력으로 다스리겠습니까?"라고 하자 바로 진나라가 천하를 잃고만 원인을 책으로 만들라는 명령을 내렸을 정도였다. 또 소하에게는 약법삼장만으로는 나라를 다스리기 어렵다는 생각에 이른바 한율구장(漢律九章)을 제정하도록 전권을 위임했다.

귀에 거슬리는 충고를 잘 받아들인 것도 유방이 성공한 원인이라고 볼 수 있다. 그는 만년에 척희와 그녀의 아들인 조왕 여의를 대단히 총애했다. 나중에는 젊을 때부터 고생을 같이 한 여후마저 멀리했다. 이 정도에서 그치지 않았다. 여후가 낳은 태자인 유영을 폐위시키고 이복동생인 여의를 대신 세우고자 하는 생각까지 은근하게 했다. 그러나 대신들의 반대가 너무 심한 것을 보고는 바로 포기했다. 남의 말을 전혀 듣지 않는 독불장군이었다면 그대로 밀어붙였겠으나 남의 말에 귀를 기울일 줄 안 탓에 무리를 하지 않은 것이다.

세 번째 이유로는 풍부한 사회 경험과 뛰어난 정치적 수단을 들어야 할 것 같다. 그의 숙명적 라이벌 항우는 중국 역사상 가장 용맹하고 강력한 군대를 거느린 용장이었다. "힘이 산을 뽑고 기개가 세상을 뒤덮는다."라는 '역발산기개세(力拔山 氣蓋世)'라는 말이 괜히 지금까지 전해지는 것이 아니다. 그럼에도 그는 항우를 격파하고 오강에서 자결하도록 만들었다. 분명히 소 뒷걸음질 치다가 쥐를 잡은 것은 아니었다. 그가 잘 보이지 않는 뛰어난 능력, 다시 말해 출중한 처세술과 권술을 부리는 능력을 갖췄다는 사실을 말해 주는 증거가 아닐까 싶다. 이에 대해서는 20세기 초반의 학자 리쭝우(李宗吾)가 일찍이 후흑학(厚黑學)이라는 단어로 총괄한 바 있다. 사실 유방과 항우 두 사람을 잘 분석해 보면 그의 말이 정곡을 찌른다는 느낌은 그리 어렵지 않게 가질 수 있다. 그의 말에 따르면 항우는 뻔뻔한 듯했다. 그러나 철저하게 얼굴이 두껍지 못했다. 또 음흉한 듯도 했다. 하지만 역시 완벽하게 음흉하지 않았다. 이에 반해 유방은 항우와는 많이 달랐다. 철저하게 뻔뻔했다. 완벽하게 음흉하기도 했다. 아무래도 사례들을 들어봐야 이해가 빠를 것 같다.

그는 항우와 본격적으로 전쟁을 벌이기 시작하면서 모든 전투에서 거의 연전연패를 했다. 그러다 막판에는 조금씩 이기는 횟수가 생겼다. 이에 자신이 생긴 그는 초한 전쟁에서도 유명한 팽성의 전투를 벌이는 용단을 내렸다. 그러나 결과는 일방적인 패배였다. 겨우 수하 몇 명만 거느린 채 도망가기에 바쁠 정도였다. 이때 그는 우연히 고향에서 도망을 나온 아들인 유영과 훗날의 노원공주인 딸을 만나게 된다. 당연히 처음에는 자신이 타고 있던 마차에 태워 줄행랑을 쳤다. 그러나 항우 휘하의 추격 병력이 바짝 따라붙자 어린 자식들을 인정사정 보지 않고 발로 차 마차에서 떨어뜨렸다. 이에 요즘 말로 하면 자가용 기사인 마부 하후영이 깜짝 놀라 말했다.

"아니, 왕께서 그 아이들을 그렇게 하면 패왕의 수하들에게 잡혀 죽임을 당합니다. 어찌 자식의 안위를 걱정조차 하지 않습니까? 나중에 대업을 이루시면 누가 대를 잇습니까?"

"무슨 소리야. 일단 내가 살아야 대업이고 뭐고 있어. 내가 저들 손에 잡혀 죽으면 대업은 한낱 꿈에 불과해. 안 됐지만 할 수 없지, 뭐. 자식이야 또 낳으면 되지."

그러나 하후영의 생각은 달랐다. 항우의 포악한 성격을 잘 아는 그로서는 유방의 자식들을 그대로 두고 떠날 수 없었던 것이다. 그는 황급히 마차를 멈추고 유방의 자식들을 다시 거둬 태웠다. 얼마 후 다시 추격병과의 거리가 좁혀졌다. 유방은 다시 자식들을 발로 차서 마차에서 떨어뜨렸다. 하후영 역시 다시 아무 말 없이 그의 자식들을 거둬들였다. 이렇게 세 차례나 한 끝에 유방은 겨우 항우 부대의 추격을 뿌리쳤다. 하후영의 측은지심이 없었다면 아마도 그의 자식들은 항우에 의해 처참한 죽음을 맞이했을 것이다. 유영 역시 나중 혜제로 등극하는 영광을 누리지 못했을 것이 분명했다. 후흑으로 대변되는 그의 성정을 잘 말해 주는 사례가 아닐까 싶다.

유방의 잔혹할 정도의 뻔뻔함은 자신의 아버지가 항우에게 포로로 잡혔을 때도 여실히 나타났다. 당시 항우는 맞은편에 대치하고 있던 유방에게 그의 아버지를 물이 팔팔 끓는 솥에 집어넣어 삶아 버리겠다는 협박을 가했다. 항복하라는 뜻이었다. 그러나 유방은 눈 하나 까딱하지 않은 채 이렇게 대답했다.

"자네와 나는 초 회왕 앞에서 형제가 되기로 맹세했네. 그러니 우리는 형제야. 그런데 내 아버지를 삶아 죽이겠다고. 그러면 그건 자네 아버지를 삶아 죽이는 것과 마찬가지가 되지. 자네 마음대로 하게. 대신 국이 다 익으면 나한테도 한 사발 맛을 보게 해 주게. 얼마나 맛이 있는지 보게."

항우는 화가 나 진짜 유방의 아버지를 가마솥에 넣어 삶아 죽이려 했다. 그러나 항백을 비롯한 측근들의 만류로 겨우 화를 참았다. 확실히 뻔뻔하기로는 항우가 유방의 상대는 정말 아니었다.

항우와는 상대조차 안 됐던 절대 열세를 극복하고 유방이 성공한 마지막 네 번째 이유는 휘하의 부하들에게 전리품을 통 크게 나눠줬다는 사실과 밀접한 관련이 있다. 사실 인간의 욕심은 한이 없다. 99개 가진 사람이 1개 가진 사람 것을 뺏어 100개를 채우려는 게 인지상정이다. 항우 역시 이런 경향을 보였다. 논공행상에서 통 큰 모습을 보이지 않았다. 이에 반해 유방은 이유나 본심이야 어쨌든 부하들과 떡 한쪽도 나눠 먹으려는 자세를 보였다. 빌빌거리다 잘 나가게 됐을 때에는 논공행상을 그야말로 병아리 모이 주듯 시도 때도 없이 했다. 주위에 따르는 사람이 많을 수밖에 없었다. 항우의 진영에서 유방의 진영으로 넘어온 장수는 있어도 반대의 경우는 드물었던 이유 역시 바로 여기에 있었다.

그러나 그는 후흑학의 대가답게 필생의 사업인 창업에 성공하는 시점과 동시에 완전히 안면을 몰수했다. 더 이상 쓸모가 없어진 개국공신들이 훗날 자신의 자손들에게 위협이 될 것을 우려, 완전히 이들의 씨를 말리는 대청소에 나선 것이다. 토사구팽이라는 말이 지금까지 불후의 고사성어가 된 것은 바로 이런 그의 뻔뻔함이 있었기 때문에 가능했다.

유방은 자신의 뛰어난 장점들을 바탕으로 창업에 성공한 다음 대략 8년 정도 황제 자리에 머물렀다. 그러다 세상을 뜨기 6개월 전에 자신의 죽음을 예상했는지 고향 패현을 방문한 적이 있었다. 그는 이때 지금도 전해져오는 비장한 내용의 『대풍가』를 읊었다. 다음과 같은 내용이다.

큰바람이 이니 구름이 흩어지는구나,
사해에서 위세를 떨치고 고향으로 돌아왔네,
언제나 용사를 얻어 천하를 지킬 수 있을까.

이 시의 시작은 천하를 통일한 유방의 웅대한 뜻을 여지없이 드러낸다. 하지만 마지막 구절은 애달픈 어조로 마무리되고 있다. 과연 그는 자신의 만년에 무엇을 생각했을까? 혹시 자신과 평생 생사를 같이 한 무고한 동지들을 죽인 일을 뉘우친 것은 아닐까? 만약 그렇다면 천하의 뻔뻔한 그라는 사람도 일말의 양심과 인정은 있었지 않나 싶다.

대업을 위한 무가무불가의 자세

사람이라면 줏대가 있어야 한다. 그러나 대업을 이루려는 사람은 달라야 한다. 줏대를 너무 강조해서는 곤란하다. 천하를 경략하는 데 도움이 조금이라도 된다면 자신의 체면 따위는 버릴 줄도 알아야 한다. 체면이 깎일 것을 두려워해 자신이 틀린 줄을 알면서도 고집을 부린다면 천하 경략은 공허한 메아리가 돼서 돌아올 가능성이 높다. 그 때문에 극단적으로는 이래도 좋고 저래도 좋다는 자세를 견지하는 것도 바람직하다. 이런 태도를 무가무불가(無可無不可)라고 한다. 이래도 좋고 저래도 좋다는 자세를 일컫는다. 정말 줏대 없는 자세가 아닐 수 없다. 그러나 이렇게 하지 않은 많은 영웅들은 실패를 했다. 항우가 대표적으로 꼽힌다. 이래도 안 되고 저래도 되는 이른바 유가유불가(有可有不可)의 자세를 견지한 탓에 다 잡은 천하를 놓쳤다. 그렇다면 유방은 어땠을까? 완전히 항우와는 반대로 했다. 조금 심하게 말하면 줏대가 없었다.

· · ·

항우는 자의식이 강했다. 그래서 자신이 모든 것을 결정했다. 줏대가 있었다. 그래서 주위에서 충언을 하면 되는 일이 없었다. 이래도 안 되고 저래도 안 되는 식이었다. 오로지 자신만이 선이었다.

사례를 들어보면 잘 알 수 있다. 항우는 함양에 입성한 다음 완전히 먼저의 유방과는 다르게 행동했다. 살인과 약탈, 방화를 자행한 것이다. 이에 범증이 간곡하게 말렸다.

"이렇게 하면 안 됩니다. 한왕은 대왕과는 반대로 했습니다. 민심을 잃으면 대업을 이루기 힘듭니다."

그러나 항우는 범증의 말을 듣지 않았다. 계속 약탈을 자행한 다음 고향인 강동으로 돌아가려고 했다. 그러자 이번에는 한생(韓生)이 간했다.

"관중은 사방이 산과 물로 둘러싸인 요충지일 뿐 아니라 땅도 옥토입니다. 이곳을 도성으로 삼아 세력을 펼치시면 천하를 거머쥘 수 있을 것입니다. 천하는 대왕의 천하가 됩니다."

항우는 그러나 관중에는 별로 뜻이 없었다. 그저 하루빨리 고향으로 돌아가 자신의 성공을 과시하고 싶은 생각뿐이었다. 곧 그의 입에서는 한생의 기대와는 다른 말이 튀어나왔다.

"사람이 저마다 공을 이루려고 애를 쓰는 것은 고향 땅과 사람들에게 자랑을 하기 위함이 아닌가. 부귀해진 다음에 고향에 돌아가지 않는 것은 비단 옷을 입고 밤길을 가는 것과 같다. 누가 그 부귀함을 알아주겠는가. 나는 고향으로 하루라도 빨리 돌아가야겠다."

항우의 말은 단호했다. 찔러도 피 한 방울 나오지 않을 만큼의 단호한 자세였다. 냉대를 받고 항우의 군영에서 쫓겨 나온 한생은 기가 막혔다. 천하의 영웅인줄 알았던 인물이 조그마한 성공에 희희낙락하는 졸장부라는 생각이 들었던 것이다. 그는 분한 마음에 항우의 군영 쪽을 돌아보면서 자신도 모르게 빈정거렸다.

"사람들이 초나라 사람들은 원숭이가 갓을 쓰고 있는 것과 진배없다고 했는데 정말 그렇군. 저 원숭이 대왕의 앞날은 이제 뻔한 것 같군. 얼마 못 가겠어."

그의 비난의 말은 곧 항우에게 들어갔다. 항우는 불같이 화를 내면서 한생을 잡아들이라고 했다. 이어 그를 가마솥에 삶아 죽여 버렸다. 이때 한생은 죽어가면서까지 항우에 대한 비난을 멈추지 않았다.

항우가 고집이나 다름없는 줏대를 내세운 것은 사실 그의 일생을 통틀었다고 해도 과언이 아니었다. 특히 범증으로부터 수없이 건의를 받았을 때는 거의 이런 자세를 견지했다. 장량에 필적하는 모사라고 생각을 하고 등용을 했으면서도 전혀 말을 듣지 않았던 것이다. 대표적으로 홍문의 연회에서 그랬다. 유방을 죽이라는 범증의 사인을 애써 무시하고 자기 뜻을 관철시켰다. 그는 형양과 성고에서 유방과 대치할 때 역시 이런 자세를 견지했다. 이때 범증은 유방을 물리칠 최선의 방책을 그에게 제안했다.

"한왕을 직접 잡을 생각을 하지 마십시오. 형양과 성고를 포위해 한왕의 군대를 굶겨 죽여야 합니다. 보급로를 차단하면 충분히 가능합니다."

그러나 항우는 범증의 말과는 반대로 했다. 직접 공격을 감행해 유방에게 퇴로를 열어 줬다.

아이러니한 것은 항우가 거의 유일하게 남의 말을 들은 게 모사 범증이 작별을 고할 때였다는 사실이다. 그의 사직을 흔쾌히 허락한 것이다. 당시 범증은 진평이 쓴 반간계로 인해 항우가 자신을 의심하자 면담을 요청했다. 자신의 무고함과 유방의 반간계에 대해 설명하기 위해서였다. 그러나 항우는 그를 만나려고 하지조차 않았다. 이에 범증은 고향으로 돌아갈 결심을 굳히고 어느 야심한 밤에 마지막으로 항우를 찾았다. 이어 항우의 군영 앞에 엎드려 큰소리로 외쳤다.

"범증이 대왕에게 간곡하게 요청합니다. 이 늙은이의 뼈를 돌려주십시오."

항우는 범상치 않은 범증의 호소에 정신이 퍼뜩 들었다. 곧이어 범증을 군영 안으로 들어오게 했다. 항우는 범증이 들어오자 굳은 얼굴을 한 채 물었다.

"아부, 아니 그게 도대체 무슨 소리요. 뼈를 돌려달라니. 그게 무슨 뜻입니까?"

"천하의 형세는 이제 대략 정해졌습니다. 지금부터는 대왕께서 충분히 천하를 경략하실 수 있을 것으로 생각됩니다. 저는 더 이상 필요 없는 사람이 됐습니다. 그러니 이제는 저를 놓아주십시오. 더 늦기 전에 고향 땅에 돌아가 뼈를 묻고 싶습니다."

범증은 직선적으로 대답했다. 천하의 항우도 갑작스러운 범증의 말에 놀랄 수밖에 없었다. 자신도 모르게 만류의 말이 튀어나왔다.

"아니 아직도 저 여우 같은 한왕이라는 놈이 버티고 있는데 무슨 형세가 결정됐다고 그러십니까? 저를 아직도 더 도와주셔야 하지 않겠습니까. 더군다나 이 밤에 어디로 간다고 하시오."

"아닙니다. 저 같은 늙은이는 이제 쓸모가 없습니다. 더 이상 대왕에게 도움이 되지 않습니다."

범증의 의지는 확고했다. 항우는 더 이상 말린다고 될 일이 아니라는 사실을 깨달았다. 그는 평소의 그답지 않게 바로 허락의 말을 꺼냈다.

"알겠습니다, 아부. 그렇다면 날이 밝은 다음에 떠나도록 하십시오."

이렇게 해서 범증은 줏대 있는 영웅 항우의 곁을 떠났다. 그가 떠남으로써 항우는 그나마 하나 있던 모사마저 허공으로 날려버리고 말았다.

유방은 이런 항우와는 달리 완전히 줏대가 없었다. 무가무불가의 지도자였다고 해도 좋았다. 물론 그는 절대 권력을 장악하고 있었다는 점에서는 항우와 크게 다를 것이 없었다. 하지만 그는 남의 조언에 이리저리 잘 휘둘렸다. 특히 장량과 소하의 말이라면 팥으로 메주를 쑨다고 해도 믿었다. 역시 사례를 들어야 증명이 될 것 같다. 한신은 항우의 진영에서 유방의 진영으로 넘어왔다 홀대를 당했다. 그러자 유방의 진영에서도 떠나는 결연함을 보였다. 이에 소하가 한신을 설득, 다시 유방에게 데려왔다. 이어 그에게 말했다.

"그 사람을 대장군으로 봉하십시오. 그만한 능력이 있는 사람입니다. 항왕을 무찌를 사람은 그 외에는 없습니다."

유방은 소하의 말에 처음에는 '불가', 다시 말해 안 된다는 입장을 피력했다. 그러나 소하가 계속 주장을 굽히지 않자 바로 고집을 꺾었다. '무불가', 즉 안 될 것도 없다는 입장으로 바꾼 것이다. 줏대를 굽혔다고 할 수 있다. 한신이 조나라를 비롯해 연, 대나라를 비롯한 많은 땅을 공략한 다음 사자를 유방에게 보내 자신을 제왕(齊王)으로 봉해 달라고 부탁할 때도 마찬가지였다. 처음에는 화가 머리끝까지 치밀어 불가라는 입장을 굽히지 않았다. 그러나 장량이 목전의 형세에 대한 분석을 하자 다시 '무불가'의 태도를 보였다. 정말 줏대 없는 자세가 아닐 수 없었다. 그러나 그는 이런 유연한 자세를 견지함으로써 항우와는 달리 대업을 일궜다. 줏대가 없는 사람이라는 치욕을 감수하는 대신 더 큰 것을 거머쥘 수 있었던 것이다.

존엄도 잃게 하는 지나친 허영심

허영심은 누구에게나 있다. 전혀 없는 사람이 오히려 이상하다고 할 수 있다. 그러나 이게 지나치면 문제가 생긴다. 존엄을 지키기 위해 허영심을 부리다 궁극적으로는 반대의 상황에 봉착하게 되는 것이다. 더 심할 경우는 인생을 망치게도 된다. 항우가 바로 이런 케이스가 아니었던가 싶다. 그는 지나치게 체면을 중시했다. 그러다 보니 허영심에 물들 수밖에 없었다. 나중에는 이 허영심이 존엄에도 마이너스 영향을 미쳤다. 당연히 유방은 정반대였다. 그는 아예 체면이나 허영심 자체를 생각하지 않았다. 그러나 그랬기 때문에 존엄을 지킬 수 있었다.

・・・

항우는 궁극적으로는 패배자였다. 그럼에도 적지 않은 사람들이 그의 영웅적 기개에 탄복해 마지않는다. 또 어떤 사람들은 그를 죽어도 고개를 숙이지 않는 줏대 있는 사나이의 표상으로 삼기도 한다. 오강에서의 그의 자결이 바로 이런 이미지를 심어준 요인이라고 할 수 있다. 그러나 그의 자살은 영웅적 기개에서 나왔다고 하기 어렵다. 솔직히 말하면 인간적 나약함과 허영심의 발로가 아닌가 싶다. 실제로 항우의 성격을 분석해 보면 이런 결론을 얻을 수 있다. 그는 체면을 중요하게 생각하는 사람이었다. 이런 사람은 심리학적으로 대단히 연약하다. 그 때문에 조금만 상처를 받아도 견디지 못한다. 금방 흥분하고 극단적인 선택을 한다. 존엄을 지키려다 오히려 존엄을 잃고 마는 것이다. 그의 최후를 한번 살펴보면 진짜 그렇다는 사실을 알 수 있다.

항우는 한신의 십면매복과 사면초가 전술에 당해 휘하의 병력이 거의 전멸을 당하자 달랑 28명의 기병만 데리고 적진의 포위망을 뚫는 용맹을 과시했다. 이때만 해도 그는 고향 강동으로 가서 재기를 할 생각을 가지고 있었다. 무사히 포위망을 뚫은 다음 26명의 기병을 데리고 오강으로 달려간 것은 무엇보다 이 사실을 잘 증명해 준다고 할 수 있다. 일이 되려고 그랬는지 이때 오강의 정장은 그를 반갑게 맞으면서 말했다.

"강동의 땅이 비록 작다고는 하나 그래도 사방으로 몇 천 리에 이릅니다. 백성들 역시 수십만 명에 이릅니다. 충분히 왕 노릇을 할 만한 땅입니다. 대왕께서는 얼른 배에 오르셔서 강을 건너가십시오. 지금 이 부근에서는 신에게만 배가 있습니다. 한나라 병사들이 이곳에 이른다 해도 강을 건너 뒤쫓아 갈 수는 없을 것입니다. 빨리 오르십시오."

그러나 항우는 갑자기 안색을 바꾸면서 고개를 저었다. 이어 하늘을 쳐다보면서 한바탕 호탕한 웃음을 터트린 다음 말했다.

"하늘이 이미 나를 망하게 하려고 하네. 그런데 내가 구차하게 강을 건너 무얼 하겠는가? 지난 날 나는 강동의 자제 8,000명과 이 강을 건너 서쪽으로 진군해 왔어. 그러나 이제 단 한 사람도 살아서 돌아오지 못했어. 내가 설사 무사히 강동으로 돌아가 그들의 부형(父兄)들을 만난들 어떻게 하겠나. 그들이 나를 가엾게 여겨 다시 왕으로 모신다고 해도 그래. 내가 무슨 낯으로 그들을 마주 대할 수 있겠어? 그들이 두 번 다시 그 일에 대해 말하지 않더라도 나는 일생 동안 마음속으로 부끄러워하지 않을 수 없을 거야."

항우는 말을 마치자마자 잠시 오강 정장을 바라봤다. 그러다 갑자기 자신의 애마 오추마(烏騅馬)에서 뛰어내리면서 말했다.

"그대의 마음 됨됨이와 말을 잘 들어 보니 그대가 후덕한 사람이라는 것을 알겠네. 나는 지난 5년 동안 이 말을 타고 싸움터를 내달렸어. 그 어떤 말도 내 이 애마와 맞설 수는 없었어. 이 말은 정말 하루에 천리를 달리고도 전혀 지칠 줄 몰라. 내 차마 이 애마를 백병전 중에 죽게 할 수가 없어. 이 말을 그대에게 줄 테니 데려가서 잘 보살펴주게."

오강의 정장은 목이 메는지 대꾸를 하지 못했다. 그러나 오추마의 고삐를 받는 것은 잊지 않았다. 항우는 오추마를 무사히 정장에게 넘기자 따라온 26명의 병사들에게 결연한 어조로 말했다.

"그대들은 나를 따르려거든 모두 말에서 내려라. 이제 강동 남아의 용맹함과 기백을 보여 줄 때가 왔어. 각자 거추장스러운 큰 칼이나 긴 창을 버려라. 짧은 병기를 뽑아 들어라. 앞으로 나를 따라 적진에 뛰어들어 참된 사나이의 죽음이 어떤 것인지를 한번 보여 주도록 하자."

항우의 결연한 당부에 26명의 병사들은 약속이나 한 듯 저마다 칼을 뽑아들었다. 단 한 명도 망설이는 병사들이 없었다. 그들은 곧 항우 주위로 몰려들었다. 결사 항전의 태세였다.

얼마 후 요란한 말발굽 소리와 함께 5,000여 명의 한나라 추격 병력이 오강 나루로 달려왔다. 그들은 항우 부대의 결연한 모습을 보자 흠칫 놀랐다. 그러나 그것도 잠시였다. 그들은 곧 결사항전에 나선 26명을 전멸시켰다. 항우는 졸지에 홀로 남게 되었다.

그러나 그는 전혀 기가 죽지 않았다. 이미 죽음을 각오한 상황에서 사실 그건 당연했다. 더구나 그는 타고난 장사 아니던가. 하지만 단기필마로 오천여 명을 대적하는 것도 한계는 있었다. 급기야 그는 몸 곳곳에 수없이 많은 상처를 입고야 말았다. 매에는 장사 없다는 말처럼 그도 정신이 혼미해질 수밖에 없었다. 그는 정신을 가다듬었다. 바로 그때였다. 적진에서 낯익은 얼굴이 하나 보이고 있었다. 자신의 수하로 있다 유방의 진영에 투항한 여마동(呂馬童)이었다. 항우가 그를 바라보면서 말했다.

"그대는 과거에 나와 알고 지내던 사이인 것으로 아는데?"

여마동은 주위를 향해 외치는 것으로 대답을 대신했다.

"저 사람이 바로 항우요."

항우는 여마동의 말에 호탕하게 웃으면서 말했다.

"나는 한왕이 내 머리에 천금과 만호(萬戶)의 상금을 걸었다고 들었네. 이제 그동안 알고 지내던 정으로 내 그대에게 은덕을 베풀겠네. 내 머리를 한왕에게 가지고 가서 상과 벼슬을 달라고 하게."

항우는 말을 마치자마자 바로 들고 있는 보검으로 목을 찔러 자결을 했다. 향년 31세였다.

사마천은 『사기』에서 항우의 죽음에 대해 처음으로 자세하게 기록했다. 다음과 같은 내용이다.

"항우는 적을 쳐부수고 이긴 공을 스스로 자랑했다. 사사로운 지혜를 내세우기도 했다. 또 옛것을 스승으로 삼지 않고 패왕의 공훈만을 일컬었다. 힘을 써 정벌하는 것으로 천하를 경영하려 했으나 5년 만에 나라를 망하게 했다. 몸은 동성(東城)에서 죽었다. 그런데도 여전히 깨닫지 못하고 스스로를 꾸짖을 줄 몰랐다. 게다가 '하늘이 나를 망하게 한 것이지 내가 싸움을 잘하지 못한 죄가 아니다.'라고 했다. 어찌 잘못된 일이 아니겠는가."

사마천의 말처럼 항우는 체면을 중요하게 생각했다. 허영심이 있었다는 얘기였다. 그래서 재기를 할 수 있었음에도 불구하고 그 기회를 버렸다. 패배자라는 오명을 스스로 달게 받았다. 결론적으로 존엄을 지키지 못했다.

이에 비해 유방은 진짜 낯가죽이 두꺼웠다. 줏대라는 것은 생각조차 하지 않았다. 체면을 잃을지라도 최후의 승리가 더 중요하다는 사실을 너무나 잘 알고 있었던 것이다. 그래서 그는 항우가 가하는 모든 치욕을 감수했다. 항우가 아버지를 인질로 치사하게 위협하는 것을 우선 감내했다. 왕으로 봉해 달라는 한신의 억지 역시 받아들였다. 팽성에서 항우의 추격을 받았을 때는 더 말할 것이 없었다. 자식들을 수레에서 밀어뜨리는 치사한 짓까지 행했다. 위기에서 벗어나기 위해 딸을 항백의 아들에게 시집보내겠다는 터무니없는 약속은 더 말할 것이 없었다. 그러나 그는 이렇게 존엄을 버림으로써 최고의 권위를 지닐 수 있는 황제가 되었다. 체면과 허영심을 버리는 선택을 통해 궁극적으로는 존엄도 지킬 수 있게 되었다. 마지막에 웃었다.

자기 최면은 성공의 원동력

유방은 시쳇말로 하면 정말 별 볼 일이 없었다. 출신성분이나 집안의 재력으로 볼 때는 진짜 이렇게 말해도 괜찮다. 그러나 그는 자기 최면의 힘을 믿었다. 자신이 용의 자손이라고 생각하고 크게 될 것이라고 믿어 의심치 않았다. 그러다 보니 주변에서 기이한 일도 많이 일어났다. 그는 더욱더 깊이 자기 최면에 빠져 들어갔다. 나중에는 이 최면이 성공의 원동력으로 작용했다. 노력 못지않게 신념이 중요하다는 얘기가 아닌가 싶다.

사마천은 자신의 필생의 역작 『사기』에서 유방을 상당히 긍정적으로 평가하지는 않았다. 그럼에도 그에 대해서는 범상치 않은 인물이라는 점과 많은 이적이 따랐다는 사실을 기록으로 남겼다. 이를테면 「고조본기(高祖本紀) 제8」의 내용을 한번 살펴볼 필요가 있을 것 같다.

　"고조(유방)는 코가 높았다. 용의 용모를 하고 있었다. 얼굴의 수염이 특히 아름다웠고 왼쪽 다리에 72개의 검은 점이 있었다. 그는 성격이 너그럽고 사람을 좋아했다. 남에게 베풀기도 좋아했고 시원시원했다. 그러나 그는 평소에 농사를 짓기 싫어했다. 성인이 된 다음에는 관리가 되려고 했다. 결국 사수의 정장이 되었다. …… 그는 술을 좋아했고 여자를 특히 밝혔다. 늘 왕온(王媼)과 무부(武負)의 집에 가서 외상술을 먹었다. 술에 취하면 그냥 그곳에서 쓰러져 자고는 했다. 그럴 때마다 왕온과 무부는 유방의 몸 위에서 항상 용이 맴도는 것을 목격했다. 심상치 않다고 여길 수밖에 없었다. 유방은 매번 이렇게 했다. 그냥 주점에서 실컷 마시기만 하고 계산은 하지 않았다. 두 사람은 처음에는 유방을 몹시 싫어했다. 그 때문에 유방의 술값을 몇 배로 계산해서 일일이 기록으로 남겼다. 그러나 유방이 술에 취해 쓰러진 다음에 몸 위에 나타나는 용을 본 다음부터는 항상 계산서를 찢었다. 유방의 외상 술값을 면제해 준 것이다."

　기록에 의하면 유방은 이런 자신의 특이함에 대해 이미 어릴 때부터 자각하고 있었던 것 같다. 아버지가 자신에게 용의 아들이라는 말을 늘 하면서 최면을 걸어줬기 때문이었다. 물론 그는 처음에는 이런 아버지의 말에 많은 스트레스를 받았다. 아이에게는 아무래도 평범하지 않은 게 부담이었을 테니까. 그래서 그는 늘 아버지에게 불만을 가질 수밖에 없었다. 어떨 때는 불화를 겪기도 했다. 그러나 아버지의 이런 최면은 그에게 서서히 긍정적으로 작용하기 시작했다. 그 역시 스스로 최면에 빠지게 된 것이다.

"나는 용의 후예야."

유방은 어느 날부터 부지불식간에 이렇게 되뇌는 자신을 발견하게 되었다. 그는 그럴 때마다 자신이 진짜 용이 돼 하늘로 올라가는 듯한 기분을 느끼고는 했다. 급기야 그는 완전히 자기 최면에 걸려 헤어나지 못하게 되었다.

이후 그는 기록대로 농사일을 비롯한 집안의 온갖 일에 전혀 신경을 쓰지 않게 되었다. 용의 자손이 농사나 지어서 되겠느냐는 생각이었던 것이다. 자연스럽게 형과 형수 등은 이런 그에게 불만을 나타낼 수밖에 없었다.

"아니 너는 도대체 뭐가 되려고 그러냐. 집안일이라도 좀 거들어야 밥값이라도 하지. 조그만 녀석이 그냥 놀고먹으려고 들어."

그는 형들로부터 이런 소리를 들어도 오불관언이었다. 늘 한 귀로 듣고 한 귀로 흘려버렸다. 그러나 잔소리가 심해질 경우는 당당하게 자신이 일을 하지 않는 이유를 밝히기도 했다.

"나는 이 가난한 시골에서 썩을 사람이 아니에요. 앞으로 넓은 세상에 나가 천하를 경략할 사람이라고요. 우선 패현에 나가서 관리 자리를 하나 알아봐야겠네요."

당연히 형과 형수들은 그의 말에 코웃음을 쳤다. 나중에는 마을 사람들 역시 그에게 손가락질하면서 조롱했다.

"저 자식은 싹수가 노래. 아무 짝에도 쓸모가 없어. 용의 자손 좋아하네. 내가 저놈이 크게 되면 내 손에 장을 지진다."

유방은 자신을 알아주지 않는 집안과 고향의 눈길에 화가 나지 않을 수 없다. 어느 날 그는 고향을 박차고 패현으로 향했다. 자신의 생각을 증명해 주겠다는 생각이 물씬 들었던 것이다. 과연 처음 와보는 패현은 그에게는 신세계였다. 일단은 자신이 놀기에 딱 적당한 물이었다. 그의 입에서는 자연스럽게 찬사가 터져 나왔다.

"역시 사람은 큰물에서 놀아야 해."

유방은 패현에서도 자신의 최면에 걸려 헤어나지를 못했다. 늘 주변 사람들에게 자신은 용의 자손에 신의 힘으로 잉태해 태어난 사람이라고 떠버렸다. 물론 대부분의 주변 사람들은 믿어주지 않았다. 심지어는 황당한 자랑만 일삼는 얼간이라고 비난하는 사람들도 없지 않았다. 그는 그럴 때마다 옷을 벗어젖힌 채 자신의 몸을 보여 주면서 말했다.

"당신들 내 몸을 잘 봐. 내 몸에 용 사마귀가 몇 개나 있는지 잘 세어 보라고. 이래도 내가 용의 자손이 아니라는 말이야?"

광고라는 것은 처음에는 별로 효력을 발휘하지 못한다. 그러나 계속해서 하게 되면 아무리 냉정한 사람도 점점 빠져 들어가게 된다. 나중에는 그럴 것이라고 철석같이 믿게 되는 경우도 생긴다. 유방의 말이 그랬다. 처음 패현 사람들은 그의 말을 믿지 않았다. 그러나 그가 이른바 증거까지 제시하면서 열을 올리자 서서히 그럴 수도 있겠다고 생각했다. 나중에는 완전히 믿게 되었다. 이렇게 되자 그의 주변에는 우선 불량배들이 많이 몰려들었다. 이어 소하를 비롯한 인재들이 모여들었다. 그의 자기 최면은 자그마한 성공을 거둔 것이다.

유방의 자기 최면은 주위의 사람들에 의해 더욱 촉발되기도 했다. 이에 공헌을 한 대표적인 인물이 다름 아닌 죽마고우인 노관이었다. 그는 유방의 허풍을 진짜 믿었는지 패현 일대를 돌아다니면서 늘 그에 대한 선전을 하고는 했다.

"잘들 보라고. 저 사람의 용모와 체격이 얼마나 비범한지. 저 사람은 용의 용모를 닮았어. 천제의 후손이라고."

유방의 장인 여공 역시 노관에 못지않았다. 유방을 보자마자 바로 비범한 사람이라는 점을 깨닫고 부인의 반대를 무릅쓴 채 딸을 시집보낼 결심을 했다. 유방은 더욱 기고만장할 수밖에 없었다.

이외에도 사서에는 비슷한 기록들이 많이 등장한다. 나중에 각색된 것인지 아니면 진짜 있었던 일인지 모르겠으나 어쨌든 유방이 자기 최면에 걸려 있었던 것은 어느 정도 사실인 것 같다. 문제는 그가 의식적이든 아니든 자기 최면을 믿고 줄기차게 노력하고 좌절하지 않았다는 사실이었다. 현대에도 필요한 나름의 긍정적인 삶의 태도가 아닌가 싶다.

유방의 주요 연표

| 기원전 211년 | **경인**(庚寅). **진시황 36년** |

· 패현의 정장이었던 유방은 죄수들을 여산으로 압송하는 임무를 맡았다. 하지만 여산에 끌려가고 싶은 사람들은 아무도 없었기 때문에 죄수들은 하나, 둘씩 달아나기 시작하였다. 여산에 도착할 즈음이면 모두 도망치고 한 명도 남지 않을 판이었는데 그렇게 되면 책임자인 유방도 죽은 목숨이나 다름없었다. 이에 임무를 포기하자, 자유의 몸이 된 무리 중 열 명이 유방을 따르기를 원하여 그 무리를 이끌고 기의에 나섰다.

| 기원전 209년 | **임신**(壬辰). **진 이세 원년** |

· 7월에 중국 역사상 처음으로 대규모 농민 봉기가 일어났다. 봉기를 주도한 사람은 진승과 오광, 그들이 봉기를 일으켰다는 소식이 전해지자 진시황의 폭정에 오랫동안 시달려온 인근의 가난한 농민들은 삽과 호미, 곡괭이 등의 농기구를 들고 앞다투어 봉기군에 가담하였다. 봉기군은 빠른 시일 내에 강대해졌으며, 이윽고 진현(陳縣)을 점령했다. 이곳에서 진승은 왕위에 올랐으며 국호를 장초(張楚)라고 했다. 유방은 9월에 소하, 조참, 번쾌, 주발 등과 함께 본격적인 반란의 깃발을 올렸다.

이때 패공으로 추대받았다.

기원전 208년 | 계사(癸巳). 진 이세 2년

- 항량이 진가(秦嘉)와 경구(景駒)를 살해하고 범증의 건의를 좇아 유방 등과 함께 초회왕의 손자 웅심을 새로운 초회왕으로 추대하고 초나라를 부활시켰다.
- 진나라 장군 장한이 정도에서 항량을 대파하였다. 항량은 전사하고 항우가 삼촌의 군대를 물려받았다.
- 유방은 초회왕을 도우면서 도읍지를 팽성으로 옮겼다. 초회왕은 위표를 위왕, 항우를 차장(次將), 범증을 말장, 송의(宋義)를 상장군으로 임명한 다음 조나라를 구원하도록 하였다. 또 유방을 파견해 진을 토벌하도록 하였다.

기원전 207년 | 갑오(甲午). 진 이세 3년

- 항우가 송의를 죽이고 간하(澗河)강을 건너 거록(巨鹿)에서 진나라 대군을 섬멸하였다. 이로써 제후 연합군은 항우 수하에 들어가게 되었는데, 이때 유방은 창읍(昌邑)에 이르러 팽월의 군대를 재편성하고 휘하에 거느렸다. 진류(陳留)에 이르러서는 역이기를 보내 현령에게 투항을 권고하였다.
- 장량이 유방의 휘하에 들어왔다.

기원전 206년 | 을미(乙未). 한 고조 원년

- 유방이 진나라를 멸망시키고 자영이 투항하였다. 이로써 진나라는 총 2세, 15년에 이르는 단명 왕조의 막을 내렸다. 유방은 진나라 부고를 봉하고 패상으로 돌아가 약법삼장을 반포하였다. 이어 군대를 보내 함곡관을 지키도록 하였다.
- 항우가 신안(新安)에서 진나라 포로 20만 명을 생매장하고 진나라 장군 장한, 사마흔(司馬欣), 동예(董翳) 등을 데리고 관중으로 진공하였다. 곧 함곡관을 돌파하고 홍문에 주둔하였다. 이때 홍문의 연회가 열리고 유방은 항우와 만난다.
- 항우가 초회왕을 의제로 받들고 강남으로 이주시킨 다음 침(郴)에 도성을 정하게 하였다.
- 항우가 서초패왕으로 자칭하면서 팽성에 도성을 정하였다. 이때 유방을 비롯한 18명의 제후들에게 분봉도 행하였다.

기원전 205년 | 병신(丙申). 한 고조 2년

- 항우가 강중(江中)에서 의제를 살해한 다음 제나라를 공략하였다. 전영을 죽이고 전가(田假)를 왕으로 세웠다. 제나라 백성이 이에 저항하였고, 전영의 동생도 기병해 항우에 저항하였다. 연이어 제나라를 공격하였으나 실패하였다.
- 유방이 동진해 낙양을 점령한 다음 동공(董公)의 건의를 수용해 의제를 위한 장례식을 치르고, 56만 명의 대군을 이끌고 항우를 토벌하러 나섰다. 이에 항우가 3만 명의 정예 부대를 휘몰아 한나라 대군을 섬멸하였다. 유방은 도망갔으나 아버지, 부인 여치가 포로로 잡혔다.
- 유방이 형양에서 항우와 대치하면서 경포에게 항우를 배반하도록 권유하였다. 얼마 후 유방이 폐구를 함락시키자 장한은 자살하였다.
- 유영을 태자로 세운 다음 소하를 관중에 남겨 군량미 보급을 책임지도록 하였다. 진의 법률을 기초로 해서 한율을 제정하도록 하였다.

기원전 204년 | 정유(丁酉), 한 고조 3년
- 한신이 조나라 군영을 기습해 대파하였다. 진여(陳餘)를 참수하고 조헐(趙歇), 광무군(廣武君) 이좌차(李左車)를 생포하였다. 한신은 이좌차의 계략을 채택해 연(燕)나라를 투항하게 하였다. 경포 역시 수하의 설득에 초나라를 배신하는 행보에 나섰다.
- 역이기가 유방에게 육국의 후예들을 제후로 봉하라고 하였으나 장량이 말렸다.
- 진평이 반간계를 써서 범증을 항우에게 떠나게 만들었다. 범증은 고향으로 돌아가던 중 사망하였다.
- 기신은 유방을 대신해 항우에게 투항하였다가 불에 타 죽는 횡액을 당하였다.
- 유방은 관중에 들어가 부대를 재정비한 다음 무관을 통과하고 완, 엽 사이에서 항우의 주력 부대를 남쪽으로 유인하였다. 동시에 팽월이 항우의 후방을 건드려 하비를 함락시켰다.
- 항우가 팽월을 후방에서 물리치고 다시 형양, 성고로 돌아왔다.
- 유방이 공현에 군대를 주둔시킨 다음 팽월을 시켜 항우의 후방을 공격하였다. 이때 초나라 군의 군량미 수송로를 봉쇄하도록 하였다.

기원전 203년	· 역이기가 제왕을 설득해 유방에게 귀순하게 하였다. **무술(戊戌). 한 고조 4년** · 한신이 제(齊)나라 대군을 섬멸하였다. 제왕이 고밀(高密)로 도망가서 항우에게 구원을 요청하였다. · 한군이 조구를 대패시키고 성고를 점령하였다. 조구와 사마흔은 자결하였다. · 항우가 광무로 돌아와 한나라 대군과 대치하였다. · 항우가 용저(龍且)를 보내 제나라를 구원하게 하였다. · 한신이 유수(濰水)강에서 모래로 댐을 만들어 놓고 초나라 대군이 강을 건널 때 댐을 터뜨려 수공을 가하였다. 이때 용저를 죽이고 제왕을 생포하였다. · 전횡은 스스로 제왕을 자칭하였다. 관영에게 패배한 다음 팽월에게 몸을 의탁하였다. · 유방이 장이를 조왕으로 봉하였다. · 한신이 자신을 제왕으로 봉해 달라고 떼를 써 유방이 승낙하였다. · 항우가 무섭(武涉)을 보내 한신에게 유방을 배반하면 천하를 셋으로 나눠 항우, 유방과 함께 다스리게 하겠다는 제안을 하였다. 그러나 한신은 받아들이지 않았다. · 유방이 경포를 회남왕으로 봉하였다. · 항우가 군량미 공급이 중단되자 유방과의 강화 조약을 맺기를 원하였고, 이에 홍구를 경계선으로 삼는 경계선이 획정되었다. 항우는 유방의 아버지와 여치를 송환하고 팽성으로 돌아갔다. 장량, 진평이 유방에게 항우를 추격하라고 권해 유방이 승낙하였다.
기원전 202년	**기해(己亥). 한 고조 5년** · 유방이 고릉까지 항우를 추격하였으나 한신, 팽월이 유방과 군대를 합치자는 약속을 저버렸기 때문에 항우에게 대패하였다. 유방은 장량의 말을 듣고 두 사람에게 봉지를 약속하였다. 두 장수는 그제야 출병하였다. · 항우가 해하에서 포위를 당하였다. 항우는 탈출을 감행하였다. 그러나 곧 오강에서 자결하였다. · 유방이 제왕 한신을 초왕으로 봉하고 회북 지방을 다스리게

- 하였으며, 도성은 하비였다. 또 팽월을 양왕으로 봉하고 정도에 도성을 정하게 하였다.
- 2월에 유방이 제위에 즉위하고, 수도는 낙양으로 정하였다.
- 5월에 병사들을 대부분 전역시키고 도망 중인 백성들이 일률적으로 고향으로 돌아가게 하였다. 원래의 작위와 토지를 돌려주고, 기근으로 노비로 팔린 사람은 서민으로 신분을 회복시켰다.
- 유방이 수도를 낙양에서 장안으로 옮기도록 권고한 누경의 말에 동의하였다. 누경에게 유씨 성을 하사하였다.
- 7월에 연왕 장도가 반란을 일으켰다. 조왕 장이가 사망하였다.
- 9월에 유방이 장도를 체포하고 노관을 연왕으로 봉하였다.
- 윤 9월에 장락궁을 개축하였다.

기원전 201년 | 경자(庚子). 한 고조 6년
- 초왕 한신을 체포한 후 회음후로 강등시켰다.
- 한왕 신을 태원(太原) 북쪽으로 이주시켜 마읍(馬邑)을 다스리도록 하였다.
- 흉노의 세력은 시간이 갈수록 강력해졌다. 모돈 선우(흉노)가 하남 일대의 땅을 탈취하고, 가을에는 마읍을 포위해 한왕 신의 항복을 받았다. 계속하여 태원을 탈취하였고 진양에 이르렀다.
- 숙손통이 고조를 위해 조정의 예의를 제정하였다.

기원전 200년 | 신축(辛丑). 한 고조 7년
- 장락궁이 준공되었다. 대대적인 조정의 의식이 차려졌다. 유방이 황제로서의 권위를 세우게 되었다.
- 즉위식에 공이 큰 숙손통을 태상(太常)으로 봉하였다.
- 유방이 직접 한왕 신을 공격하였다. 한왕 신은 흉노에게 귀순하였다.
- 유방이 직접 대군을 거느리고 평성에 이르렀으나 작전 실패로 흉노에게 백등산에서 무려 일주일 동안 포위당하였다.
- 흉노가 대(代)나라를 공격하였다. 대왕 희(喜)가 도망갔다.
- 척부인의 아들 여의를 대왕으로 봉하였다.
- 유경의 건의대로 낙양에서 장안으로 수도를 옮겼다.
- 종정(宗正)이라는 직위를 설치해 친척을 관리하도록 하였다.

| 기원전 199년 | **임인**(壬寅). **한 고조 8년**
· 상인이 비단 옷을 입는 것, 병기를 휴대하는 것과 말을 타는 것 등을 금지하였다.
· 흉노의 왕 모돈 선우가 한나라 북쪽을 침략하고, 유방은 유경의 건의를 받아들여 화친정책을 펼쳤다. |

| 기원전 198년 | **계묘**(癸卯). **한 고조 9년**
· 유경을 사자로 보내 흉노와 화친하도록 하였다.
· 조왕 장오가 상국 관고 등이 획책한 유방 암살 사건으로 인해 선평후로 강등되었다.
· 대왕 여의를 조왕으로 봉하였다.
· 승상 소하를 상국으로 승진시켰다. |

| 기원전 197년 | **갑신**(甲辰). **한 고조 10년**
· 유방의 아버지 태상황이 사망하였다.
· 조나라 상국 진희가 반란을 일으키고, 흉노와 결탁해 대왕으로 자립하였다. 유방이 친히 출정해 난을 평정하였다. |

| 기원전 196년 | **을사**(乙巳). **한 고조 11년**
· 반란을 도모한 한왕 신을 격파하였다.
· 한신을 모반죄를 뒤집어씌워 살해하였다.
· 반란을 일으킨 경포를 격파하였다. |

| 기원전 195년 | **병오**(丙午). **한 고조 12년**
· 고향 패현을 순시하고 『대풍가』를 지었다.
· 주발이 대나라를 평정하고 진희를 죽였다.
· 노(魯)나라를 지나가는 길에 공자의 제사를 지냈다.
· 연왕 노관이 모반을 일으켜 번쾌를 보내 평정하도록 하였다. 노관이 대패해 흉노에게 도망갔다.
· 유방이 4월에 세상을 떠나고 5월에 태자 유영이 혜제로 즉위하였다.
· 여치가 척희를 투옥하고 조왕 여의를 장안으로 불러들였다. |

| 기원전 194년 | **정미**(丁未). **한 혜제 원년**
· 여치가 독약을 먹여 여의를 살해하고, 척희도 잔인무도하게 살해하였다. 이에 혜제가 병에 걸려 이후 정무를 돌보지 않았다. |

		· 장안성을 건설하기 시작하였다.
기원전 193년	무신(戊申), 한 혜제 2년	
		· 상국 소하가 세상을 떠나자 조참이 상국 자리를 이어받았다. 소하의 모든 정책 역시 그대로 물려받았다.
기원전 188년	계축(癸丑), 한 혜제 7년	
		· 8월에 혜제가 사망하였다. 여치가 정무를 처리하기 시작하였다.
기원전 187년	갑인(甲寅), 한 고후(漢高後) 원년	
		· 여후가 여씨 가족을 왕으로 봉하였다. 왕릉이 '유씨가 아닌 사람은 왕으로 봉할 수 없다.'고 주장하다 해직당하였다. 이에 여후는 진평을 우승상, 벽양후 역상(酈商)을 좌승상으로 봉하였다.
		· 여후가 진나라의 삼족을 멸하는 연좌죄, 요언령 등 가혹한 규정을 폐지하였다.